集人文社科之思　刊专业学术之声

集 刊 名：大数据与中国历史研究
主　　编：付海晏
执行主编：薛　勤

BIG DATA AND THE STUDY OF CHINESE HISTORY

委　员

马　敏　　华中师范大学中国近代史研究所
李中清　　香港科技大学人文社会科学学院
李伯重　　北京大学历史学系
康文林　　香港科技大学人文社会科学学院
梁　晨　　南京大学历史学院
袁为鹏　　上海交通大学历史系
赵广军　　《史学月刊》编辑部
段　钊　　华中师范大学信息管理学院
葛　非　　华中师范大学计算机学院

编辑部　薛　勤　吴艺贝

第5辑

集刊序列号：PIJ-2017-216
集刊主页：www.jikan.com.cn/ 大数据与中国历史研究
集刊投约稿平台：www.iedol.cn

大数据与中国历史研究

Big Data and
the Study of
Chinese History

第 **5** 辑

付海晏 主编

社会科学文献出版社
SOCIAL SCIENCES ACADEMIC PRESS (CHINA)

目　录

·研究动态·

·史料介绍·

中国历史研究中的数据库建设

"同治兰溪鱼鳞图册数据库"的结构、现状与研究前景[*]

陈思奇　　胡铁球

人与地，是国家与社会的基础，在古代中国，财政与社会秩序的核心均系于此。相应的，户籍、地籍是统治的基础，国家以此构建赋役系统，获得财政收入，并进一步规范与管理基层社会。自宋元至明清，因推行土地私有制，地籍的地位日益凸显，最成熟的地籍——鱼鳞图册，就首现于南宋。据《宋史》记载，宋宁宗嘉定八年（1215），南宋政府在婺州（今浙江省金华市）试制鱼鳞册，这是正史中关于鱼鳞图册攒造的最早记载。自此数百年间，婺州乃至浙江先后进行了多次大规模的鱼鳞册攒造，最后一次即发生在清代同治年间。

太平天国运动后，兰溪县（属金华府）于同治四年（1865）开始重新攒造鱼鳞图册，因其规范、高效，很快被定为样本推广至全省。这一套鱼鳞图册极具典型性和代表性，且基本上被完整地保存至今。《同治兰溪鱼鳞图册》不仅是目前已知保存最完整的以县为单位的同时期鱼鳞图册，而且是攒造与使用记录最多的以县为单位的同时期鱼鳞图册，含有千余张贴条、近百万字批注、三百余种印章等，编制之周详，保存之完整，使用之频密，都是其他鱼鳞图册难以望其项背的。

＊　本文为国家社会科学基金重大项目"浙江鱼鳞册的搜集、整理、研究与数据库建设"（项目号：17ZDA187）的阶段性成果之一。

利用鱼鳞图册来研究相关历史问题，最大优势即在于数据的真实、具体与全面。但由于鱼鳞图册或散藏于民间，或深藏于各官方机构，搜集、获取不易，在此之前，我国还没有系统整理过鱼鳞图册，遑论进行数据库建设。故在获得一套珍贵的《同治兰溪鱼鳞图册》后，将其上所载信息全部数字化，形成第一个覆盖一县的鱼鳞图册信息数据库，就成为课题组的核心任务之一。现谨将该数据库的结构、进度与对未来研究的展望汇报于下。

一　数据库录入系统的结构

鱼鳞图册以地系人，《同治兰溪鱼鳞图册》所载信息即可分为两大类：土地信息，有字号、类别、亩分、土名、简图（含土地附属物）、种子量、四至；业户信息，有业户名和业户住址。另外有批注、贴条、印章三类附属的攒造与使用记录，兼有土地与业户信息。而且由于此套鱼鳞图册并非藏诸府库秘不示人，而是一直处于使用之中，随着官府的核对、制度的推行与产权的交易，其上信息有非常多的更正与更新。如图1所示，529号有批注"升二厘"，530号有批注"升四厘"，531号有批注"升一分六厘"，

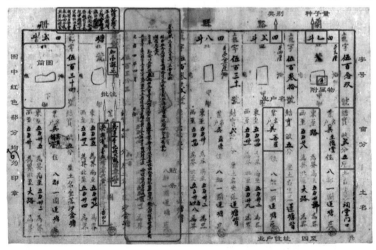

图1　鱼鳞图册信息类别示意

资料来源：《同治兰溪鱼鳞图册》第129册，八都一图上龙字529—534号，浙江省兰溪市档案馆藏。

田按照划定的等级增加亩分，即是兰溪县为恢复赋役原额而推行"藏等亩"政策的反映；① 532 号附有贴条，为补给业户凭条的证明，反映了官府在造册结束后对土地产权的持续性管理；而 533 号的批注，则为业户向官府获得"代管"无主荒塘的权利，即获得产权的承认。② 此类信息均必须反映在数据库中，故课题组根据鱼鳞图册数据的特点，设计了合适且精确的录入系统。

（一）《同治兰溪鱼鳞图册》的数字化

鱼鳞图册数字化指在最大限度保护档案的原则下，利用计算机技术将纸质载体档案转化为数字信息，以供长久保存和学术研究，它是建设数据库的前提。课题组对鱼鳞图册数字化的原则、范围、工作要求、工作规范建立了详细的标准，将鱼鳞图册数字化分为三个步骤，即修复、扫描与编目。

《同治兰溪鱼鳞图册》原为 889 册，民国时期兰溪实验县清查地粮时整合为 820 册，后遗失 74 册，③ 现存 746 册。先前虽经整理修补，但由于方法不到位，许多册籍出现大面积的脆化。为了追求最好的图版效果，在资深古籍修复专家阎静书的指导下，课题组修复团队在扫描前对全部鱼鳞图册进行了认真的检查和仔细的修复。团队吸收了现今古籍修复最先进的理念和方法，遵循"最小干预""修旧如旧""修复可逆""最大限度保留历史信息"等原则，因页施策，对不同情况予以相应的处理，摈弃传统的统一进行整卷、整页托裱的方法，尽可能采用局部修复的方式，避免过度修复造成的保护性破坏。

扫描是数字化的前提，扫描的质量直接影响数字档案的质量和后期的识别与标识。为了使扫描文件更加清晰，需要对扫描件相关参数（亮度、对比度、饱和度、色彩平衡等）进行调整。课题组在数字化扫描时采用了

---

① 详见胡铁球、杨贤毅《晚清浙江清赋中的土俗亩、藏等亩与土地面积落实——以〈同治兰溪鱼鳞图册〉为中心》，《中国经济史研究》2022 年第 2 期。

② 详见胡铁球、陈思奇《鱼鳞图册在地权确认中的权威性与框架性——以〈同治兰溪鱼鳞图册〉为中心讨论》，《浙江社会科学》2022 年第 1 期。

③ 遗失的 74 册，包括 10 个完整的图，为六都三图 7 册、八都二图 8 册、八都三图 7 册、九都六图 5 册、十都一图 8 册、十一都一图 6 册、十六都一图 5 册、十六都二图 6 册、十六都三图 5 册、十六都四图 7 册；另有 5 个图遗失一部分，为九都三图 5 册、十一都二图 2 册、十三都三图 1 册、十五都四图 1 册、三十二都一图 1 册。

分辨率达 600DPI 的无压缩模式，每页图片的大小超过 200 兆，其清晰度至少是普通图片的 200 倍以上。对鱼鳞图册中附加的贴条，团队采用多次扫描的方式，先将鱼鳞图册现状整体扫描一页，然后将该页所附贴条全部揭开，本体扫描一页，最后将贴条按照先后顺序分别单独扫描。

随后，按其最初的编造系统，课题组对《同治兰溪鱼鳞图册》图版进行编目。团队按照同治攒造时排定的都、图、千字文号，将册籍顺序复原，以"册号—页号"的规则，编定每一页的序号。其中的贴条页，则在原编目的基础上，再增加一个层级，以"册号—页号—该页该贴条序号"的形式编定，确保鱼鳞图册内各页完整有序。

（二）《同治兰溪鱼鳞图册》数据录入系统的搭建

针对《同治兰溪鱼鳞图册》的数据特点，课题组决定数据录入系统程序使用 Client-Server（服务器-客户机）结构开发，后台基于 SQL Server 数据库，前台开发工具拟选用 C#，由倪应华、袁利永、李金良三位老师负责搭建。SQL Server 是一个全面的数据库平台，使用集成的商业智能工具提供企业级的数据管理，为关系型数据和结构化数据提供了更安全可靠的存储功能，方便用户构建和管理用于业务的高可用和高性能的数据应用程序。应用程序与数据库之间高效且安全的连接是构建可靠数据层的关键，故技术研究团队选择微软生态系统中的核心编程语言 C#作为前台开发工具。C#由微软公司推出，在 .NET Framework 上运行，结合了 C++的高性能和 Java 的简洁性，是一种强类型语言，支持封装、继承和多态等面向对象的特性。该编程语言为程序与数据库之间的交互提供了丰富的 AP 和工具，可以创建功能丰富、易于使用的桌面应用程序。团队成员具有非常丰富的 C#开发经验，使用 C#开发应用软件，可以大大提高编程效率。

在建立总册信息表、分册信息表、页信息表，将 746 册归入对应都、图后，即可将图版导入数据库，展开数据录入工作。鱼鳞图册内文字是一种脱机手写体，有别于联机手写体，更有别于印刷体，且册中存在大量古体字、俗体字，对全文信息的识别和提取影响非常大。课题组进行了鱼鳞图册 OCR 识别测试，发现计算机 OCR 自动识别的识别率非常低，最终决定采用纯人工识别的录入方式。

《同治兰溪鱼鳞图册》数据录入系统由数据录入、审核、管理三个部分组成，可以按照需要授予用户相应的权限。虽然鱼鳞图册的信息种类繁多，但所有信息都是附于某号土地之上，所以数据录入的基本单位为"字号"①。课题组在录入系统软件中设置了自动校验程序，可以对部分类型的信息进行自动审核，保证数据在录入过程中的一致性、完整性。比如各字号的四至信息绝大部分为其他字号，为了减少数据录入时的错误，课题组事先将所有的字号信息录入数据表，可在录入四至信息时进行参照完整性约束检查，若录入人员输入了不存在的字号，即弹出窗口提示。

针对鱼鳞图册所包含的极其复杂的数据信息系统，课题组在建设数据库时的原则有三：一是不可遗漏信息；二是要保证信息的准确性；三是要让所有的信息相互关联、相互打通。数据库建成以后，要达到以下直观效果：检索或点击某一字号，即可展现该字号自身所有信息，包括土地、业户，以及印章、贴条、批注三大类附属信息；检索或点击某一业户，则该业户住址、其所拥有的所有土地字号都要一并呈现，以方便在后期展开深入研究。这一目标目前已经实现，将在下节中详述。

鱼鳞图册数据录入质量的优劣直接影响后期的利用效果，因此需要建立严格的过程规范。课题组参照数字图书馆模式对鱼鳞图册数字化进行组织，从技术、流程、操作三个方面来规范组织与实施。目前，国家数字图书馆标准规范体系在采纳参照现行的国际标准、国家标准、行业标准或事实标准的同时，建设了300余项标准规范。与本次鱼鳞图册数字化相关的规范主要有6个类别的12个规范（详见表1）。

表1　《同治兰溪鱼鳞图册》数字化遵循的国家标准规范

规范类别	规范名称
汉字处理规范	汉字属性字典
	XML 规范
	古籍用字规范（计算机用字标准）
	计算机中文信息处理规范
	生僻字、避讳字处理规范

---

① 《同治兰溪鱼鳞图册》攒造时，以图（坊）为单位编定"字"，一图（坊）一"字"，"字"下编"号"，"号"即是指在某字下编定的该土地单元"序号"。"字号"结合，每一个都具有唯一性。如图1即包括6个字号，自上龙字529号至上龙字534号，没有重复。

续表

规范类别	规范名称
对象数据	国家图书馆数字资源对象管理规范
	文本数据加工标准与工作规范
	图像数据加工标准与工作规范
专门元数据规范	专门元数据标准与著录规范——古籍
知识组织	知识组织规范
资源统计	数字资源统计标准
管理元数据	国家图书馆管理元数据规范

(三)《同治兰溪鱼鳞图册》数据的录入

《同治兰溪鱼鳞图册》数据录入系统已经使用多年，先后有 200 余人参与录入工作。为了保证数据库的质量，课题组在学校实训楼机房组织了多次操作培训，订立了详细的章程，建立了线上答疑群，以提高数据录入的规范性。数据录入系统中的录入部分，可分为三个环节，即单页信息、基本信息、综合信息，各有相应的界面。本节以图 1 中的上龙字 533 号为例，详述数据库录入系统的结构，并进一步介绍《同治兰溪鱼鳞图册》数据的类型与特点。

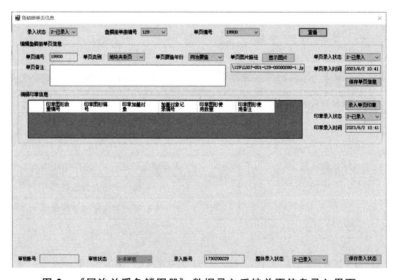

图 2 《同治兰溪鱼鳞图册》数据录入系统单页信息录入界面

　　《同治兰溪鱼鳞图册》数据录入的第一步，是对单页信息进行判断。图2即为录入图1这一单页时的界面。录入人员点击"单页图片路径"后的"显示图片"查看原图，判断册页性质，如该页即为"地块夹条页"，意为附有贴条的鱼鳞图册页，另有"封面页""扉页""地块页""单独夹条页"等类型，其中"单独夹条页"已经课题组事先确定，录入界面中会自动出现相应位置，提醒录入人员录入贴条内容；随后判断攒造时间，如该页即为同治时期攒造，另有少量光绪、民国时期补造的页面。如果页面上有与该页整体相关的印章，也当在此页面录入，因该页只有与字号直接相关的印章，故无须录入。在录入所有单页信息后，录入人员点击保存，则单页信息录入完毕，才可以进入下一环节。

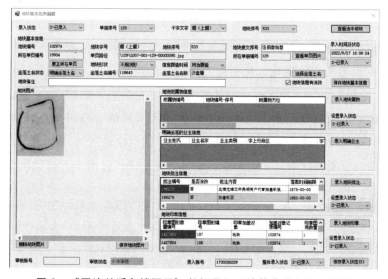

图3　《同治兰溪鱼鳞图册》数据录入系统基本信息录入界面

　　"基本信息录入"包括简图、附属物、土名、批注、印章以及业户，与"综合信息录入"的区别主要在于这一环节不涉及更复杂的信息变更。该环节的大部分信息的类别已经由团队输入系统，且可由有管理权限的账号按实际情况即时添加，如附属物方位、类别、数量，业户类别、"庄"名，印章名称、加盖对象以及批注时间等，录入人员只需在相应位置进行选择。这一设置既可以节约录入时间，也可以大大提高数据的规范性，提高数据库的可利用水平。

　　"综合信息录入"包括五类信息："四至信息"毋庸多言，即鳞册字号

图 4　《同治兰溪鱼鳞图册》数据录入系统综合信息录入界面

左侧所载东南西北四至；"荒熟变更"即该字号的开垦情况变化；"类别变更"即指土地类别的变化，包括田变地这样的大类变更，也包括土地等级的变化；"面积变更"即指字号亩分的变更；"业主变更"即指业户与其在该字号拥有土地的面积变化。此四类变更均需录入人员综合考虑批注、印章、贴条信息，在系统内选定变更发生的时间范围，按次序录入。其中"业主变更"最为复杂与重要，兹附龙字 533 号"业主变更"录入界面于下（见图 5）。

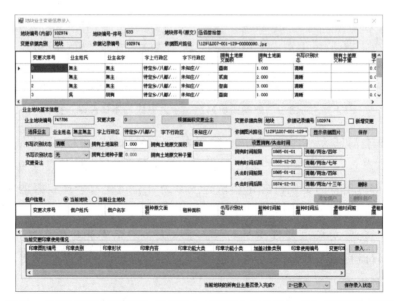

图 5　《同治兰溪鱼鳞图册》数据录入系统综合信息录入"业主变更"界面

业户与其所拥有的土地是鱼鳞图册最为核心的信息,故录入系统对该类信息的录入设置非常严谨。由图5可见,每一次业户的变更,都有对应的"变更次序号",相应状态下的业户、亩分、时间、印章均需一一录入,翔实且有序。

二 数据库现状

在前期准备工作结束后,课题组自2018年开始组织数据录入工作,先后培训、组织200余位同学加入数据录入组,完成数据库检索系统并上线。与此同时,根据工作中发现的问题,对录入系统和检索系统做了多次调整升级,使之更为适配科研工作。

(一) 数据库录入进度

《同治兰溪鱼鳞图册》主要为雕版填写本和手写本,所登记的具体信息皆为手写体,存在大量的俗字异体,形讹音误时有出现,草书变体屡见不鲜,还有各类印章中的古体字(包括难以辨识的九叠篆)。这些信息大多无上下文语境可以利用,识别难度颇高,定名、辨识极易出现错误,精确识别鱼鳞图册中所有的内容是建立数据库的难点。内容的准确识别直接关乎鱼鳞册汇编、研究和数据库建设的质量,一字之误,统计结果或研究结论就可能出现误差。

截至目前(2023年6月),数据库已经录入《同治兰溪鱼鳞图册》总字号数(近59万)的74%。鉴于《同治兰溪鱼鳞图册》的攒造以"图"为具体单位,将各图数据录入进度列表于下(见表2)。

表2 《同治兰溪鱼鳞图册数据库》录入进度

都图	已录入比例	都图	已录入比例	都图	已录入比例
城区一坊	100.00%	城区六坊	100.00%	二都一图	98.60%
城区二坊	100.00%	城区七坊	100.00%	二都二图	96.33%
城区三坊	100.00%	城区八坊	100.00%	二都三图	96.75%
城区四坊	100.00%	城区九坊	100.00%	二都四图	96.79%
城区五坊	100.00%	城区十坊	100.00%	二都五图	98.62%

都图	已录入比例	都图	已录入比例	都图	已录入比例
二都六图	98.46%	十一都五图	77.75%	十八都三图	52.84%
二都七图	94.93%	十二都一图	94.64%	十八都四图	18.43%
三都一图	82.35%	十二都二图	84.16%	十八都五图	51.86%
三都二图	84.87%	十二都三图	77.29%	十八都六图	62.11%
三都三图	81.65%	十二都四图	94.79%	十九都一图	100.00%
四都一图	62.78%	十三都一图	44.68%	十九都二图	98.19%
四都二图	88.64%	十三都二图	36.06%	十九都三图	97.08%
四都三图	98.85%	十三都三图	32.71%	二十都一图	82.18%
五都一图	91.71%	十四都一图	25.87%	二十都二图	38.04%
五都二图	83.08%	十四都二图	69.13%	二十都三图	69.15%
五都三图	98.51%	十四都三图	54.14%	二十都四图	53.05%
五都四图	95.41%	十四都四图	88.44%	二十都五图	93.62%
六都一图	96.13%	十五都一图	54.01%	二十都六图	93.37%
六都二图	98.28%	十五都二图	61.93%	二十一都一图	99.70%
六都三图	原册尽失	十五都三图	56.19%	二十一都二图	98.66%
七都一图	96.39%	十五都四图	86.58%	二十一都三图	98.68%
八都一图	85.30%	十五都五图	42.57%	二十一都四图	98.42%
八都二图	原册尽失	十五都六图	39.85%	二十二都一图	78.43%
八都三图	原册尽失	十六都一图	原册尽失	二十二都二图	99.46%
九都一图	99.54%	十六都二图	原册尽失	二十二都三图	91.18%
九都二图	80.51%	十六都三图	原册尽失	二十三都一图	87.17%
九都三图	97.98%	十六都四图	原册尽失	二十三都二图	90.71%
九都四图	93.46%	十六都五图	94.30%	二十三都三图	96.18%
九都五图	97.09%	十六都六图	99.18%	二十三都四图	76.48%
九都六图	原册尽失	十六都七图	72.94%	二十四都一图	96.68%
九都七图	94.73%	十七都一图	37.52%	二十四都二图	100.00%
十都一图	原册尽失	十七都二图	52.70%	二十四都三图	95.63%
十都二图	94.66%	十七都三图	11.45%	二十四都四图	99.01%
十一都一图	原册尽失	十七都四图	12.57%	二十四都五图	99.24%
十一都二图	94.02%	十七都五图	1.08%	二十四都六图	99.85%
十一都三图	97.35%	十八都一图	30.00%	二十四都七图	99.45%
十一都四图	89.09%	十八都二图	63.70%	二十五都一图	64.77%

右上角：续表

都图	已录入比例	都图	已录入比例	都图	已录入比例
二十五都二图	16.78%	二十七都六图	78.18%	三十一都一图	14.78%
二十五都三图	29.95%	二十八都一图	99.19%	三十一都二图	18.87%
二十五都四图	62.29%	二十八都二图	93.66%	三十一都三图	0.00%
二十五都五图	79.22%	二十八都三图	93.40%	三十一都四图	0.00%
二十五都六图	49.21%	二十八都四图	97.90%	三十一都五图	0.00%
二十六都一图	47.20%	二十八都五图	95.82%	三十二都一图	49.79%
二十六都二图	74.65%	二十八都六图	93.95%	三十二都二图	68.36%
二十六都三图	66.06%	二十八都七图	98.85%	三十二都三图	42.17%
二十六都四图	43.01%	二十八都八图	96.99%	三十三都一图	94.23%
二十六都五图	44.10%	二十九都一图	70.81%	三十三都二图	94.51%
二十六都六图	22.45%	二十九都二图	97.09%	三十三都三图	96.09%
二十七都一图	99.80%	二十九都三图	92.66%	三十三都四图	87.87%
二十七都二图	96.76%	二十九都四图	93.79%	三十四都一图	95.82%
二十七都三图	72.04%	三十都一图	53.20%	三十五都一图	94.86%
二十七都四图	71.55%	三十都二图	30.18%	三十五都二图	95.93%
二十七都五图	97.99%	三十都三图	66.45%	三十五都三图	99.01%

各册有部分字号极为复杂，留待最后统一处理，故一般录入进度在90%以上即可视为基本完成。据统计，现存149个图（坊），共有77个录入进度达到90%以上，占比52%；14个进度在80%—90%，占比9%。目前，课题组正在继续组织录入工作，以期尽快完成各都图的主体数据录入。

（二）检索系统的现状

为便利数据的利用，课题组开发了网页版的"鱼鳞册在线检索系统"（见图6）。该系统使用 Browser-Server（浏览器-服务器模式）结构开发，后台即基于 SQL Server 数据库，通过 Web 服务器实现信息交互。前台开发工具选用 ASP.NET，其具备开发网站应用程序的一切解决方案，包括验证、缓存、状态管理、调试和部署等全部功能，课题组成员在.Net 开发方面经验丰富。虽然鱼鳞图册数据库中存有大量的扫描图像，但是现阶段无法实现基于图像的直接检索，真正能供检索的是录入数据库中的格式化信息。故课题组决定利用鱼鳞图册数据库系统中的结构关系和数据，通过 SQL（结构化查询语言）查询语句实现基于数据库的信息检索，通过检索目标和对应图像之间建立超链接，实现检索目标的进一步图像展示。

"鱼鳞册在线检索系统"可提供方便的人机交互接口，通过网页形式，使用类似于知网期刊文献检索的方式进行，通过选择查询主题（分为三类：全文检索、土地信息检索和业户信息检索），输入关键字词，进行精确检索、模糊检索、逻辑检索等各类检索，检索结果以列表形式呈现。此外，允许用户利用检索定位功能，对已检索出的结果进行二次检索，以节省用户浏览页面的时间。该系统的查全率与查准率均达到了很高的标准，同时检索效率较高，一般的检索在数秒内即可显示结果。

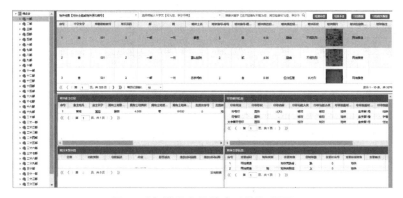

图 6 "鱼鳞册在线检索系统"界面

"鱼鳞册在线检索系统"可按都、图、庄查看，点击左侧相应单位，即按序显示该单位内各字号的详细信息，也可进行关键字词检索。点击列表中的某一土地字号，即可呈现该字号自身所有的信息，印章、贴条、批注等信息也一并显示。检索或者点击某一业户，则该业户住址、其所拥有的所有土地字号都将列表展现，以方便对鱼鳞图册进行深入研究。鱼鳞图册以地系人，数据库可以做到按人归地，且可以以鱼鳞图册所载任一信息为基点，获得相应土地字号的所有信息，将这一信息网织得更为紧密。为了进一步便利研究展开，检索系统可以 EXCEL 格式导出对应数据，进行进一步处理。

三　基于数据库的研究前景

运用计量史学的方法，建立量化分析模式是"同治兰溪鱼鳞图册数据库"建立的目的。鱼鳞图册是数据性很强的地籍档案，与一般文献、家谱、契约文书、档案、日记等资料相比，优势是其数据的真实、具体与全面，将鱼鳞图册置于整个史料体系中去解读分析，可以在土地产权制度、农田制度、灌溉水利、租佃关系、土地交易、赋役征收、宗族、环境变迁、宗教信仰、民间会社甚至民俗等诸多方面研究上取得很大进展。

《同治兰溪鱼鳞图册》堪称了解基层社会之百科全书，有大量的印章、批注、贴条信息，且三者常常是相互贯通、相互补充的，这些附属于土地字号上的信息，与土地字号、业户等共同组成完整的鱼鳞图册信息系统。基于此套材料而成的数据库可以展开多方面的研究，现举数例。

其一，可对地权分配、人地关系等问题展开有效研究。

地权分配研究需要完整的鱼鳞图册，只有这样才能真正落实各户土地的数量。经过民国整理的《同治兰溪鱼鳞图册》共有820册，而兰溪共有35都159图（坊），即以一个造册单元"图"而论，一图对应的册往往有多册。加之明清时期跨县拥有土地的人较少，但同县跨都、图占有土地的现象比比皆是，故只有把现存746册《同治兰溪鱼鳞图册》所载各业户所占土地全部统计出来，并将所统计的土地一一归户，才能真正落实各业户土地实际占有量。

除了地权分配研究外，我们还要进一步深挖人地关系。利用"同治兰溪鱼鳞图册数据库"，对所有的业户所拥有土地的类型、等级、所处位置及数量等信息进行数据模型建构，可以将业户占有土地的结构以及分布特点清晰呈现。在此基础上，与家谱、地方文献以及契约文书等材料进行比对，进一步探讨人们在土地买卖中的习惯行为和偏好等问题，深挖土地在社会中的地位和作用。

其二，可展开赋役制度与基层组织单位演变研究。

根据文献记载，"均田均役"制度的根本特点是以"图（里）"为单位平均分配土地（税额），这个制度于万历九年（1581）首行于浙江，到清初又推行过一次，此后便成定制。但其是否真的推行过，推行程度如何，目前依然没有确认。通过"同治兰溪鱼鳞图册数据库"即可对"均田均役"制度进行验证，统计各图的田、地、山、塘的面积，并将四类土地的面积乘以其对应的税率，便可得到各图的总税额。若各图的面积基本相同，或各图的面积不相同但税额基本相同，即可证明该制度推行过；反之，若面积、税额皆相差很大，说明"均田均役"制度并没有真正推行，至少在浙江部分地区没有推行。当然，这个研究的前提条件是兰溪各图自万历到晚清变化不大，甚至部分图完全没有改变，这可通过文献记载与鱼鳞图册对比加以确认。

复原明清某个时期一个县"乡→都→图→庄"的基层组织，是许多学者一生的追求。以往学界因缺乏完整的数据，只能从文献记载的碎片来推测"都""图""庄"的构建原则及其内部关系，至于"都""图""庄"具体的范围和面貌则是一笔糊涂账。王家范先生指出，只有复原明清某个时期某县的基层组织单位，才能进一步深化、细致探讨明清基层社会在诸如赋役征收、水利建设、司法等各种县事、村事中的具体运作方式和流程。因赋役制度与基层组织单位关系最为密切，这一问题的解决需从赋役制度入手。《同治兰溪鱼鳞图册》基本完整保留了该县基层组织单位信息，按字编号，每一字对应一图（坊），"图"上有"都"，"都"上有"乡"，"图"下有"庄"，"庄"下有"户"，序列极其完备。在数据库建成后，不仅可以落实"都""图""庄"的构建原则及其内部关系，也可以复原其区域范围和面积大小，甚至可以证实这些组织单位与自然村落的关系，因为土地字号所属的"土名坐落"很多是自然村落的名字，其记载极为详细。

其三，可对县域宗族结构及其分布特点进行研究。

宗族研究，历来是明清社会史研究的重中之重，但因没有完备的资料，目前学界多是以一个宗族或数个宗族为研究对象，甚少对一个县的所有宗族开展研究。《同治兰溪鱼鳞图册》详细登记业户的姓氏及其住址，若将鱼鳞图册所载全县业户的姓氏、住址进行准确归宗和定位，则全县的宗族构成、分布特点就会浮出水面。这一研究需要综合数据库与当地家谱、契约文书等材料。

其四，可对以县为单位的水利系统与乡村社会关系进行研究。

以往学界有关水利的研究，聚焦于渠灌、井灌、湖泊灌溉等，甚少关注塘与堰。兰溪的水利系统主要由塘与堰构成，嘉庆《兰溪县志》载："兰邑土田，高者易旱，下者易潦，全赖陂塘、堰埂容纳而灌输之。"[1]《同治兰

---

[1]　嘉庆《兰溪县志》卷 4《水利志》，《中国方志丛书·华中地方》第 518 号，台北，成文出版社，1983，第 157 页。

溪鱼鳞图册》内几乎登载了兰溪当时全部的水塘与堰。塘的面积大小不一，大者广至数十亩，甚至数百亩，小者则多在几分几厘之间。同治时期，兰溪通过攒造鱼鳞图册，共清出田 455230.86 亩、塘 45863.1 亩，塘的面积大约为田的面积的 10%，按塘 0.15 亩灌溉田 1 亩计算，灌溉了约 67% 的田。毫无疑问，塘是兰溪最核心的灌溉系统之一。塘与业户的多种所有权关系，在鱼鳞图册内体现为不同的登载方式，通过分析业户与塘的登载方式，讨论塘的类型及其所体现的水权占有形式、交易形式的差异，既可以避免目前学界仅把塘看作一种类型的叙述方式，又可以管窥政府设置"塘"这一土地类型的深层次目的以及其对塘灌的处置和管理方法，甚至可以看到民间占有、管理塘的各种面相。通过《同治兰溪鱼鳞图册》完全可以复原兰溪整个水利灌溉系统，这一系列数据可以通过数据库获得。通过这些水利灌溉系统，可以细致探讨水利与乡村的关系，甚至可以深入探讨水利与兰溪社会结构的关系，将水利研究推上一个新的高度。

　　[陈思奇，浙江师范大学人文学院历史系博士生；胡铁球，浙江师范大学人文学院历史系教授]

北京师范大学"晚清民国教材全文库"简介

杨喆星

清季民初是中国学术转型的重要时期，出现了具有现代性质的学术分科，这一时期在各级各类学校以及社会上使用的教材作为生产与传播知识的特殊载体，是当时从事基础教育与国民教育的专门工具，同时也具有重要的学术研究价值。

北京师范大学依托自身的学科和学术优势，不但在中小学课程标准制定、教材编写、教育研究等方面具有悠久的历史传统，在教材特色资源的收藏方面也颇有建树。早在1934年，北京师范大学图书馆即确定了"对30年来所出之各种教科书为整个之采访，大中小各等级兼收并蓄"的教材采购标准。2002年百年校庆之际，由图书馆编辑的《北京师范大学图书馆藏师范学校及中小学中文教科书书目：清末至1949年》正式出版，收录基础教育教材2600余种。庞大的教材收藏为数据库的建设提供了条件与契机，并且这些教材是近代以来为适应中国学制及学科的变化而产生的，本身具有较强的系统性，易于分门别类，有利于核心数据的开发。2008年北京师范大学图书馆建成"馆藏1949年前师范学校及中小学教科书全文库"，收录了上述2600余种教材。

2023年4月，经过改版扩容的"晚清民国教材全文库"（校内访问地址 http://jiaocai.bnu.edu.cn）正式上线。作为北京师范大学图书馆近年来重点打造的特色资源馆藏数据库，此次全新上线的"晚清民国教材全文库"在馆藏的基础上通过合作协议增加了部分收藏机构和个人的教材收藏，数据库内容更趋丰富，覆盖面更广。库内收录了晚清民国出版印行的近代新式教育所使用的教科书、教学辅导书、教学参考书及相关的课程标准等共7400余种近13000册，收录范围从基础教育教材扩展到大学教材、职业学校及专业学校教材等。据粗略统计，数据库中晚清教材有800余种，民国教材有近7000种，收藏量居业内前列。

清末新政时期，中国具有法定意义的全国性学制系统诞生，此后学制体系历经数次改革逐渐趋于完善。"晚清民国教材全文库"以近代以来的学制划分体系为基础，将所收录的教材分为蒙学·小学、中学、高校、师范（含中师、高师）、职校、其他（含民众教育、函授教育、特殊教育、童子军等）六大类，设有教材导航模块以供检索。其中有蒙学·小学教材1400余种，中学教材2300余种，高校教材1700余种，师范教材900余种，职校教材200余种，其他教材1000余种。数据库还对特色教材与珍品教材进行了归类和展示，其中特色教材共分为六类，包括本校编纂教材、女子教科书、留日学生翻译教材、晚清学部审定教材、翻译引进欧美教材、解放区教材等；珍品展示模块则对部分流传甚少的教材书影进行了展示，包括杨廷栋的《政治学教科书》、长泽龟之助的《新几何学教科书·平面》、神保小虎的《矿物教科书》、夏之时（Louis Richard）的《中国地舆志略》等，让人一睹当时教材的真容。

在教材的科目类别方面，晚清正是中国学术由"通人之学"向"专门之学"的转型时期，学校中的教学科目也深受此影响，分化出诸多门类。"晚清民国教材全文库"按近代学科的划分体系对教材进行了分类，其中蒙学·小学的科目22类，中学科目36类，高校科目54类，师范科目39类，职校科目33类，其他科目30类，涵盖常识、地理、党义·三民主义、国文、公民、历史、理科、美术、社会学、舞蹈、修身、家事、园艺、医学、气象、水利、健康教育、交通运输、建筑工程等诸方面。

在教材内容与版本方面，"晚清民国教材全文库"不但将各个学科的教材兼收并蓄，包罗万象，在同一学科下收录的教材也是种类丰富、版本各异。以历史教材为例，既有刘师培、吕思勉、周予同、何炳松、白寿彝等中国史学名家所著及编纂的各类教科书及教参教辅，也不乏桑原骘藏、塞纽博斯（Ch. Seignobos）等外国史学家所著《东洋史要》《西洋文明史》等；既有诸如《中国通史简编》《中国史纲》等通史教材，也有《史前中国》《秦汉史》《魏晋南北朝史》《隋唐五代史》《宋代兴亡史》《金史讲义》《元史》《明史讲义》《清朝前纪》《民国史》《抗日战争与解放战争》等中国断代史讲义及著作，其他诸如《西洋史学选读》《西洋近世史》《远东近世史》《俄国史》《英国工会运动史》等与世界史、国别史相关的教材也不乏其例。在教材出版者方面，有商务印书馆、中华书局、世界书局等多个出版社。在检索方式上，数据库除了支持书名、责任者、出版者、学科、主题等多个信息检索点外，还支持关键词检索与高级检索，支持学科拼音首字母搜索，校内 IP 登录后可实现全文阅览。

在深入开掘数据库相关资源进行学术研究方面，北京师范大学历史学院李帆教授主持了国家社会科学基金重点项目"清末民国时期的中国历史教科书与中华民族认同研究"，并先后在《人文杂志》《近代史研究》《史学集刊》《广东社会科学》《探索与争鸣》《民国档案》《史学理论研究》等刊物上发表《浅析清末民初历史教科书中的"国耻"与"亡国"话语》《求真与致用的两全和两难——以顾颉刚、傅斯年等民国史家的选择为例》《浅析清季民初历史教科书中的清史叙述》《民国历史教科书中的戊戌维新及康有为》《阐释学与历史教科书史的研究》《"共和"叙事：切近的历史表述——民国前期历史教科书中的辛亥革命与民国建立》《清季历史教科书的双重认同》等论文。"晚清民国教材全文库"也为北京师范大学历史学专业的学生撰写学术论文提供了重要资源，据不完全统计，截至目前直接以近代教科书为研究对象的历史学博士学位论文共 9 篇，硕士学位论文 7 篇，学士学位论文近 50 篇。同学们依托学校丰富的教材收藏，从多个方面及维度深化了近代教科书的研究，产出了一系列高质量的研究成果，如毕苑的博士学位论文《中国近代教科书研究》、何成刚的博士学位论文《民国时期中小学历史教育发展研究》均出版成书，付耶非的博士学位论文《抗战时期历史教科书研究》荣获北京师范大学优秀博士论文称号。学生在校期间撰写的相关研究论文如《"专制政治"观念在中国历史认知中的生成与传播——以民国小学历史教科书为例》《近代历史教科书对传统婚丧习俗的叙述与中华民族文化认同》等，在《人文杂志》《课程·教材·教法》等学术杂志上发表。教材数据库的建设还推动了国际学术交流，德国海德堡大学汉学系教授顾德琳（Gotelind Müller-Saini）在访问北京师范大学期间曾利用该数据库从事中国历史教科书的研究工作并发表相关研究成果。除历史学外，北京师范大学教育学、文学、法学等学科门类下的学生也对"晚清民国教材全文库"中的资源进行了充分的发掘与利用，全方位扩展了对近代教材的研究。

将纸质及实物材料电子化是数字时代的大势所趋，在这一潮流下，从事历史研究的学者在史料的搜集与分析方面离不开各类数据库的支持。历史资料数据库的开发与建设，为学者远程从事研究工作提供了必要条件，节省了研究人员往来图书馆及资料室的时间。数据库中多个信息检索点的设置，为研究人员快速、便捷地搜集资料提供了多路径支持。数据库的建设还离不开共享、共建的精神，"晚清民国教材全文库"正是得益于与国内收藏机构的合作，才能呈现出如此丰富多样且覆盖面广的内容。未来北京师范大学图书馆会继续响应数字时代合作共建的要求，不断对教材数据库进行增容与优化，并展开对数据的深度挖掘，进行多维度分析与可视化展示，为各学科近代教材的研究人员提供更加多样的资源分析和成果展示渠道，推进跨学科研究以及国际交流与合作，从更大范围推动学术的进步。

[杨喆星，北京师范大学历史学院博士研究生]

抗战文献数据平台搜集与整理
红色文献的具体实践

邢宗民

引　言

作为"抗日战争研究专项工程"的核心项目与主体工程，"抗日战争与近代中日关系文献数据平台"（以下简称"抗战文献数据平台"）自 2016 年 6 月立项以来，坚决落实习近平总书记关于抗日战争研究"要加强资料收集和整理这一基础性工作，全面整理我国各地抗战档案、照片、资料、实物等，同时要面向全球征集影像资料、图书报刊、日记信件、实物等"的相关指示。① 经过项目团队几年来的不懈努力，截至 2022 年 12 月，抗战文献数据平台已上线包括报纸、期刊、图书、档案、照片、视频、音频等在内的多种类型史料，文献总量逾 5000 万页，在海内外学术界获得一定好评。

2021 年，是中国共产党成立百年，盘点已有馆藏，整合红色文献，举行展览或纪念活动，以扩大党史宣传，成为包括全国图书馆界、博物馆界、纪念馆界等在内的共同行动。2021 年 2 月 1 日，习近平总书记在同党外人士共迎新春时指出，"中共中央决定，今年在全党开展中共党史学习教育，

---

① 习近平：《让历史说话　用史实发言》，新华网，2015 年 7 月 31 日。

激励全党不忘初心、牢记使命，在新时代不断加强党的建设"。① 同月，中共中央印发《关于在全党开展党史学习教育的通知》，就党史学习教育做出部署安排，进一步推动了社会公众学习党史的热潮。在上述有利条件下，利用学术界已有成果，搜集、整合红色文献目录，对库存文献进行查漏补缺，以进一步增加、呈现红色文献，为社会公众学习、研究百年党史提供丰富多元的资料，贡献自己的一分力量，成为抗战文献数据平台项目团队整体工作的一个重点。

几年来，抗战文献数据平台项目团队依托中国社会科学院近代史研究所图书馆丰富的馆藏资源，通过与高校图书馆等机构进行合作，并充分利用包括近代文献数据库、资料集、工具书等在内的相关学术成果，以"调查研究"为基础，以"服务社会"为目标，采取"边调研，边整合，边著录，边上线"的工作策略，不断扩充红色文献总量，极大地便利了社会公众学习、研究百年党史。

笔者长期参与抗战文献数据平台的文献资源建设，持续关注中国近代史学界的研究成果，并跟踪调研多个近代文献数据库的资源更新动态。本文即在此基础上，充分结合实际工作中的一些经验，对抗战文献数据平台建设、整合红色文献过程中的具体实践过程，做一概述性说明，以供学界参考。

一 "红色文献"概念的定义

确定"红色文献"的具体概念，是进行文献搜集与整理的理论前提。关于"红色文献"，目前学术界有广义和狭义之分。从狭义上看，红色文献是指"1921年7月中国共产党成立起至1949年10月新中国建立之前由中国共产党机关或各根据地所出版、发行、制作的各种文献资料，其中包括党的领袖的著作、党组织各类文件及根据地出版的各种书籍和报刊杂志等"。② 从广义上看，红色文献是指"1919年至1949年中国共产党领导人民在革命、建设和改革中创造的一切文字记录和图像与录音资料"。③ 在此基

---

① 《习近平同党外人士共迎新春》，新华网，2021年2月1日。
② 赵莉：《红色文献资料综述》，《丝绸之路》2009年第18期。
③ 谢黎萍、程焕文、苏智良等：《继承百年传统　赓续红色血脉：红色文献整理与研究专家笔谈》，《图书馆杂志》2021年第7期。

础上，图书馆界、博物馆界、纪念馆界等因各自领域需求的差异化而有少许不同。

基于上述关于红色文献的概念定义，结合抗战文献数据平台以"抗日战争、中日关系"立项的原则，目前项目团队重点搜集、整合自中国共产党创建到中华人民共和国成立的 28 年间，由根据地、解放区、国统区、敌占区等出版的一切纸质印刷品，且以图书、期刊、报纸为重点。

二　已有成果调研与文献总目编制

任何科研工作的高效推进，一定是在充分总结和利用学术界已有成果的基础上进行的。近几年，随着互联网技术在图书馆界的广泛应用以及"革命文献与民国时期文献保护计划"等文献保护工程的实施，民国文献整理的相关成果大量涌现。具体到红色文献领域，则是红色文献数据库的开发、红色文献影印集的出版、红色文献目录的出版等三个方面。

（一）红色文献数据库方面

综合考虑当前近代史类数据库发展的现状、学术界对文献数量的"核心需求"以及抗战文献数据平台"公益、共享"的自我定位等多个方面的因素，在资源建设过程中，项目团队重点考察收录红色文献总量比较大的数据库。总体来说，从数据库收录的文献类型看，红色文献数据库可以分为综合库、报刊库、图书库等；从数据库开发的功能应用看，红色文献数据库可以分为图像库与全文库。

在综合性数据库方面，目前收录红色文献总量最大的，是由国家图书馆开发的"革命历史文献资源库"，包括 6254 种图书、170 种期刊、75 种报纸，文献总量超 100 万页。其次则是由上海图书馆开发的"革命（红色）文献知识服务平台"，收录图书、传单、布告等多种类型红色文献，共8505 种。

在报刊类数据库方面，则主要包括由北京尚品大成数据技术有限公司开发的"中共党史期刊数据库"，汇总 180 种红色期刊；由北京爱如生数字化技术研究中心开发的"红色报刊档案数据库"，汇总 5 种红色报纸、100种红色期刊；由湘潭大学出版社开发的"红藏期刊库"，汇总 151 红色期刊；由古联（北京）数字传媒科技有限公司开发的"红色经典报刊库"，汇总 150 种红色期刊。

在图书类数据库方面，主要有中国人民大学图书馆开发的"红色文献平台"，目前已上传红色文献书目数据 12555 种，具体包括人大馆藏的 1134 册红色文献电子全文，"并链接至大学数字图书馆国际合作计划（CADAL）和上海市图书馆——革命（红色）文献知识服务平台"；① 由国家图书馆开发的"革命文献与民国时期文献联合目录"，汇总 29400 种革命文献书目数据，其中 3707 册有电子全文。

（二）红色文献影印集、红色文献目录等方面

在红色文献影印方面，主要有由湘潭大学出版社策划出版的《红藏：进步期刊总汇（1915—1949）》（2014），该书系统整理、影印了新中国成立前中国共产党中央及其各级机构、组织、团体主办，或在其领导下创办的进步期刊 151 种。由江苏省档案馆、南京师范大学抗战研究中心编，国家图书馆出版社、南京师范大学出版社出版的《中华抗战期刊丛编》（2015），收录了江苏省档案馆所藏 1936—1946 年中国共产党在国统区和根据地出版的期刊 80 余种。由山东省图书馆辑、国家图书馆出版社出版的《山东革命根据地红色报纸汇编》（待出版）和《山东革命根据地红色期刊汇编》（待出版），分别收录了山东省图书馆所藏的 34 种红色报纸、111 种红色期刊。由国家图书馆编纂出版的《革命和进步期刊汇编》第 1 辑（2021），收录了国家图书馆所藏的晋冀鲁豫边区和晋察冀边区在抗日战争时期与解放战争时期出版的综合性通俗刊物和文艺类期刊 12 种。

在红色文献目录方面，红色图书上，主要包括北京图书馆善本组编纂的《北京图书馆藏革命历史文献简目》（1984），收录了辛亥革命至新中国成立前全国各地出版的革命、进步书刊 6700 余种；山东省图书馆特藏部编纂的《馆藏革命文献书目》（1987），收录约 6000 种新中国成立前解放区根据地出版的各类图书及部分国统区出版的进步书籍；中国人民大学图书馆编纂出版的《解放区根据地图书目录》（1989），主要汇集了 1937—1949 年

---

① 中国人民大学图书馆：《中国人民大学红色文献平台上线》，2021 年 12 月 29 日，https://news.ruc.edu.cn/news/focus/86263.html。

解放区根据地出版的各类图书和国统区出版的进步书籍,共计 11722 条;上海图书馆编纂出版的《上海图书馆馆藏革命文献总目·目录编》(2021),收录了包括馆藏红色图书以及传单、布告等非书资料目录共 8940 种;《红色出版物总目(1912—1949)》(2023)为"民国时期出版物总目录"丛书之一种,系统地收集了 1912—1949 年中国共产党直接和间接领导创办、出版的红色进步图书的图录,共 15000 种。

在红色报刊方面,主要包括《全国解放前革命期刊联合目录(1919—1949)》(未定稿),收录了全国各地 90 家图书馆、档案馆、资料室收藏保存的新民主主义革命时期各个历史阶段出版的 1658 种红色期刊;《中国共产党历史报刊名录:1919—1949》收录了从中国共产党创建到新中国成立的 30 年间,党的各级组织、人民政府、人民军队以及党所领导的群众团体创办的报刊 4512 种。

(三) 目录的编制与核对

在上述调研的基础上,综合利用各种成果,形成一个比较完善的专题目录,可以为文献的整合提供准确的线索,进而为数据库建设提供诸多助力。以红色图书为例,项目团队采集复制各大数据库已经著录好的书目信息,并把红色文献资料集或红色文献书目的具体目录信息整理到电子表格中。在此基础上,按照类别形成红色图书、红色期刊、红色报纸的专题目录。接下来,项目团队根据已经形成的专题目录查漏补缺,筛选完善抗战文献数据平台储存的海量史料。

由于不同的机构或研究人员对文献版权信息中的具体要素认识不同,加上红色文献版本的复杂性(例如伪装本等现象)等其他情况,如果仅仅把不同数据库或书目进行简单整合,很容易导致文献目录整合结果与留存文献的真实情况相去甚远的情况。针对以上问题,项目团队通常会把目录的整合工作分为两个环节同时进行:一方面,用阶段性的专题目录确认海量库存文献中的红色文献,并用库存文献纠正专题目录中可能存在的著录错误;另一方面,则以专题目录为线索,通过馆藏文献的扫描及与高校、革命纪念馆等机构的合作,进一步完善补充红色文献。

三　文献搜集的具体实践

在网站建设过程中，抗战文献数据平台项目团队始终坚持"公益、共享"的发展理念，除了依托中国社会科学院近代史研究所图书馆馆藏资源外，还与多所国内高校历史系进行文献合作，并通过创建读者交流群、发布文献征集通知、上线个人或机构专题库、印制专题库纪念册、发布新闻报道等方式，加强与革命纪念馆、开国将领子女以及红色文献收藏家等机构或个人的合作，最大限度地整合扩充红色文献总量。下文将简单举例说明抗战文献数据平台项目团队在这些方面的努力。

（一）馆藏近代文献的数字化

原中国社会科学院近代史研究所图书馆、现中国社会科学院中国历史研究院图书档案馆馆藏大量近代文献。充分利用馆藏文献，是抗战文献数据平台进行网站资源建设的基础。

为进一步扩充抗战文献数据平台近代报纸库存，2021年10月，抗战文献数据平台与中国历史研究院图书档案馆签署合作协议，对近代报纸进行数字化加工。经过项目团队的核查，初步判断，可以在目前已上线报纸的基础上额外补充约300种近代报纸。其中，《冀热察导报》《冀南日报》《晋南日报》《察哈尔日报》《陕南日报》《冀中导报》《北平解放报》《延安报》《松江日报》《辽西日报》《合江日报》《冀鲁豫日报》《开封日报》《平原日报》《胶东日报》《救国时报》《芜湖日报》《新洛阳报》《榆林报》《豫西日报》《中原日报》等30余种红色报纸，基本是目前所有近代文献类数据库没有收录的。这些珍稀红色报纸正在进行数字化加工，未来将免费向社会公众开放。

（二）与高校等机构的合作

在历史学领域，没有一流的文献，就没有一流的学科。高校建设重点学科的过程，必然伴随系统性的文献收集。唯有如此，才能最大限度地促进强势学科的形成与发展。国内不少高校历史系都有丰富的特色馆藏，其通常呈现"文献总量大"或"特色文献多"的特点。

抗战文献数据平台十分重视与高校历史系的合作，首都师范大学历史文化学院是国内历史研究重镇之一，尤其以世界史研究著称。经过多年积累，该校馆藏约 1 万卷缩微胶卷，内容涵盖英国、美国、法国、德国、日本等多国对外关系和内政，很大一部分和网站资源主题密切相关。抗战文献数据平台与首都师范大学历史文化学院签署合作协议，将其中的 5000 卷缩微胶卷进行数字化加工。与此同时，几年来，抗战文献数据平台还先后同其他几所高校历史系签署合作协议，对其馆藏民国文献进行数字化加工，大大丰富了抗战文献数据平台民国文献的总量。其中就有不少红色文献。

（三） 与革命纪念馆等文博机构的合作

革命纪念馆和博物馆是中国共产党革命历史和革命文化的重要载体，其主题文献收藏相对完整，但数字化呈现较为薄弱。抗战文献数据平台充分利用自身在文献数字化方面的优势，与这些机构进行合作。

中国人民抗日军事政治大学创建于抗日战争前期，担负着为中国革命培养优秀军政干部的光荣使命。其初创于陕北，后随形势发展辗转敌后办学。1940 年 11 月 4 日，抗大总校进驻河北邢台县浆水一带，校部设在前南峪村。中国人民抗日军事政治大学陈列馆是中国第一所反映中国人民抗日军事政治大学校史的陈列馆，是全国建馆最早、规模最大、全面反映抗大发展史的专题性陈列馆。抗大陈列馆不仅藏有科目最全、数量最多的珍贵文献——抗大教材，近些年还持续开展史料征集活动，征集到抗大学员的大量照片、回忆录、手稿、毕业证书等珍贵文献。2020 年 11 月，抗战文献数据平台与中国人民抗日军事政治大学陈列馆签署合作协议，抗大陈列馆将无偿捐赠馆藏珍稀文献，以专题库的形式在抗战文献数据平台网站上进行呈现。目前，专题库建设开展持续两期，相关数据还在持续更新中。与抗大陈列馆的合作，将极大丰富抗战文献数据平台红色文献的总量和类型。

（四） 与开国将领子女的合作

抗战文献数据平台十分重视同开国将领子女的合作。他们中的很多人至今保留着自己父辈留下的未刊书信、回忆录、手稿、日记等珍贵文献。

2019 年 3 月，冀中人民抗日斗争史资料研究会秘书长、高存信将军之女高凌，冀中抗战研究会副会长、解放军后勤学院政工系教授、左叶将军之女左月燃，与抗战文献数据平台签署合作协议，无偿捐赠由冀中人民抗日斗争史资料研究会扫描制作的《晋察冀日报》电子版和《冀中人民抗日斗争文集》等史料。2019 年 11 月，国家农业部原副部长张林池①之女张希玲与抗战文献数据平台签署合作协议，无偿捐赠张林池在几十年革命生涯中留下的个人日记、根据地刊物、工作笔记等史料。

目前，开国将领子女普遍年事已高，如何妥善处理父辈留下的珍贵史料，是这个群体十分关心的事情。未来抗战文献数据平台将加大力度同这个群体进行合作，搜集挽救更多的红色文献。

（五）与红色文献收藏家的合作

民间收藏家的文献收藏亦具有极强的主题性。不少收藏家多年如一日，收藏各种主题文献。由于这个群体在具体的收藏活动中，没有官方机构进行文献收藏过程中可能遇到的多种限制，他们可以最大限度地进行市场化运作。在某些主题性的收藏方面，不少红色文献收藏家个人藏量甚至多过官方机构的馆藏。抗战文献数据平台积极联系，在"公益、共享"的理念共识基础上，与红色文献收藏家进行合作。

抗战史料收藏家、中国收藏家协会会员王政先生收藏了大量民国文献，除了民国期刊、民国图书、民国报纸、抗战时期日文史料（如"阵中处刑通报""村田命第一号""日军死亡证书"等）、民国地图、战时宣传单等珍贵近代文献外，还有不少红色文献。2022 年 10 月，王政与抗战文献数据平台签署合作协议，授权平台对其珍藏的 1000 余种民国文献进行数字化，并以此为基础建设"王政私人珍藏民国文献专题库"。

四　目前的成果

通过丰富多元的文献整合方式，目前，抗战文献数据平台已整合红色报纸 41 种、红色期刊 242 种、红色图书 8954 册，② 总量逾 130 万页。

---

① 张林池，1937 年 11 月加入中国共产党，1937—1939 年担任晋察冀边区唐县县长，1939—1945 年任晋察冀边区第三专署专员、边区政府实业处副处长。解放战争时期，曾任晋察冀边区政府交通局局长、边区政府农业处副处长、华北人民政府农业部副部长等职。

② 正在数字化的红色文献，不在本次统计范围内。

在红色报纸方面，其出版时间具有较高的集中度，即大多在解放战争时期出版。结合每种报纸的出版周期和版面页数可知，这是由于战争年代的特殊环境，物质条件艰苦。因此红色报纸的出版呈现大报少、小报多，连续报纸少、间歇性报纸多，印刷质量好的报纸少、印刷质量差的报纸多，解放战争时期报纸多、其余历史时期报纸少的特点。

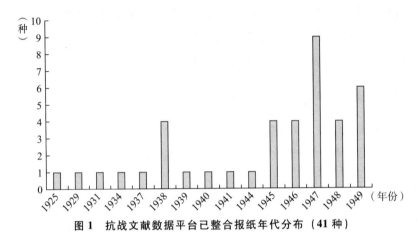

图 1　抗战文献数据平台已整合报纸年代分布（41 种）

在红色期刊方面，其出版时间主要集中在五四新文化运动时期、中央苏区时期、整风运动前的陕甘宁时期以及解放战争时期。在这几个时期，或由于新文化运动的兴起，或由于中共中央生存环境的相对稳定，或由于根据地人力物力条件的改善，或由于解放区文化政策的制定等多种主客观原因，红色期刊的出版相对繁荣。

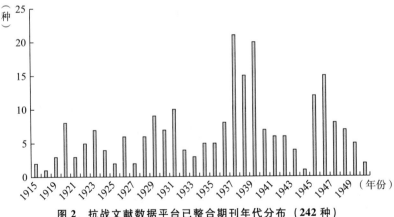

图 2　抗战文献数据平台已整合期刊年代分布（242 种）

　　在红色图书方面，由于统计样本较多，可以更为客观地反映整体出版情况。红色图书的出版除了集中在 1937—1941 年外，还特别集中在解放战争时期。结合对这一时期出版地的统计，可知东北解放区大势底定，是这一出版现象出现的主要原因。

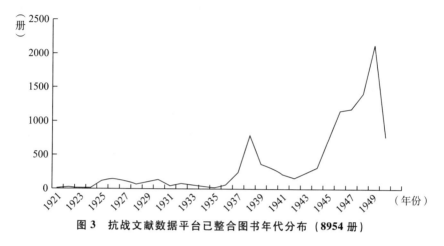

图3　抗战文献数据平台已整合图书年代分布（8954 册）

　　不同类型文献出版周期的长短不一、出版类型的难度不同以及出版形态的天然差异化，也是红色报纸和红色期刊相对红色图书出版量小很多的客观原因。

五　结语

　　目前，抗战文献数据平台已经上线了一定数量的红色文献，但与历史上留存红色文献的总量相比，这个数量是远远不够的。在红色文献的整合上，还有几个方面的工作需要继续加强。综合来说，主要包括文献总量的继续增加、史料类型的继续扩充两个方面。

　　从总量上来说，学界相关成果仅是阶段性成果，未来必定会继续增加。以当前成果来说，在红色图书方面，仅国家图书馆整理出版的《红色出版物总目（1912—1949）》就收录了 15000 种书目，抗战文献数据平台目前搜集了不到 9000 种。在红色报纸和红色期刊方面，根据《中国共产党历史报刊名录》一书的统计，两类史料有 4512 种，目前抗战文献数据平台仅搜集了 200 余种。

从史料类型上来说，红色文献不仅包括图书、期刊、报纸，还包括小册子、传单、布告、文书档案、手稿、书信、日记、笔记、录音资料、缩微资料、地图、乐谱等其他类型史料。目前抗战文献数据平台上线的红色文献资料，主要是图书、报纸、期刊这三种类型。手稿、日记虽然也有一些，但数量太少，基本可以忽略不计。另外，近些年，影像史料越来越受到学术界的关注与重视，但由于革命年代摄影设备稀缺，且专业人才较少，影像史料存世较少。获取"档案机构的战争时期的印相和底片"以及"存于摄影师手中的日记、木刻、手稿以及他们个人的讲述"① 等相关线索，值得项目团队进一步努力。

从 2012 年到 2021 年，全国高校马克思主义学院已由 100 余家发展到 1440 余家；2022 年 9 月，国务院学位办正式设立"中共党史党建学"一级学科，中共党史学科发展迎来新机遇。与此形成鲜明对比的是，目前仅有"革命历史文献资源库""中国人民大学图书馆红色文献数据库""革命（红色）文献知识服务平台""中国共产党思想理论资源数据库"等少量数据库提供相关的文献服务，远远不能满足相关学科进一步繁荣发展的需要。

总结经验，正视短板，开拓进取，服务社会。未来，抗战文献数据平台项目团队除了继续增加报纸、期刊、图书等资料总量，还将进一步扩展照片、视频、音频、手稿、日记等史料，并通过多种途径，与存有红色文献的机构或个人开展广泛的合作，力争为社会公众和学术界构筑更好的大型数据平台。

[邢宗民，抗战文献数据平台工作人员]

---

① 　高初：《抗战时期的边区摄影：一个意味深长的起点》，《中国摄影》2015 年第 7 期。

专题论文

中国历史官员量化数据库——清代（CGED-Q）的人名匹配与官员记录连接[*]

康文林　陈必佳

摘　要：本文介绍了利用中国历史官员量化数据库——清代（China Government Employee Dataset-Qing，CGED-Q）进行人名匹配和官员记录连接的方法。CGED-Q 包括缙绅录（Jinshenlu，JSL）和科举记录（Examina-tion Records，ER）两大部分，前者收录官、坊刻本文武官员季度名册，后者收录科举中式者记录名册。本文首先重点评估了原始史料中各项变量的多样性和识别不连贯记录的潜力，以此确定能够用于有效消歧的主要变量。民人官员的主要变量包括姓、名、籍贯省县，旗人官员的主要变量则包括名和旗分等。其次评估了可能有助于进行连接匹配的次要变量。最后，描述了主次变量记录匹配中各项问题的解决方法。

关键词：中国历史　人名匹配　精英　官员仕途

* 本文原刊 Campbell，Cameron and Bijia Chen，"Nominative Linkage of Records of Officials in the China Government Employee Dataset-Qing（CGED-Q），" *Historical Life Course Studies*，Vol. 12，2022：233–259。本文得到香港研究资助局一般研究基金项目 16602621、16601718 和 16600017（项目负责人：康文林）的支持。我们感谢李中清-康文林研究团队成员的反馈和建议，特别感谢董浩、李中清和倪志宏。我们还要感谢 Loretta Kim 分享有关满族人名习俗的知识，同时也感谢薛勤、陈俊以及其他使用该数据的研究者，他们向我们报告了他们发现的问题，这帮助我们改进了人名匹配连接的程序。韦圣彬完成了全文的初次翻译，侯玥然完成了最终校对，陈必佳、薛勤、高帅奇、陈俊、虞越协助修改了翻译。

一 引言

本文将介绍利用中国历史精英数据库开展大规模人名匹配的方法。匹配工作基于两个清代精英数据库"中国历史官员量化数据库——清代·缙绅录"（China Government Employee Dataset-Qing Jinshenlu，以下简称"CGED-Q-JSL"）和"中国历史官员量化数据库——清代·科举记录"（China Government Employee Dataset-Qing Examination Records，以下简称"CGED-Q-ER"）。首先，通过对 CGED-Q-JSL 中清朝 1762—1911 年各季文武官员名册的连接匹配，本文重建该数据库中各官员的仕途生涯。其次，通过匹配 CGED-Q-JSL 官员在 CGED-Q-ER 中的记录，本文补充了仕途经历之外各官员生年、科举成绩、出身等其他属性。以上两项连接匹配，使我们得以研究一个重要的社会学议题：家庭出身和"个人能力"（以科举成绩衡量）在官员的任命、晋升和离职过程中发挥了何种作用？同时，通过关联官员的生年和仕途生涯，我们也得以进一步研究清代官员的年龄结构以及任命、晋升和离职过程中的年龄动态。

本文提供的记录匹配方法，借鉴了既往学者们对 CGED-Q-JSL 中官员仕途生涯的一系列研究，包括对官员任命、晋升、离职的讨论，[①] 可视化平台搭建，[②] 数据库概述，[③] 以及学位论文，[④] 等等。既往基于 CGED-Q-JSL 的每

[①] 具体可参见陈必佳、康文林、李中清《清末新政前后旗人与宗室官员的官职变化初探——以〈缙绅录〉数据库为材料的分析》，《清史研究》2018 年第 4 期；胡恒、陈必佳、康文林：《清代知府选任的空间与量化分析——以政区分等、〈缙绅录〉数据库为中心》，《新亚学报》2020 年 8 月；胡存璐、胡恒、陈必佳、康文林：《清代州的政区分等与知州选任的量化分析》，《数字人文研究》2021 年第 1 期；康文林：《清末科举停废对士人文官群体的影响——基于微观大数据的宏观新视角》，《社会科学辑刊》2020 年第 4 期；薛勤、康文林：《清季改革视阈下吏部官员群体的人事递嬗与结构变迁（1898—1911）——以〈缙绅录〉数据库为中心》，《社会科学研究》2022 年第 2 期。

[②] Wang, Y., Liang, H., Shu, X., Wang, J., Xu, K., Deng, Z., Campbell, C. D., Chen, B., Wu, Y., & Qu, H., "Interactive Visual Exploration of Longitudinal Historical Career Mobility Data.," *IEEE Transactions on Visualization and Computer Graphics*, 2021, Early Access. doi: 10.1109/TVCG.2021.3067200.

[③] Chen B., Campbell, C. D., Ren, Y., & Lee, J. Z., "Big Data for the Study of Qing Officialdom: The China Government Employee Database-Qing (CGED-Q)," *The Journal of Chinese History*, 4, Special Issue 2, 2002: 431-460. doi: 10.1017/jch.2020.15.

[④] Chen, B., Origins and Career Patterns of the Qing Government Officials (1850 - 1912): Evidence from the China Government Employee Dataset-Qing (CGED-Q), Ph. D. dissertation, Hong Kong University of Science and Technology Division of Social Science, 2019.

一次研究，都不断暴露出数据库原始资料、抄录过程、人名匹配、记录连接程序等方面的新问题，因此我们必须解决这些问题。同时，随着数据集规模的扩张，我们改进了程序的可扩展性和运行速度。最终，正如后文所详述，我们采用了 STATA 中 dtalink 包①中的概率连接方法，为人名匹配和记录连接提出了解决方案。

　　本文主要内容是全面挖掘清代行政史料在记录官员姓名、籍贯和其他变量时出现的诸多问题，解释这些问题如何干扰人名匹配，并提供解决方案。希望我们的解决方案，对致力于基于其他中国历史资料开展人名匹配的研究者，以及 CGED-Q-JSL 的公开版本用户有所助益。② 本文提出的问题和提供的解决方案，同样适用于其他中国历史资料。匹配中的常见问题，主要有官员姓、名中的异体字、同音字、形似字问题，由行政区域变化引发的同地异名问题，等等。为了便于其他研究者利用中国历史资料开展人名匹配工作，我们已公开提供用于制作文内各汇总表的基础数据。③

　　本文包括六部分。第一部分介绍研究内容和主题。第二部分回顾中外学界关于历史人物姓名匹配的既往研究。第三和第四部分分别介绍本文使用的两个历史数据库——"中国历史官员量化数据库——清代·缙绅录"（CGED-Q-JSL）和"中国历史官员量化数据库——清代·科举记录"（CGED-Q-ER），详述数据库中可用于连接的变量，包括两个数据库均可用的主要变量，以及仅在 CGED-Q-JSL 可用的次要变量，并指出在连接过程中与主要变量相关的各项问题。第五部分介绍目前在 CGED-Q-JSL 和 CGED-Q-ER 中进行人名匹配和记录连接的方法。第六部分总结研究成果，并展望未来研究

---

① Kranker, K., DTALINK: Stata module to implement probabilistic record linkage, Statistical Software Components S458504, Boston College Department of Economics, 2018, revised 16 Feb. 2019, Retrieved from https://ideas. repec. org/c/boc/bocode/s458504. html.

② 我们已经公开 1850—1864 年以及 1900—1912 年的 CGED-Q-JSL 版本。数据库用户指南详见任玉雪、陈必佳、郝小雯、康文林、李中清《中国历史官员量化数据库——清代缙绅录 1900—1912 时段公开版用户指南》，DataSpace@ HKUST V14. 10. 14711/dataset/E9GKRS，2019 年。数据库与相关文档可在 HKUST Dataspace 的李－康研究团队主页（https://doi. org/10. 14711/dataset/E9GKRS）下载，也可以在 Harvard Dataverse 的李－康研究团队主页（https://doi. org/10. 7910/DVN/GMQWVZ）下载。当数据库建设更完善时，我们也会公开 CGED-Q-ER 和 CGED-Q-JSL 其他时间段的数据。

③ 作为供其他研究人员用中国历史材料做人名连接的资源，我们已在 HKUST Dataspace 和 Harvard Dataverse 公布作为本文表 2 至表 8 的基础的完整数据。这些数据应该对需要解决姓名或籍贯地记录不一致问题的研究者有用，可以协助他们开发处理此类问题的方法。

中的改进方向。

二　背景

在目前欧洲及北美学界的人口、社会、经济史前沿研究中，大规模、自动化人名匹配及记录连接，是构建长时段历史"大数据"的一个关键性工具。人名匹配的常见应用，包括连接同一个体在不同时间点的人口普查记录，连接不同来源的出生、死亡、婚姻等记录。连接工作有时也涉及其他更专业化的资料，如税务记录、健康记录、退休及养老金记录等，以补充例行人口普查和户口登记记录未涉及的信息。连接后的数据不仅展现了个人生活史，有时也提供了跨越多世代的家族史。由于系列研究的开展，基于英文和其他拼音文字资料的大规模人名匹配连接方法已相对成熟。目前，已有大量文献详论人名匹配工作中面临的挑战，提供了各种解决方案，并开发了便捷易用的软件包。①

在美国、加拿大和欧洲学界，为了建设大规模、长时段的社会、经济史数据库，对人口普查、民事登记和其他行政数据的连接工作已开展了 20 余年。② 因此，关于英文及其他拼音文字个人记录的大规模人名匹配连接工作，已有大量相关文献。在一项早期研究中，明尼阿波利斯人口中心（Minneapolis Population Centre）将美国 1860 年、1870 年、1900 年人口抽样调查数据与 1880 年人口普查数据相连接，创建了一个统计上具有代表性的连续样本。③ 由此至今，匹配连接方法已取得可观的进步，如通过机器学习实现全自动化记录连接，④ 利用住址和人际关系信息提高连接成功

---

① 例如 Linkage Library，详见 https://www.icpsr.umich.edu/web/pages/about/linkage-library.html。

② 这些连接工作具体可参见 *Historical Methods Special Issues* 51（2）和 53（4），以及 Sylvester, K., & Hacker, J.D., "Introduction to Special Issues on Historical Record Linking," *Historical Methods: A Journal of Quantitative and Interdisciplinary History*, 53（2），2020：77-79，doi：10.1080/01615440.2020.1707445。

③ Ruggles, S., "Linking Historical Censuses: A New Approach," *History and Computing*, 14（1+2），2002：213-224.

④ Abramitzky, R., Mill, R., & Pérez, S., "Linking Individuals across Historical Sources: A Fully Automated Approach," *Historical Methods: A Journal of Quantitative and Interdisciplinary History*, 53（2），2020：94-111，doi：10.1080/01615440.2018.1543034.

率，等等。①

连接英文和其他拼音文字书写的姓名时，存在一些关键问题。其中，拼写错误、姓名变更、使用变体、年龄或生日等其他变量记录不一致等，可能导致漏连（false negatives），即应被关联的记录未被关联；广泛存在的重名现象，则可能导致错连（false positives），即不应被关联的记录被关联。人们在不同时间、地点对姓名的书写差异，普查员或其他官方记录中对姓名的登记差异，都可能引发拼写错误。国际移民可能会被移民官根据原名音译重起新名或自行改名，妇女婚后常随夫姓，由此引发姓名变更。原名与缩写、昵称有时间杂出现，例如不同场合下分别写 Bill 和 William。在许多欧洲社区中，重姓、重名现象广泛存在，这使判断同姓名者是否为同一人颇具难度。

处理中文姓名时所遇问题，与前述问题大不相同。中文姓并不多样，2020 年，中国前五大姓人口占总人口的 30.8%，前一百大姓人口占总人口的 85.8%。② 但中文名相当多样，因为名通常由两个汉字组成，而这两个汉字有成千上万种可能组合。现实中，名的多样性与不同时代、不同阶层的取名习惯有关。在清代及 20 世纪上半叶，精英男性的名十分多样，因为显贵之家为示其博学，常以具备文学、历史或哲学意涵的生字为子孙取名。由于具有政治或爱国意义的单字姓名广泛流行，1960—1980 年代出生人口姓名多样性较低。③

---

① Akgün, Ö., Dearle, A., Kirby, G., Garrett, E., Dalton, T., Christen, P., Dibben C., & Williamson, L., "Linking Scottish Vital Event Records Using Family Groups," *Historical Methods: A Journal of Quantitative and Interdisciplinary History*, 53 (2), 2020: 130-146, doi: 10.1080/01615440.2019.1571466; Helgertz, J., Price, J., Wellington, J., Thompson, K., Ruggles, S., & Fitch, C., "A New Strategy for Linking U. S. Historical Censuses: A Case Study for the IPUMS Multigenerational Longitudinal Panel," *Historical Methods: A Journal of Quantitative and Interdisciplinary History*, 55 (1), 2022: 12-29, doi: 10.1080/01615440.2021.1985027.

② 参见公安部《2019 年全国姓名报告》和《2020 年全国姓名报告》。

③ 参见 Bao, H., Cai, H., Jing, Y., & Wang, J., "Novel Evidence for the Increasing Prevalence of Unique Names in China: A Reply to Ogihara," *Frontiers in Psychology*, 12, 2021: 731244, doi: 10.3389/fpsyg.2021.731244; Cai, H., Xi, Z., Yi, F., Liu, Y., & Jing, Y., "Increasing Need for Uniqueness in Contemporary China: Empirical Evidence," *Frontiers in Psychology*, 9, 2018, Article 554, doi: 10.3389/fpsyg.2018.00554; Chua, I., "What Can We Tell from the Evolution of Han Chinese Names?" *Kontinentalist*, 2021, Downloaded April 8, 2022, Retrieved from https://kontinentalist.com/stories/a-cultural-history-of-han-chinese-names-for-girls-and-boys-in-china. 基于 Han-Wu-Shang（Bruce）Bao 在 https://github.com/psychbruce/ChineseNames 分享的 Chinese Name Database（1930-2008），Chua（2021）概述了中国当代命名习惯，并展示了 20 世纪不同类型姓名的流行度的描述性统计。

人物记录连接程序的开发，具有重要意义。目前学界已有众多致力于开发中国历史人物传记数据库的项目，其中典型例子如中国历代人物传记资料库（China Biographical Database）、[①] 中国近代人物传记数据库（Modern China Historical Database），[②] 以及李-康团队的各数据库项目。[③] 这些数据库是开展中国历史社会群体，尤其是精英群体人物志研究[④]的基础。数据库的创建者们进行了数据消歧（disambiguation）工作，以评估两个或多个来源中姓名及其他属性相同的记录是否为同一人，然后对数据库中的每个人赋予唯一标识符。这些工作与本文对 CGED-Q 的匹配连接工作类似，同时它们也涉及更广泛的非结构化文本（如报刊、通史、方志等）中的人名。[⑤] 适用于拼音文字、基于发音的姓名连接方法并不适用于中文姓名，因为汉语中同音异义现象非常普遍，发音相同的姓名实际可能完全不同，对形似字的误读也可能引发歧义。

---

① Fuller, M. A., *The China Biographical Database User's Guide*, Revised Version 3.3, May 26, 2021, Retrieved from https：//projects. iq. harvard. edu/cbdb/supporting-documents；Tsui, L. K., & Wang, H., "Harvesting Big Biographical Data for Chinese History：The China Biographical Database (CBDB)," *Journal of Chinese History*, 4 (2), July, 2020：505-511, doi：10.1017/jch. 2020. 21.

② Armand, C., Guo W., Henriot, C., Hu, Y., & Van den Bosch, N., Modern China Biographical Database (MCBD) User Manual, ENP-China, Aix-Marseille University, 2022, Retrieved from https：//bookdown. enpchina. eu/mcbd_usermanual/.

③ Campbell, C. D., & Lee, J. Z., "Historical Chinese Microdata：40 Years of Dataset Construction by the Lee-Campbell Research Group," *Historical Life Course Studies*, 9, Special Issue 4, 2020：130-157, doi：10. 51964/hlcs9303.

④ Stone, L., "Prosopography," *Daedalus*, 100 (1), 1971：46-79.

⑤ 详见 Campbell & Lee (2020) 和陈必佳和康文林《从一种到多种史料：理解清代官员仕途的新方法》，未发表，2022。这两篇文章简要地描述过 CGED-Q 中的连接工作。运用两个公开的中国多代人口数据库—辽宁和双城（CMGPD-LN 和 CMGPD-SC），我们也对清代辽东和双城的八旗人丁做了人名匹配和记录连接，并展示了我们的方法和结果。详见 Lee, J. Z., Campbell, C. D., & Chen S., *China Multi-Generational Panel Dataset, Liaoning (CMGPD-LN) 1749-1909, User Guide*, Ann Arbor, MI：Inter-university Consortium for Political and Social Research, 2010；Wang, H., Chen, S., Dong, H., Noellert, M. Campbell, C. D., & Lee, J. Z., *China Multi-Generational Panel Dataset, Shuangcheng (CMGPD-SC) 1866-1914, User Guide*, Ann Arbor, MI：Inter-university Consortium for Political and Social Research, 2013, doi：10. 3886/ICPSR35292. v9, Retrieved from https：//www. icpsr. umich. edu/web/DSDR/st-udies/35292；Lee, J. Z., & Campbell, C. D., *Fate and Fortune in Rural China. Social Organization and Population Behaviour in Liaoning, 1774-1873*, Cambridge, UK：Cambridge University Press, 1997, pp. 223-237 Appendix A。根据与中国历代人物传记资料库和中国近代人物传记数据库负责人的交流，我们得知他们尚未有描述记录连接和消除歧义程序的学术发表。

　　下文所述关于中文姓名匹配及消歧的各项研究，主要涉及当代非结构化文本（如网页）中的姓名，而非与 CGED-Q 相似的结构化记录。此处述及这些研究，是因为它们可能有助于后续将 CGED-Q 中的官员记录与非结构化文本中的官员信息相匹配。陈松与王宏甦曾评估中文文本中姓名消歧中的问题，认为单字名比双字名更具挑战性，在姓氏与单字名的组合为常用词时尤难消除歧义。[①] 例如，"高峰"二字可以是姓"高"名"峰"，也可以意指真正的高峰。[②] Han 等及 Fan 等的文章介绍了基于聚类、利用与上下文中共现词语进行姓名消歧的方法。[③] 以上研究虽与本研究涉及的结构化数据库人名匹配有所区别，但足以体现既往研究者在非结构化史料（如报刊、书籍、论文）中提取姓名、开展姓名消歧的努力。

　　此外，部分研究讨论了中文文本作者姓名消歧工作。Han 等人介绍了中文出版物作者姓名消歧的案例，设计了基于合作者姓名、作者机构和"语义指纹"的消歧技术。[④] Kim 等人认为，中文作者的姓名与其音译名的共现，对英文出版物的中国作者姓名消歧大有帮助。[⑤] Yin 等人采用有监督机器学习方法，在人工标注数据集基础上，尝试对 1985—2016 年中国专利发明人姓名进行了消歧。[⑥]

---

① Chen, Y., & Huang, C., "Exploring personal name disambiguation from name understanding," 2010 4th International Universal Communication Symposium, 2010：345–349, doi：10.1109/IUCS. 2010. 5666185.

② 文本分词同样重要，因为在没有单词间空格的情况下，一个词的最后一个字符和紧随其后的词的第一个字符可能会被误认为是一个名字。

③ Han, W., Xu, X., & Zhao, T., "Study on Chinese Person Name Disambiguation Based on Multi-Stage Strategy," *Eighth International Conference on Fuzzy Systems and Knowledge Discovery* (*FSKD*), 2011, 10.1109/FSKD. 2011. 6019646；Fan, C., & Li, Y., "Chinese Personal Name Disambiguation Based on Clustering," *Wireless Communications and Mobile Computing*, 2011, 3790176. 10. 1155/2021/3790176.

④ Han, H., Yao, C., Fu, Y., Yu, Y., Zhang, Y., & Xu, S., "Semantic Fingerprints-based Author Name Disambiguation in Chinese Documents, 1879–1896," *Scientometrics*, 111 (3), 2017, 10.1007/s11192-017-2338-6.

⑤ Kim J., Kim, J., & Kim, J., "Effect of Chinese Characters on Machine Learning for Chinese Author Name Disambiguation：A Counterfactual Evaluation," *Journal of Information Science*, 2021, Online First, doi：10.1177%2F01655515211018171.

⑥ Yin, D., Motohashi, K., & Dang, J., "Large-scale Name Disambiguation of Chinese Patent Inventors (1985–2016)," *Scientometrics*, 122, 2020：765–790, doi：10.1007/s11192-019-033 10-w.

另有一些研究试图首先设法评估汉字单字读音和外形的相似性，继而评估字符串的相似性。如 Liu 等人曾提出一种根据发音、字形和字义对相似字进行编码，进而比较字符间相似度的方法。[①] 陈鸣等人设计了一种反映汉字发音和字形的"声形码"，并以此码为衡量两字相似与否的基础。[②] Xu 等人进一步将单字"声形码"与字符串"Dice 形似度"结合应用。[③] 以上方法解决了下文所述的另一个挑战：由于原始材料中或抄录时的错误，在数据集中，同一人的姓名在各条记录中可能有所不同，有时被误录为同音字，有时被误录为形似字。

三　中国历史官员量化数据库——清代·缙绅录

中国历史官员量化数据库——清代·缙绅录（CGED-Q-JSL）使用清代按季更新印行的文武官员名册——缙绅录构建。此前，研究团队已发表数篇文章详述该数据库的史料来源和构建方法，[④] 此处仅阐述部分关键细节。清代缙绅录分为文缙绅录（官刻本多以《爵秩全览》为名，坊刻本多以《缙绅全书》为名）和武缙绅录（多以《中枢备览》为名）。官刻本的文武缙绅录分别由吏部和兵部负责印行。[⑤] 清廷刊印官刻本缙绅录，是为了记录官职及在任官员。19 世纪，民间书坊开始印行并发售坊刻本缙绅录，并在其中收入由书坊收集的更为详细的官员信息。[⑥] 出于查找官缺、访寻入仕亲友同年近况等目的，时人争相购买坊刻本缙绅录。

---

① Liu M., Rus, V., Liao, Qi., & Liu, L., "Encoding and Ranking Similar Chinese Characters," *Journal of Information Science and Engineering*, 33, 2017: 1195–1211, doi: 10.6688% 2fJISE. 2017. 33. 5. 6.

② 陈鸣、杜庆治、邵玉斌、龙华：《基于音形码的汉字相似度比对算法》，《信息技术》2018 年第 11 期。

③ Xu, S., Zheng, M., & Li, X., "String Comparators for Chinese-Characters-Based Record Linkages," *IEEE Access*, 9, 2020: 3735–3743, doi: 10. 1109/ACCESS. 2020. 3047927.

④ 参见 Chen et al. （2020）；任玉雪、陈必佳、郝小雯、康文林、李中清：《清代缙绅录量化数据库与官僚群体》，《清史研究》2016 年第 4 期；任玉雪等（2019）。

⑤ 我们将从缙绅录和《中枢备览》官员名册构建的数据集称为中国历史官员量化数据库——清代·缙绅录。因为大多数情况下，《中枢备览》是同一季缙绅的一部分，当代的图书馆和档案馆也把《中枢备览》编为缙绅录的部分。只有少量的《中枢备览》不是缙绅录合辑的一部分，而是独立的。

⑥ 关于商业出版和官方出版的缙绅录的内容差异，参见 Chen et al. （2020）。

　　截至本文写作时，CGED-Q-JSL 已收录 275 季文官缙绅录和 75 季武官缙绅录，共有记录 4433600 条。每季文缙绅录含 13000—15000 个文官官职及在任官员信息；每季武缙绅录约含 8000 个武官职官及在任官员信息。CGED-Q-JSL 所涉时段为 1762—1912 年，其中 1830 年以前的记录较为分散，1830 年后的记录相对完整。1830—1911 年，基本每年至少收录有一季缙绅录，并在数年中收录全部四季各版。武缙绅录本身版本则较为分散，可用版本的时间间隔也较长。

　　在 CGED-Q-JSL 中，78.9% 的官员是民人，其余几乎都是旗人。[①] 大多数旗人官员为满洲八旗或蒙古八旗子弟，亦有 16.4% 为汉人，即汉军八旗子弟。旗人在清代官僚系统中享有特权，拥有独立的铨选和晋升途径，并在某些职位上享有固定官缺。因此，尽管旗人仅占清代人口的 2%—4%，[②] 却占文官总数的五分之一，京官人数的三分之二，盛京官员的九成。[③]

　　为了按时间纵向连接 CGED-Q-JSL 中的官员记录，重构官员仕途生涯，本研究将官员信息分为主要变量和次要变量。主要变量，即官员基础、恒定的个人信息，这些基础信息存在于所有或绝大多数记录中，并有较大概率存在于其他相关史料来源中。其中，最核心的主要变量是姓名。次要变量，即 CGED-Q-JSL 中特有的变量，这些变量不一定存在于其他史料来源，也不一定存在于所有版本的文武缙绅录中。次要变量的内容也可能随时间而变，例如官员在不同季缙绅录中的官职。次要变量可用于辅助判断根据主要变量生成的记录连接是否正确，但不足以独立支持 CGED-Q-JSL 内部或 CGED-Q-JSL 与 CGED-Q-ER 之间的人名匹配及记录连接工作。

　　因为数据库中旗人官员大多无姓，民人官员则基本都有姓，因此二者可用于匹配连接的主要变量有所不同，在实践中，我们将两类人员分别处理。有姓官员记录占总体记录的 80.2%，包含所有民人官员和三分之一的

---

① 　我们所称的"民人"也可能在 1950 年后被划分为少数民族，但是缙绅录没有让我们区分他们的民族身份的信息。

② 　Elliott, M., Campbell, C., & Lee, J. (2016), "A Demographic Estimate of the Population of the Qing Banners.," *Études chinoises*, XXXV-1, 9-40.

③ 　Chen *et al.* (2020), p. 454.

汉军旗人官员。[①] 这些官员的基础恒定信息不仅包括姓和名，还包括籍贯。籍贯通常为省及州县，下文中还将讨论一些更复杂的情况。无姓官员包括所有满军旗人、蒙古旗人及三分之二的汉军旗人官员。[②] 原则上，名和旗分是无姓官员仅有的稳定变量，即用于匹配连接旗人官员记录的主要变量。

在一季缙绅录中，有姓官员和无姓官员用于标识身份的主要变量不同。对于有姓官员，姓、名、籍贯省、籍贯县的组合通常是唯一的。如果这些信息在每一季缙绅录中都能被准确一致地记录下来，原则上就足以支持记录连接。表 1 统计了每季缙绅录中主要变量组合重复出现的次数。95.0%的有姓官员的姓名组合在当季版本中是唯一的。也即是说，95.0%的记录在当季版本中没有重名现象。4.4%的记录在当季中版本仅有一条与其重名的记录。若将姓、名、籍贯组合在一起，98.1%的有姓官员记录在当季版本中唯一。进一步的分析表明，当季版本中大多数重复记录实际上属于同一位官员。如果同一官员同时担任不止一职，每个职位都会被单独记录，引发重复。

表 1　缙绅录官员的主要变量重复情况（1760—1912）

同季版本内重复次数 *	有姓官员（%）		无姓官员（%）	
	姓和名	加上籍贯后	名	加上旗分后
1	95.0	98.1	64.0	88.0
2	4.4	1.7	19.9	9.9
3	0.5	0.2	8.2	1.4
4	0.1	0.0	4.0	0.4
大于 5	0.01	0.0	3.9	0.4
总计	100	100	100	100
记录数（条）	2817156	2817156	784502	784502

＊重复次数指的是在同一季的版本中，具有特定组合的主要变量的记录总数。

[①]　只有三分之一有汉军旗人身份记录的官员有姓，其余汉军旗人没有姓，我们推断他们已有满洲名。详见 Campbell, C. D., Lee, J. Z., & Elliott, M., "Identity Construction and Reconstruction: Naming and Manchu Ethnicity in Northeast China, 17491909," (*Historical Methods*, 35, 3 (Summer), 2002: 101-116) 对东北的汉人转用满洲名的讨论。

[②]　满洲旗人和蒙古旗人分别占所有旗人的 71.4%和 12.2%。

对于无姓官员，仅凭名不足以确保记录连接的可靠性。只有三分之二的无姓记录在当季版本中无重名，剩余三分之一至少有两条同名记录。若使用旗分和名的组合，88%的记录在当季版本中唯一，12%的记录在当季版本中至少有一条重复。进一步的分析表明，这些重复既包含同一官员同时任多职的情况，也包含同名但非同一官员的情况。

上述统计结果说明，姓名匹配和记录连接方法必须视官员是否有姓而定。由于有姓官员的姓、名、籍贯省县组合基本唯一，不同官员记录被错连的情况应十分罕见。因此，连接有姓官员记录的主要任务是避免漏连现象，即因为姓名或其他变量前后记录不一致而连接失败。无姓官员则因缺少姓与籍贯地信息，"错连"风险较高，纵使两条记录名与旗分均一致，也很可能指向不同官员。

下文将详细介绍用于人名匹配和记录连接的主要和次要变量，重点阐述这些变量的同质或异质性，并评估它们在连接工作中的可用性。对变量的讨论分为两部分：一是有姓官员记录中可用的变量，二是无姓官员记录中可用的变量。

（一）有姓官员可用变量

1. 姓

由于少数大姓占据了大多数有姓记录，用姓作为连接主要变量的效用有限。表 2 为 CGED-Q-JSL 中 100 个最常见姓的累计百分比。最常见的前五大姓——王、张、李、陈和刘约占全部有姓官员记录的四分之一，前十大姓约占 38.3%，前二十大姓约占一半，前两百大姓约占 95.1%。虽然 CGED-Q-JSL 出现了 1626 个不同的姓，但正如表 2 所示，由于异体字、形似字的存在，姓的实际数量会更少。

表 2　CGED-Q-JSL 中前 100 个常见姓的累计频率（1760—1912）

	1—20		21—40		41—60		61—80		81—100	
	姓氏	%	姓氏	%	姓氏	%	姓氏	%	姓氏	%
1	王	6.6	林	51.6	蔡	65.4	魏	75.0	薛	81.5
2	張	12.7	謝	52.4	韓	65.9	戴	75.4	廖	81.8

续表

	1—20		21—40		41—60		61—80		81—100	
	姓氏	%	姓氏	%	姓氏	%	姓氏	%	姓氏	%
3	李	18.7	郭	53.3	唐	66.5	盧	75.7	白	82.0
4	陳	23.5	高	54.1	鄧	67.1	田	76.1	嚴	82.3
5	劉	27.7	許	54.9	蔣	67.6	崔	76.5	萬	82.6
6	楊	30.6	馮	55.6	方	68.2	夏	76.8	施	82.8
7	周	32.8	吳	56.4	孔	68.7	熊	77.2	賈	83.1
8	吳	34.7	羅	57.1	蕭	69.3	陶	77.5	洪	83.3
9	徐	36.5	梁	57.8	袁	69.8	秦	77.8	雷	83.6
10	趙	38.3	姚	58.5	曾	70.3	俞	78.2	邱	83.8
11	朱	40.0	葉	59.2	董	70.8	江	78.5	姜	84.1
12	孫	41.5	程	59.9	章	71.3	譚	78.8	孟	84.3
13	胡	42.9	余	60.5	傅	71.7	鄒	79.2	賀	84.5
14	馬	44.2	宋	61.1	錢	72.2	史	79.5	毛	84.8
15	沈	45.4	潘	61.7	顧	72.6	于	79.8	侯	85.0
16	黃	46.6	丁	62.4	范	73.0	鍾	80.1	尹	85.2
17	何	47.8	彭	63.0	杜	73.4	龔	80.4	武	85.4
18	鄭	48.8	陸	63.6	蘇	73.8	邵	80.7	郝	85.6
19	黃	49.7	曹	64.2	任	74.2	石	80.9	葛	85.8
20	汪	50.7	金	64.8	呂	74.6	湯	81.2	倪	85.9

注：基于 CGED-Q JSL 中 3244484 个可辨认的姓计算。

用姓连接记录会产生一个问题：相邻季版本中，同一人的姓被记录为不同形似字。数据库中，共计有 1559380 对版本相邻、间隔时间不超过一年的记录，它们的双字名、籍贯省县、官职、科名①均相同，几乎可以确定每一对实际指代同一名官员。其中，20055 对（1.3%）记录姓氏写法存在差异。表 3 列出了姓氏差异字符对的累计频率。最常见的姓氏差异字符对（黄、黃）占比 22.4%，前 20 个最常见的差异字符对占比近三分之二，前 100 个占比 79.2%。

---

① 通过科考或捐纳获得科名，民人就此获得任官资格。科名是我们下面会介绍的次要变量。

表 3　CGED-Q-JSL 相邻版本中前 100 个最常见的写法不一致的姓氏对的累计频率

	1—20		21—40		41—60		61—80		81—100	
	姓氏对	%	姓氏对	%	姓氏对	%	姓氏对	%	姓氏对	%
1	黃 黄	22.4	衛 衞	63.7	鄧 鄭	70.7	盧 虞	74.6	蔣 薛	77.2
2	吳 呉	35.7	闊 闢	64.2	曹 曾	71.0	丁 于	74.7	翰 韓	77.3
3	高 髙	41.4	孫 馮	64.7	章 童	71.2	関 闢	74.9	向 尚	77.4
4	呂 吕	44.8	張 章	65.1	杜 林	71.5	馮 馮	75.0	俞 喻	77.5
5	段 叚	47.2	柳 柳	65.6	余 徐	71.7	葉 蔡	75.1	褚 諸	77.6
6	錢 錢	49.3	劉 陳	66.0	徐 涂	71.9	曾 魯	75.3	徐 許	77.7
7	宋 朱	51.3	寗 甯	66.4	全 金	72.1	張 陳	75.4	束 柬	77.8
8	閆 閻	52.8	程 陳	66.8	鄔 鄢	72.4	董 黃	75.5	寇 寇	78.0
9	汪 王	54.1	楊 陽	67.1	董 黃	72.6	刑 邢	75.7	樂 樂	78.1
10	凌 淩	55.3	余 金	67.5	員 貟	72.8	宋 宗	75.8	張 楊	78.2
11	賴 頼	56.5	楊 湯	67.8	于 王	72.9	萬 黃	75.9	苑 范	78.3
12	余 俞	57.5	毛 王	68.1	李 陳	73.1	強 强	76.1	郭 鄧	78.4
13	龐 龎	58.4	佘 余	68.4	吳 呂	73.3	王 黃	76.2	婁 婁	78.5
14	温 溫	59.2	寶 寶	68.8	晉 晋	73.5	曹 曺	76.3	柏 栢	78.6
15	馬 馮	59.9	季 李	69.1	曹 賈	73.6	潘 王	76.4	丁 李	78.7
16	涂 涂	60.6	嵇 稽	69.4	童 董	73.8	湛 諶	76.6	褚 褚	78.8
17	顏 顔	61.2	龍 龔	69.6	劉 鄧	74.0	杜 樊	76.7	範 范	78.9
18	関 關	61.9	侯 候	69.9	邊 邊	74.1	唐 康	76.8	廉 廉	79.0
19	江 汪	62.5	朱 李	70.2	瞿 翟	74.3	寇 寇	76.9	呂 吳	79.1
20	鍾 鐘	63.1	陳 陸	70.5	宮 宮	74.4	荆 荊	77.0	孫 張	79.2

注：在双字名、籍贯省县、科名及官职完全相同、版本相邻且间隔不超过一年的 1559380 对记录中，有 20055 对（1.3%）姓氏写法不一致。

表 3 的统计结果还揭示了可能导致漏连现象的两个问题。第一是有些姓存在异体写法。表 3 列举了四个最常见的姓氏差异字符对："黃"和"黄"、"吳"和"呉"、"高"和"髙"，以及"呂"和"吕"。在 Unicode 标准中，这些字符被认为是同一字符的不同表示方式，因此这个问题可以得到直接解决。第二个问题更具挑战性——在某些不同版本之间，姓氏字符被看起

来形似但实际完全不同的另一个字符取代。例如表 3 中第 5 项（"段"和"叚"）、第 7 项（"宋"和"朱"）、第 9 项（"汪"和"王"）以及第 15 项（"馬"和"馮"）。这些问题或因不同季版本缙绅录中记录本就前后不一，或由史料录入人员转录错误导致。表 3 中，也有一些差异字符对由明显不同的字符组成，例如第 24 项"張"和"章"及第 28 项"程"和"陳"。这类差异所涉姓氏多为常见姓，虽然它们可能是不同官员的记录，但也可能是数据录入过程中转录错误所致。

2. 名

在有姓官员记录中，人名是所有主要变量中最多样的，因此对身份识别、匹配连接实现最有帮助。双字名的官员记录占全部记录的 85%，单字名的官员占 15%。整个数据集中，共计有 102648 个不同的人名，其中 98745 个为双字名，3090 个为单字名。如表 4 所示，双字名非常多样化，最常见的 100 个双字名仅占全部记录的 5.7%，前 200 个占 9%，前 1000 个占 23%，前 10000 个仅占 61%。双字名的多样性，反映了可供取名的汉字数量之巨：在 CGED-Q-JSL 中，至少有 5764 个字出现在双字人名中。①

表 4　CGED-Q JSL 中前 100 个最常见的有姓官员双字名累计频率

	1—20		21—40		41—60		61—80		81—100	
	名字	%	名字	%	名字	%	名字	%	名字	%
1	汝霖	0.1	樹棠	1.7	瑞麟	2.9	祖培	3.9	錫麟	4.9
2	文炳	0.2	炳文	1.8	桂芳	3.0	繼昌	4.0	登雲	4.9
3	得勝	0.3	雲龍	1.8	殿元	3.0	沛霖	4.0	文彬	4.9
4	占魁	0.4	桂林	1.9	玉麟	3.1	祖蔭	4.1	安邦	5.0
5	兆麟	0.5	占鰲	2.0	國泰	3.1	鴻鈞	4.1	錫疇	5.0
6	作霖	0.6	逢春	2.0	維藩	3.2	其昌	4.2	建勳	5.1
7	廷棟	0.7	廷桂	2.1	恩培	3.2	鵬飛	4.2	鴻恩	5.1
8	秉鈞	0.8	鳳翔	2.2	紹曾	3.3	炳章	4.3	毓麟	5.2
9	承恩	0.9	步雲	2.2	文蔚	3.3	炳南	4.3	玉堂	5.2

---

① 我们制作了一个完整表格，包含数据库中所有双字名使用过至少一次的汉字，该表格可在 Harvard 和 HKUST Dataverses 下载。

续表

	1—20		21—40		41—60		61—80		81—100	
	名字	%	名字	%	名字	%	名字	%	名字	%
10	慶雲	1.0	國楨	2.3	殿魁	3.4	國祥	4.4	樹森	5.2
11	世昌	1.0	煥章	2.3	桂森	3.4	長庚	4.4	念祖	5.3
12	步瀛	1.1	文藻	2.4	國華	3.5	定邦	4.4	桂芬	5.3
13	兆熊	1.2	長春	2.5	光祖	3.5	振邦	4.5	學海	5.4
14	培元	1.2	登瀛	2.5	國瑞	3.5	萬春	4.5	連陞	5.4
15	文光	1.3	慶元	2.6	廷珍	3.6	慶恩	4.6	家駒	5.4
16	維翰	1.4	維城	2.6	世榮	3.7	永清	4.6	錫祺	5.5
17	樹勳	1.4	恩榮	2.7	恩溥	3.7	永清	4.7	文治	5.5
18	文煥	1.5	錫齡	2.7	維新	3.8	廷杰	4.7	濟川	5.6
19	錫恩	1.6	國棟	2.8	春華	3.8	榮光	4.8	占春	5.6
20	振聲	1.6	壽昌	2.8	遇春	3.9	廷楨	4.8	鶴年	5.7

注：基于 CGED-Q-JSL 中 2718433 条可辨认姓和双字名记的记录计算。

与姓一样，名中的汉字在不同季版本中也存在不一致现象，若不解决，同样可能导致漏连。表 5 呈现了双字名中差异字符对的累积百分比。[①] 在相距不超过一年的两个相邻版本缙绅录中，姓、籍贯、职位、科名均相同的 1539198 对记录中，有 4.35%（66994 对）在双字名中的一个字上存在差异。名的差异字符对远多于姓，最常见的差异字符对（"清"和"清"）仅占所有差异字符对的 3.7%，前 20 个最常见的差异字符对约占五分之一（20.3%），前 100 个占 39.2%。

表 5　CGED-Q JSL 相邻版本中最常见的前 100 个双字名中差异字符对的累计频率

	1—20		21—40		41—60		61—80		81—100	
	字符对	%	字符对	%	字符对	%	字符对	%	字符对	%
1	清 清	3.7	鳴 鳴	20.8	覲 覯	27.8	元 光	32.7	得 德	36.4
2	勳 勳	5.7	增 曾	21.2	之 芝	28.1	堯 堯	32.9	台 臺	36.6

① 将连接限定在双字名之间并要求至少有一个字相同，显著提高了在其他所有变量匹配的情况下两条记录指向同一个人的可能性。

续表

	1—20		21—40		41—60		61—80		81—100	
	字符对	%	字符对	%	字符对	%	字符对	%	字符对	%
3	齡 齡	7.0	曾 會	21.6	穀 穀	28.4	峯 峰	33.1	宜 宣	36.7
4	鳳 鳳	8.3	遠 遠	22.0	春 椿	28.6	榮 荣	33.3	城 成	36.9
5	壽 壽	9.5	延 廷	22.4	壁 璧	28.9	世 士	33.5	捷 捷	37.0
6	寶 寶	10.7	廉 廉	22.8	緒 緒	29.2	寬 寬	33.7	嘉 家	37.2
7	晉 晋	11.7	懷 懷	23.2	燮 燮	29.4	顕 顯	33.9	彝 彝	37.3
8	焕 焕	12.7	耀 耀	23.6	凌 淩	29.7	爲 爲	34.1	日 曰	37.5
9	賓 賔	13.6	愼 慎	24.0	瀚 翰	29.9	惟 維	34.3	如 汝	37.6
10	彦 彦	14.4	濂 濂	24.3	繩 繩	30.1	甲 申	34.5	連 運	37.8
11	恆 恒	15.2	熙 熙	24.7	保 葆	30.4	煇 輝	34.7	宗 崇	37.9
12	傅 傳	15.9	獻 獻	25.0	崧 松	30.6	昭 照	34.8	誠 誠	38.1
13	青 青	16.7	瀾 瀾	25.4	均 鈞	30.9	恩 榮	35.0	弼 弼	38.2
14	思 恩	17.3	芬 芬	25.7	柱 桂	31.1	瑞 端	35.2	煋 燮	38.4
15	鍾 鐘	17.9	蕃 藩	26.0	聯 聯	31.3	祿 禄	35.4	柏 栢	38.5
16	鎮 鎮	18.5	高 高	26.3	豐 豐	31.6	繩 繩	35.6	彝 彝	38.6
17	庭 廷	19.0	啓 啟	26.7	方 芳	31.8	丙 炳	35.7	讓 讓	38.8
18	熙 熙	19.4	樹 澍	27.0	廸 迪	32.0	璋 章	35.9	鰲 鼇	38.9
19	達 達	19.9	先 光	27.3	祐 祜	32.3	堂 棠	36.1	蕚 萼	39.1
20	聯 聯	20.3	聯 聯	27.6	舉 舉	32.5	清 青	36.2	逵 達	39.2

注：在姓、双字名中的一个字、籍贯省县、科名及官职完全相同、版本相邻且间隔不超过一年的 1539198 对记录中，有 66994 对名中有一个字不同。

与上文中姓存在的问题一样，相邻版本中名的差异，最常因异体字引发，表 5 中前 7 个差异字符对皆是因此产生。如"清"和"青"，实际上都是"清"。名中也有形似字引发的差异，如表 5 中第 12、14、22 和 39 对的"傅"和"傳"、"思"和"恩"、"增"和"曾"、"先"和"光"。和姓一样，这些问题既可能是原始史料差异所致，也可能是转录错误所致。

单字名的连接多样性相对较低。如表 6 所示，最常见的前 10 个单字名占所有单字名记录的 6.6%，前 100 个占 37%，前 200 个占 54%，前 500 个占 78%。单字名差异字符对的模式与表 5 中的双字名差异字符对类似，在此因篇幅所限不作罗列。大多数字符差异仍由异体字和形似字引起，但也有一些字符明显不同——它们仍有可能是来自同一县且同职位的不同官员，不应被错误地连接在一起。因此，我们在连接单字名官员记录时，采用了不同的标准，即在评估候选连接结果时，更严格地要求其他变量的匹配相似度。

表 6　CGED-Q-JSL 中最常见的前 100 个有姓官员单字名的累计频率

	1—20		21—40		41—60		61—80		81—100	
	汉字	%	汉字	%	汉字	%	汉字	%	汉字	%
1	钧	0.9	芳	12.0	煜	20.2	璋	26.9	溶	32.5
2	榮	1.7	煦	12.4	勳	20.6	焕	27.2	琦	32.7
3	鑑	2.4	淦	12.9	潤	21.0	桐	27.5	瑛	33.0
4	炳	3.0	源	13.4	清	21.3	镕	27.8	坦	33.2
5	镛	3.7	澐	13.8	鹏	21.7	玉	28.1	超	33.5
6	鈺	4.3	浩	14.3	鸿	22.0	笃	28.4	镐	33.7
7	瀛	4.9	培	14.7	沅	22.4	治	28.7	贵	34.0
8	湘	5.5	棠	15.1	椿	22.7	傑	29.0	鐸	34.2
9	楷	6.0	谦	15.6	钊	23.0	榕	29.3	翰	34.5
10	垄	6.6	溥	16.0	均	23.4	坤	29.5	芬	34.7
11	震	7.2	泰	16.4	琳	23.7	增	29.8	藻	34.9
12	杰	7.7	燦	16.8	雲	24.0	潜	30.1	模	35.2
13	铭	8.2	斌	17.2	華	24.3	焘	30.4	炘	35.4
14	彬	8.6	澍	17.6	瑞	24.7	煌	30.6	棟	35.7
15	霖	9.1	熙	18.0	鉞	25.0	琛	30.9	寅	35.9
16	森	9.6	英	18.4	林	25.3	焜	31.2	济	36.1
17	俊	10.1	煒	18.7	元	25.6	桂	31.4	淳	36.3
18	桢	10.6	瀚	19.1	灝	25.9	蘭	31.7	濂	36.6
19	鼎	11.0	照	19.5	珍	26.3	铣	32.0	塏	36.8
20	铨	11.5	锦	19.9	璜	26.6	麟	32.2	锟	37.0

注：基于 CGED-Q-JSL 中 514417 条可辨认姓和双字名的记录计算。

　　除了上述问题外，CGED-Q-JSL 中的名是相对稳定且正确的，它们也是官员在家谱和其他资料记录（如 CGED-Q-ER）中的人名，而非表字或号。本团队向家谱数据库的开发团队共享了 CGED-Q-JSL，据他们尝试，CGED-Q-JSL 中的官员名可成功与家谱中男性成员名连接。CGED-Q-JSL 数据库的用户也报告称，他们用家谱或其他记录中的名，成功在搜索页面找到了其先祖或其他人物。[1] 至于更名问题，由于团队尚未系统研究官员改名现象，除了前文所述原始史料和转录问题外，我们尚未明确获知 CGED-Q-JSL 中是否存在改名案例。[2]

3. 籍贯

在缙绅录数据库中，文官缙绅录和武官缙绅录的籍贯详细程度不同。缙绅录中的籍贯，是官员首次参加科举考试的地点，在多数情况下是家族居住地，但也存在例外。在 CGED-Q-JSL 的有姓文官记录中，有 95% 记录了籍贯县或可用于推断籍贯省的当前任职省份。[3] 有姓武官记录中，有 13% 记录了籍贯省县，84% 仅记录籍贯省，3% 仅记录籍贯县。

文官籍贯虽不及名多样，但也同样丰富。表 7 展示了 CGED-Q-JSL 中有姓官员记录中前 100 个高频籍贯地的累计百分比。在多数情况下，籍贯地是官员取得生员资格的省府州县。在成为生员后，官员有资格参加乡试或捐官。由于籍贯地通常仅记县不记府，下文中仅提及州县级行政单位。CGED-Q-JSL 中共计有 10156 种不同省份与州县的组合。这一数字大于任何特定时间的州县实数，下文将详论其原因。

表 7　CGED-Q-JSL 中有姓文官前 100 个高频籍贯地的累计频率

	1—20		21—40		41—60		61—80		81—100	
	省县	%	省县	%	省县	%	省县	%	省县	%
1	顺天大兴	5.2	湖北汉阳	23.4	四川华阳	31.6	山西平定	37.5	江西建昌	41.9
2	顺天宛平	7.5	江苏吴县	23.9	广东顺德	31.9	四川重庆	37.7	山东历城	42.1
3	浙江山阴	9.6	湖南善化	24.3	陕西同州	32.2	江西新建	38.0	浙江余姚	42.3

---

[1]　缙绅录数据库搜索页面见 http://vis.cse.ust.hk/searchjsl/。

[2]　如果我们在以后发现官员改名的系统性证据，目前 CGED-Q-JSL 的内部连接程序及其和 CGED-Q-ER 之间的跨数据库连接程序，都应做相应调整。

[3]　我们也可以根据官员当前任职的省份来推断官员的籍贯省，因为如果官员的任职省份和籍贯省份相同，缙绅录就不会特别注明官员的籍贯信息。

续表

	1—20		21—40		41—60		61—80		81—100	
	省县	%	省县	%	省县	%	省县	%	省县	%
4	浙江會稽	11.1	貴州貴陽	24.8	直隸河間	32.5	山西介休	38.2	江西南豐	42.5
5	湖南長沙	12.2	山東濟南	25.2	廣東嘉應	32.9	浙江慈谿	38.5	湖南湘潭	42.7
6	浙江仁和	13.2	福建閩縣	25.7	江蘇元和	33.2	安徽合肥	38.7	直隸清苑	42.9
7	直隸天津	14.2	河南開封	26.1	安徽涇縣	33.5	廣東番禺	38.9	陝西長安	43.1
8	浙江錢塘	15.1	陝西西安	26.5	雲南昆明	33.8	直隸永平	39.2	河南固始	43.3
9	四川成都	15.9	廣西桂林	26.9	廣東肇慶	34.1	江蘇金匱	39.4	安徽太平	43.5
10	浙江山陰	16.7	浙江紹興	27.3	安徽歙縣	34.4	安徽甯國	39.6	安徽懷甯	43.7
11	廣東廣州	17.4	浙江蕭山	27.8	山西汾州	34.7	江蘇無錫	39.8	江蘇常州	43.9
12	浙江歸安	18.1	福建侯官	28.2	江蘇長洲	35.0	直隸保定	40.1	江蘇蘇州	44.0
13	安徽桐城	18.8	河南祥符	28.6	河南光州	35.3	江蘇常熟	40.3	浙江秀水	44.2
14	江西南昌	19.5	廣西臨桂	29.0	浙江烏程	35.6	江西南城	40.5	山東武定	44.4
15	福建福州	20.1	浙江杭州	29.4	山西太原	35.9	安徽婺源	40.7	廣東香山	44.6
16	江蘇上元	20.8	浙江嘉興	29.8	廣東南海	36.1	山東諸城	40.9	湖北黃州	44.7
17	江蘇陽湖	21.3	湖北武昌	30.1	江蘇吳縣	36.4	浙江上虞	41.1	河南南陽	44.9
18	江蘇武進	21.9	貴州貴筑	30.5	山東萊州	36.7	江西吉安	41.3	江蘇儀徵	45.1
19	順天通州	22.5	江蘇江甯	30.9	雲南臨安	37.0	直隸順天	41.5	江西新城	45.3
20	湖北江夏	23.0	江蘇丹徒	31.2	山東登州	37.2	貴州遵義	41.7	河南衛輝	45.4

注：基于 CGED-Q-JSL 中有姓且有籍贯省县的 2615955 条文官记录。由于《中枢备览》的武官记录几乎都没有籍贯地，本表不统计武的籍贯地。

最常见的 10 个籍贯地占全部有籍贯记录的 16.7%，前 100 个籍贯地占 45.4%。最常见的两个籍贯地是顺天的大兴和宛平，即京官子弟参加科举（顺天乡试）的报考地点。在这种情境及其他少数情况下，官员的原籍实际是其他省县。[①] 然而，只要这些官员的籍贯省县在各版本中都以在顺天的报考地为准且前后一致，匹配连接工作就不会受到干扰。除顺天以外，常见的籍贯县多位于浙江——传统上科举中式者、捐纳者、入仕者的重要来源地。其他常见籍贯省县还有排名第五位的湖南长沙、第七位的直隶天津、

---

① 数据库中明确登记寄籍的记录很少，对于记录连接并无太大助益。有籍贯省县的官员记录中，仅有 13533 条（占 0.39%）记录明确有寄籍。

第九位的四川成都等。

数据库中出现的省县组合数量超过任何特定时期的县总实数，主要有两个原因。连接记录时，也需格外注意这两个因素。首先，即使籍贯县没有变化，籍贯省在不同版本的缙绅录中也可能发生变化。[①] 在 1789985 对姓名、官职及科名相同的相邻版本记录中，有 0.1%（1941 对）记录的籍贯省发生了变化。这些变化或由省界重划引起，但多数情况下是缙绅录出版或数据录入时的错误所致。在相同官员的不同记录中，籍贯县相同时，有几组邻近省份出现频繁互替，包括广东和广西，浙江、江苏、江西和安徽，湖北和湖南，山东和山西，顺天和直隶，陕西和甘肃。[②]

其次，不同版本的缙绅录中，县名可能被写为不同字符。在 1581616 个版本相邻、姓名、籍贯省、科名、官职相同的记录对中，有 3.6%（57066 对）的记录县名不同。这些差异几乎都由异体字引起，例如表 7 中位列第三和第十的籍贯地分别是"浙江山陰"和"浙江山陰"，实际上是同一个县，但县名在原始缙绅录中即存在异体写法。又如位列第二十二和第五十七的籍贯地分别是"江苏吴縣"和"江苏吳縣"，实际上也是同一个县，但"吴"字存在异体写法。其他例子包括浙江钱塘（"錢塘"和"錢塘"）和直隶清苑（"清苑"和"清苑"）等。[③]

姓、名和籍贯的差异问题累积，将严重影响官员记录的连接。结合计算上述主要变量的差异率，可以估计同一官员的四个主要变量在两个相邻版本中，至少有一个出现差异的概率。假设四个主要变量的差异概率相互独立，则相邻版本中两条相同记录出现差异的总体概率为 1-（1-0.035）（1-0.001）（1-0.0434）（1-0.0128）= 0.0896，即 8.96%。假设一名官员有 5 年（20 季）仕途生涯，那么在这 20 季中，至少有一对记录出现差异的

---

① 《中枢备览》有其独特的复杂性。在 18 世纪末 19 世纪初的一些《中枢备览》中，武官的籍贯是"湖广"，即湖南与广东的组合。我们将慈利、祁阳、衡阳、道州四县划归为湖南。同样的，在《中枢备览》和部分缙绅录中，江苏、浙江、安徽和江西的一些县会被列为属于江南。

② 我们比较了间隔不到三年的相邻版本中姓、名、籍贯县、科名、官职完全相同的记录。我们发现 36 条记录中，尽管官员的籍贯县是临桂，籍贯省却被列为广东，而只有 1 条记录中籍贯省列为广西；25 条记录中，官员籍贯县是昌平，在 1 条记录中归属顺天，其他记录中归属直隶；21 条记录中，官员籍贯县是丹徒，在 1 条记录中归属江苏，其他记录则归属江西；19 条记录中，官员籍贯县是汉阳，在 1 条记录中归属湖北，其他记录则归属湖南。所属地区在顺天和直隶之间相互切换的县有保定、武清、宁河和宛平。

③ 我们已经在相同的表格公布网站上制作了一份县记录的字符差异对列表。

概率为 3.2% [1 - （1-0.0896）^19]。换言之，在假设四个主要变量差异概率相互独立的情况下，几乎可以肯定，任何一名入仕若干年的官员，都至少有一条记录无法与其他记录完全匹配。如果没有采取恰当措施处理这些差异，许多（甚至是大多数）官员的记录都将被错误地拆分为两名或多名官员的记录。后文将展示经本文所述连接方法处理后得到的官员职业生涯表，该表将证实上述差异确实普遍存在。

4. 次要变量

当有姓官员两条记录的主要变量几乎相同但不完全一致时，次要变量可以用于判断连接的准确性。次要变量可用于证实候选匹配（candidate match），但由于这些次要变量不存在于所有版本的缙绅录中，或各版本记录形式及内容有变，仅凭次要变量不足以证伪候选匹配。坊刻本缙绅录常包含比官刻本更多的细节信息。对于有姓官员，可用的次要变量有科名、捐纳功名、官职、字、号及爵位等。

次要变量中，最重要的是科名中 84.2% 的有姓官员记录包含通过科考或捐纳取得的科名，这些科名让他们有资格入仕。对于有进士或举人功名的官员，数据库中没有直接记录其科名，而是记录其中式年份（干支）。举人和进士科名分别在乡试和会试中取得，根据已知的乡会试开科年份，可以用考试干支年份推断对应官员是否为举人或进士出身。若将以此法推断的科名计入统计，则 CGED-Q-JSL 数据库中有 93.2% 的有姓官员记录有科名信息。原始记录中的科名有数百种，但其中 89.3% 属于以下五类科名之一：①进士，即会试中式者；②举人，即乡试中式者；③通过科举获得科名的正途贡生；④通过捐纳获得科名的异途贡生；⑤通过捐纳获得科名的监生。[①] 在 1405138 对版本相邻，且姓、名、籍贯、官职相同的记录对中，只有 7.5%（106007 对）的科名在两个版本之间不同。[②]

官职对于证实候选匹配也有重要作用。缙绅录记录了京官的所属机构，

---

① 具体参见 Chen B., Campbell, C. D., Ren, Y., & Lee, J. Z., "Big Data for the Study of Qing Officialdom: The China Government Employee Database-Qing（CGED-Q），" *The Journal of Chinese History*, 4, Special Issue 2, 2020: 431-460, doi: 10.1017/jch.2020.15。缙绅录中的少量文官和大量武官有武举科名，小部分文官是荫生，即凭借上代余荫而取得监生资格者。Chen *et al.*（2020）详述了这类科名的统计数据和时间变化趋势。

② 如果科名有变化，通常是向上变动，即在任期间官员通过科举或捐纳获得了更高的科名。最常见的是从监生变为举人，共有 1022 例；举人转变为进士有 633 例。

和外官的所在省、府（州）、县。在主要变量完全相同的所有记录对中，官职名称在相邻版本中发生变化的频率为 7.3%。这种变化或因官员官职有变，或因官职名称记录有变。若将官职与所在地或所属机构结合计算，官职记录在相邻版本中发生变化的频率为 12.6%——同样既可能由实际变化引起，也可能由各版本记录不一致引起。官职记录具有高度异质性：85%的有姓官员记录，职位与所在地或所属机构的组合在当季版本中唯一。此外，我们还将官职按品级划分，并进一步划分为高、中、低和未入流，以便辅助评估同姓名记录是否为同一官员。[1]

其他一些只存在于少数官员记录中的变量，也可用于辅助确认姓名匹配正确与否。11.7%的有姓官员的记录中记载了表字或号。是否记录表字或号也随季节版本不同而有所差异：275 季文官缙绅录中，有 74 季完全没有记录表字或号。在 CGED-Q-ER 中，也仅有零星记录包含表字或号，这使这个变量在跨库连接方面的作用有限。文缙绅录均记载爵位，但仅有约 0.5%的文官有爵位。在 CGED-Q-JSL 中，铨选年份对匹配连接工作可能有所帮助，但仅有 60.2%的有姓官员记录包含铨选年份，有 57 季文缙绅录不含铨选年份，CGED-Q-ER 中则完全没有铨选年份。

（二）无姓官员可用变量

1. 名

CGED-Q-JSL 中共有 26727 个无姓官员的名。理论上讲这些都应为旗人官员，大多数是满洲八旗，有些是蒙古八旗。其中，84.1%的名由两个汉字组成，11.2%由三个汉字组成，不到 1%字由四个及以上的汉字组成。如表 8 所示，前 100 个高频名占全部记录的 8.6%，高于有姓官员前 100 个高频名的占比（6.6%）。有无姓官员名的主要区别在于，无姓官员的名多样性更低，频率分布尾部更短。无姓官员前 200 个高频名占 13%，前 1000 个占 36%，前 10000 个占 92%。相较而言，有姓官员记录中，前 10000 个高频名仅占 64%。需要指出的是，虽然无姓官员总量较少，但统计的分布形态仍然有效。

---

[1]　官员同时担任两个或两个以上官职时，这些官职通常属于同一品级或相邻品级。如果不同季节版本中记录的官职有变，变化范围也通常限于相同或相邻品级。由高品降为低品的情况很罕见。

表 8　CGED-Q-JSL 中无姓官员前 100 个高频名的累计频率

	1—20		21—40		41—60		61—80		81—100	
	名字	%	名字	%	名字	%	名字	%	名字	%
1	文光	0.2	錫麟	2.4	恩壽	4.1	恒安	5.7	明安	7.0
2	祥麟	0.3	松林	2.5	德興	4.2	恒昌	5.7	慶昌	7.1
3	玉山	0.4	桂森	2.6	祥安	4.3	慶雲	5.8	崇勳	7.1
4	英俊	0.6	瑞麟	2.7	文海	4.4	玉崑	5.9	文溥	7.2
5	文英	0.7	松齡	2.8	延齡	4.5	奎文	5.9	桂斌	7.3
6	文明	0.8	文治	2.9	吉昌	4.5	恩慶	6.0	恩承	7.3
7	長春	0.9	恩光	3.0	崇福	4.6	祥瑞	6.1	定保	7.4
8	慶安	1.0	鍾秀	3.0	恩榮	4.7	祥泰	6.2	清安	7.4
9	慶福	1.2	榮慶	3.1	玉衡	4.8	榮桂	6.2	長慶	7.5
10	毓秀	1.3	常明	3.2	松壽	4.8	文成	6.3	文斌	7.6
11	奎英	1.4	松秀	3.3	文桂	4.9	文惠	6.4	桂昌	7.6
12	恩霖	1.5	文貴	3.4	榮昌	5.0	雙福	6.4	全福	7.7
13	扎拉芬	1.6	慶恩	3.5	榮恩	5.1	佛爾國春	6.5	英奎	7.7
14	英秀	1.7	榮安	3.6	景福	5.1	德馨	6.6	慶祥	7.8
15	慶麟	1.8	崇禧	3.6	景昌	5.2	春慶	6.6	托克托布	7.9
16	德祿	1.9	文瑞	3.7	吉順	5.3	恩明	6.7	英麟	7.9
17	慶瑞	2.0	興奎	3.8	恩隆	5.4	麟祥	6.7	文敬	8.0
18	崇恩	2.1	文麟	3.9	德麟	5.4	桂芬	6.8	常興	8.0
19	桂林	2.2	文秀	4.0	榮光	5.5	德克精額	6.9	松年	8.1
20	文興	2.3	桂芳	4.1	恩綸	5.6	文俊	6.9	全順	8.2

注：基于 CGED-Q-JSL 中 811580 条无姓官员记录计算。

　　数据库中无姓官员的名通常是满文或蒙古文名字的汉语音译。相同的旗人官员名可能存在不同音译版本。例如，最常见的名 Qing'an，有时音译作"慶安"，有时作"清安"和异体"清安"。第二常见的名为 Xilin，常见译法有錫麟"、"錫霖"、"熙麟"和"西林"。如果不论声调，汉文译名的多样性将有所降低，仅有 14560 个不同的名。其中，前 100 个高频名占 11.8%，前 200 个占 19.4%，前 1000 个占约一半，前 10000 个占 99.0%。

　　在 CGED-Q-JSL 中，同一满人或蒙古官员的汉译名很少发生改变。尽管在入仕之初，同名的满人或蒙古官员可能取不同音译汉名，但其名一旦选定，后续就几乎不会改名。在 560559 对名的无声调发音、旗分、官职完全相同，相距不超过一年的无姓官员记录中，仅有 2.3%（13128 对）汉文名发生了变化。且进一步的检查证实，许多变化是以异体字的形式出现。

2. 旗分

旗人官员的旗分信息足以辅助证实候选连接，但由于旗分偶尔有变，因此不足以证伪候选连接。每名旗人子弟隶属于正黄、镶黄、正白、镶白、正红、镶红、正蓝、镶蓝八旗之一。① 在 88734 个汉字名、官职所在地或所属机构和官职均相同，版本相邻的旗人记录对中，有 24.4%（21634 对）的旗分发生了变化。其中，超过四分之一是在同色正旗和镶旗之间变动，大部分变化发生在笔帖式、员外郎和主事三种官职中。目前，我们尚未详考官员旗分变动过程，需要在清史专家帮助下进一步深入研究。

3. 旗人的次要变量

无姓官员记录中，同季版本中同职现象较为普遍。表 9 展示了无姓官员官职和所在地（或京官所属机构）的组合统计结果。平均而言，每个版本中仅有 16.7% 的官职唯一，超过四分之三的官职在同一版本中出现了 5 次及以上，其中笔帖式、员外郎和主事最多。即使将官职所在地或所属机构与官职组合统计，也仅有不到三分之一的组合在同季中唯一，仍有超过一半的官职在同一版本中有 5 条及以上相同记录，其中中央各部院衙门笔帖式最多。

表 9 缙绅录中无姓官员的官职和所在地（或所属机构）组合的重复概率

在一个版本中的重复次数	官职（%）	官职+所在地（或所属机构）（%）
1	16.7	31.1
2	2.5	8.5
3	1.2	4.0
4	1.4	3.8
5	78.2	52.7
总计（%）	100	100
记录数量（条）	784502	784502

① 上三旗是镶黄旗、正黄旗、正白旗，下五旗是正红旗、镶白旗、镶红旗、正蓝旗、镶蓝旗。

无姓官员还有其他可作为次要变量的信息，但这些信息仅存在于少数记录中，例如官员是否为宗亲或觉罗。无姓官员中，宗亲及觉罗占比7.4%；有姓官员中，宗亲及觉罗占比1.7%。整个清朝皇室共计有3656名男性成员，该群体在官员中的占比，远超其在全国人口中的占比。此外，缙绅录中记录了约三分之一（35.8%）旗人文官的科举及捐纳科名，这些记录主要集中于19世纪后期各版本中。另外，11.6%旗人官员记录有表字或号，7.5%有铨选年。

四 中国历史官员量化数据库——清代·科举记录

中国历史官员量化数据库——清代·科举记录（CGED-Q-ER），是由零散的、不同科次中式者名册抄录而来的。CGED-Q-ER最重要的史料来源为同年齿录。清代乡试、会试中榜者为了加强联谊和社交，常自行编纂同榜中式者人名录及履历名册。科举时代，同榜录取者通常互称"同年"，因此这些名册大多以"同年齿录"命名。每本同年齿录罗列同榜录取者姓、名、籍贯省县，以及已入仕者的当前官职。除本人信息外，同年齿录中还记录父亲、祖父及外祖父的姓名和科名。多数同年齿录还记录年龄，间或罗列其他亲属信息。CGED-Q-ER主要收录进士和举人同年齿录，同时也涉及其他层次中式者，如贡生的同年齿录。目前，数据库中共有5724条进士记录，26870条举人记录，以及11990条其他记录。

除同年齿录外，CGED-Q-ER数据库中也抄录有乡会试中榜者的官方记录，即乡试录和进士题名录，但官方记录所含信息较略。乡试录记载了该科乡试中榜者的姓、名、籍贯县、科考名次和年龄，根据考籍，也可推断中榜者籍贯省。乡试录与同年齿录存在部分信息重合。进士题名录记载了进士的姓、名、中式年、籍贯省县，以及会试和殿试中的科考名次。由于同年齿录已记载大量10世纪进士信息，且更详细，因此进士题名录主要用于未被同年齿录记载的进士信息。

CGED-Q-ER主要涉及两项匹配连接任务。其一是连接同一中式者在同年齿录、乡试录、进士题名录中的记录，以便对同一科次的不同记录去重。一般而言，已有同年齿录的某场乡试，如果同时也有《乡试录》，或者被涵盖于同一年另外出版的、汇集多省乡试的同年齿录中，就会出现记录重复。在 CGED-Q-ER 内部，不同等级科名之间也可连接，即将举人的记录与其后来成为进士的记录相连——这使我们得以研究中举者的个人和家庭情况对其中进士概率的影响。其二是将 CGED-Q-ER 中中式者的个人和家庭信息，与其在 CGED-Q-JSL 的官职记录相关联——这使我们得以研究中式者个人特征，如家庭背景和家庭成员科举表现等，对其入仕和晋升机会的影响。

CGED-Q-JSL 和 CGED-Q-ER 中记录的姓、名、籍贯省县、中式年、科名等，可用于完成以上两项匹配连接任务。使用 CGED-Q-ER 中的姓、名、籍贯省县开展连接所产生的问题，与上文所述使用 CGED-Q-JSL 时面临的问题相似。姓、名、籍贯省县组合对绝大多数中式者来说是独一无二的，因此无须像上文讨论 CGED-Q-JSL 时那样详尽分析。在不同种史料中，仍存在异体字现象。下文描述的 CGED-Q-JSL 官员记录匹配连接方法，也适用于 CGED-Q-ER。在 CGED-Q-ER 中，中式年可辅助限定匹配范围，排除那些先成为进士后成为举人，或成为举人久于十年之后才成为进士的错误匹配。

五　连接

官员记录的连接工作分为四步。第一步，标准化处理关键变量。第二步，开展简单的确定性连接（deterministic linkage），匹配多个主要、次要变量完全一致的记录，形成可确定为同一官员记录的记录组，并将每个记录组的第一条记录用于后续连接。第三步，利用 STATA 的概率连接包 dtalink[①]确定用于"分组"（blocking）的变量。当且仅当记录对在被选定的变量上有相同记录时，它们才会被挑选出来，成为候选记录对（candidate pairs of records）。这个步骤会排除大量明显不匹配的记录对，例如姓名都不同的记录对，大幅减少完成匹配连接工作的时长。第四步，再次利用 dtalink 进行概率连接。程序将对上述被挑选出的候选记录对进行概率评分，当评分高于一定阈值时，所有与候选记录对处于相同记录组的记录，都将被分配同一个唯一标识符，也即被连接在一起。

---

① Kranker, K.（2018）.

（一）准备

用于连接匹配的数据集中，主要变量和次要变量都经过标准化处理。为了避免由不同版本中姓名字符差异导致的漏连，我们创建了姓和名的标准化版本。首先，Unicode 编码标准本身包含同一字符的不同版本，可用于处理姓名中的异体字，例如表 6 中的"清"和"淸"、"勲"和"勳"等。[①]经这一步骤转换后的姓名版本，称"CV 版本"（Consolidated Variants，异体字合并版本）。在异体字合并版本基础上，我们进行了第二轮合并：将名中的形似字（但非异体字）归类，例如表 5 中的傅"和"傳"、"思"和"恩"、"增"和"曾"、"先"和"光"等。[②]经此步骤转换后的姓名版本，称"SC 版本"（Similar Characters，形似字合并版本）。最终，数据库中的每条记录均包含名的原始版本、CV 版本及 SC 版本。

姓的 CV 版本和 SC 版本生成过程大体上与名相同。但在制作姓的 SC 版本时，我们手动检查表 3 的统计结果后，放弃了对一部分常见差异字符对的替换。因为正如前文所述，即使其他变量都相同，仍没有足够证据认为这些异姓官员确实是同一人。最终，我们选定了 12 组有极高概率在出版或抄录过程中出错的形似字，用以制作姓的 SC 版本。[③]采取这种更保守的做法，是因为姓的字符多样性较低，当其余变量相同而只有姓不同时，不是同一人的可能性更高。未来，研究团队将继续尝试改进形似字处理方案。

籍贯省、县也均经过标准化处理。为了解决县名中出现的同音字误替，我们对县名进行了两个版本的拼音编码（详见表 10）。第一个版本（PY 版本）包含声调，第二个版本（PY TL 版本）不包含声调。此外，为了解决县所属省份不一致的问题，我们创建了一个新的籍贯省版本（C 版本），将安徽、江苏、江西和浙江合并为"江南"，湖南、广东和广西合并为"湖

[①] Unicode 也被用于将错误录入的简体字转换为繁体字。参见 Unicode 汉字数据库报告，https://unicode.org/reports/tr38/。本研究使用的 Unicode 汉字数据库下载自 https://www.unicode.org/Public/UCD/latest/ucd/Unihan.zip。

[②] 生成 SC 版本的详细过程如下：首先使用 CV 版本生成一份类似表 5 的常见差异字符对列表，然后手动评估并标记形似字符对，最后将每组形似字映射到其中一个字符上。

[③] 这 12 个字符组是：（1）宋，朱，宗；（2）段，叚；（3）王，汪，江；（4）馬，馮，溤；（5）柳，栁；（6）季，李；（7）龍，龔；（8）余，徐，涂；（9）湛，諶；（10）冦，寇；（11）樂，欒；（12）褚，諸。

广"。对于原始缙绅录中明确登记寄籍的记录，我们使用寄籍地作为籍贯省县。

表 10　CGED-Q-JSL 和 CGED-Q-ER 连接类型及其对应的分组方式

	连接类型	分组方式
	CGED-Q-JSL 内部连接	
1	双字名有姓官员	姓（SC）+名（SC） 或 姓（PY）+名（PY）
2	单字名有姓官员	姓（SC）+名（SC）
3	无姓官员	姓（SC）+八旗旗分 或 姓（PY）+八旗旗分+宗室或觉罗+爵位+职位
	CGED-Q-ER 内部连接	
4	所有记录	姓（SC）+名（SC）
	CGED-Q-ER 和 CGED-Q-JSL 跨数据库连接	
5	双字名有姓者或无姓者	姓（SC）+名（SC） 或 姓（PY NT）+名（PY NT）
6	单字名有姓者	姓（SC）+名（SC）

　　注：为节省篇幅，本表中"形似字合并版本"（SC 版本）、"有声调拼音版本"（PY 版本）、"无声调拼音版本"（PY NT 版本）皆用英文缩写指代。

（二）确定性连接

　　我们将版本间隔不超过一年、数个主次变量完全相同的记录归入同一记录组，并将记录组中的第一条该组的摘要记录。将记录归入同一记录组的标准非常严格，足以杜绝错连情况的发生。[①] 利用确定性连接创建记录组

---

① 对于有姓官员，同一组内的记录必须保证姓、名的 CV 版本，籍贯省的 C 版本，以及籍贯县的 PY 版本均相同。对于无姓的旗人官员，同一组内的记录必须保证名的 CV 版本、旗分、官职、官职所在地或所属机构均相同。我们在分组时要求旗人官员官职记录也一致，是由于同季缙绅录中常有旗人官员名和旗分组合不唯一的现象出现（参见表 1）。

的过程简单直接，此处不再赘述。在此步骤后，需要连接的记录组数量比原始记录数量少了一个数量级，这使后续第二和第三阶段所需时间大大减少。

（三）分组

以所用变量类型和错连、漏连风险差异为标准，针对 CGED-Q-JSL 和 CGED-Q-ER 的数据连接工作可分为六种类型。首先是仅针对 CGED-Q-JSL，以重构官员仕途生涯为目标的内部连接，包括三种类型：连接有姓、单字名官员；连接有姓、双字名官员；连接无姓官员。之所以将单字名和双字名的有姓官员区分开来，是因为我们在对比表 4 和表 5 时发现，连接单字名官员记录时错连风险更高，需要对其他变量的匹配程度有更严格的要求。相对而言，由于姓和双字名的组合更有可能唯一，连接双字名的有姓官员时，可相对放宽其他变量的匹配程度标准。无姓官员可用作记录连接的主要变量仅有名和旗分，而名和旗分的组合几乎不可能唯一，因此匹配无姓官员记录时，必须更加重视次要变量。其次是仅针对 CGED-Q-ER 的内部连接。CGED-Q-ER 记录总数相对较少，在进行单字名有姓中式者连接时，错连的概率也较小，因此针对该数据库的所有内部连接都采取相同处理方式——这是第四种类型的连接。GED-Q-JSL 和 CGED-Q-ER 之间的跨数据库连接，按照有姓官员的名是单字还是双字，可以分为另外两种类型，即第五和第六类。

表 10 总结了六种连接类型中用于将官员记录分组的变量。过严的分组标准会导致漏连，过松的分组标准又会增加后续连接用时。在每类连接中，我们都尝试在二者间寻找平衡。通常情况下，我们尽可能使用宽松的分组标准，同时尽量防止明显不可能匹配的记录对进入匹配度评分阶段。因此，多数情况下我们采用名的 SC 版本（形似字合并版本）而非 CV 版本（异体字合并版本）来分组，然后利用基于其他变量计算的匹配度，评估在 SC 版本上匹配但在 CV 版本上不匹配的记录对。

不同类型的 CGED-Q-JSL 内部连接工作，对应不同的分组标准。对于第一种类型，即双字名有姓官员，分组时以姓和名的 SC 版本及 PY 版本分组。不同组的摘要记录，如果姓和名的 SC 版本及 PY 版本均相同，就会成为一组候选匹配，以供基于其他变量（包括姓和名的 CV 版本）进一步评估匹配度。未采用姓名 CV 版本分组是因为该版本过于严格，可能会遗漏能用 PY 版本匹配到的结果。对于第二种类型，即单字名有姓官员，只有姓和名的 SC 版本均相同时，记录对才会成为候选匹配——这种类型中 PY 版本会造成较多错连，故不采用。

对于第三种类型，即无姓官员，我们以名的 SC 版本和旗分分组，或以名的 PY 版本、旗分、宗亲及觉罗、爵位及官职的组合开展分组。换言之，即使一对记录中名的 SC 版本不相匹配，当且仅当名的 PY 版本和其他一系列变量都完全匹配时，它们仍然可以成为候选匹配以供评分。在基于 PY 版本的匹配中，我们严格要求多个次要变量完全相同，因为选用 PY 版本会大大增加需要检查的记录对数量。

对于第四种类型，即 CGED-Q-ER 的内部连接，姓和名的 SC 版本已足够成为分组依据。此处我们没有对单字名有姓官员采取单独的分组方法，而是在评估候选匹配时采用更严格的评分标准。[①] 对于第五种类型，即 CGED-Q-ER 和 CGED-Q JSL 之间的双字名有姓者连接，使用姓和名的 SC 版本或 PY TL 版本进行候选配对。[②] 对于第六种类型，即 CGED-Q-ER 和 CGED-Q JSL 之间的单字名有姓者连接，仅使用名的 SC 版本配对。

（四）概率连接

概率连接方法应用广泛，这在众多专业图书、网络资源中均有详述，此处仅简述其基本概念。概率匹配可在分组处理后的数据集中筛选所有可能的匹配记录对，然后依照用户指定标准对每个记录对进行匹配度评分。在评分时，用户除了可以指定用于匹配的变量外，还可以指定随每个变量异同程度增减的具体匹配分值。对于数值型变量，用户还可指定判定匹配的阈值范围，若两条记录在该变量上的差异位于阈值范围内，则增加匹配分值。通过计算候选匹配对的匹配分，我们可以筛选出匹配度最高且达到用户自定义及格分的候选匹配对，作为最终匹配结果。

在数据分组基础上，我们使用上述方法，依据各主要、次要变量对所

---

① 我们没有为 CGED-Q-ER 中的旗人单独设置分组规则，因为旗人在 CGED-Q-ER 中占比很低（总体仅占 1.2%）。

② 由于 CGED-Q-ER 中旗人数量较少且少有重名，在这种类型的连接中将旗人并入有姓官员中。

有候选匹配对进行了评分。表 11 和表 12 总结了六种类型的连接中各主要变量异同引发的具体匹配度分变化值。如果候选匹配对满足标题行指定的条件，匹配分就会增加（表中的"+"列）；否则就会减少（表中的"−"列）。表 11 和表 12 还包含确认连接候选匹配对时采用的及格分。为了平衡漏连和错连风险，我们根据变量具体匹配情况，分别调整了每种连接类型中的匹配分增减额度。当需要连接的记录数量较大时，特别是在进行 CGED-Q-JSL 内部连接时，我们设定的评分标准更严格，要求记录间主要变量具有更高相似度。当错连风险较低（需要连接的记录较少）时，我们设定的评分标准更宽松，如 CGED-Q-ER 的内部连接。

表 11　针对 CGED-Q-JSL 内部连接的匹配度评分标准

	CGED-Q-JSL					
	类型一 双字名有姓		类型二 单字名有姓		类型三 无姓	
	+	−	+	−	+	−
主要变量						
姓（CV）+名（CV）+县（PY）						
姓（SC）+名（SC）+县（SC）						
姓（SC）+名（SC）+省（C）						
姓（CV）+名（CV）	100	0	100	0		
姓（CV）+名（SC）						
姓（SC）+名（PY）						
名（CV）					50	0
名（SC）					50	0
籍贯省（C）	100	−400	100	−400		
籍贯县（原始版本）						
籍贯县（PY）	200	−100	200	−100		
江南、湖广的籍贯县（PY）	0	−200	0	−200		
八旗旗分					50	−100
次要变量						
字号	300	0	300	0	200	0

续表

	CGED-Q-JSL					
	类型一 双字名有姓		类型二 单字名有姓		类型三 无姓	
	+	−	+	−	+	−
次要变量						
是否宗室或觉罗					100	0
爵位					100	0
官职						
省	25	0	25	0		
中央部院或府州厅	25	0	25	0		
所属机构或所在县	25	0	25	0		
官职名称	25	0	25	0		
完整官职	100	0	100	0		
品级						
相同					0	−25
相差小于 2					0	−50
相差小于 3					0	−400
科名（含捐纳）						
原始记录	50	0	50	0	50	0
科名等级（含捐纳）	0	−100	0	−100	0	−100
江南、湖广科名等级（含捐纳）	0	−100	0	100		
科考年份						
相同					50	0
相隔小于 5 年					0	−50
相隔小于 10 年		−100		−100	0	−100
相隔小于 20 年		−200		−200		
相隔小于 30 年						
相隔小于 40 年		−500		−500	0	−400

续表

	CGED-Q-JSL					
	类型一 双字名有姓		类型二 单字名有姓		类型三 无姓	
	+	−	+	−	+	−
上一条相邻记录的姓名	50	0	50	0	50	0
下一条相邻记录的姓名	50	0	50	0	50	0
及格分		100		100		150

注：为节省篇幅，本表中"形似字合并版本"（SC 版本）、"有声调拼音版本"（PY 版本）、"无声调拼音版本"（PY NT 版本）、"省合并版本"（C 版本）皆用英文缩写。下表同。

表 12　针对 CGED-Q-JSL 内部连接、CGED-Q-JSL 与 CGED-Q-ER 跨库连接的匹配度评分标准

	CGED-Q-ER		CGED-Q-JSL to CGED-Q-ER			
	类型四 所有记录		类型五 双字名有姓 或无姓		类型六 单字名有姓	
	+	−	+	−	+	−
首要变量						
姓（CV）+名（CV）+县（PY）			500	0	500	0
姓（SC）+名（SC）+县（SC）	300	0	200	0	200	0
姓（SC）+名（SC）+省（C）	100	0	200	0		
姓（CV）+名（CV）			150	0	200	0
姓（CV）+名（SC）			100	0	150	0
姓（SC）+名（PY）			50	0		
名（CV）						
名（SC）						
籍贯省（C）		−200	0	−200		
籍贯县（原始版本）			100	0		
籍贯县（PY）	0	−200	100	0		
科考年份						
相同						
相隔小于 5 年						

续表

	CGED-Q-ER		CGED-Q-JSL to CGED-Q-ER			
	类型四 所有记录		类型五 双字名有姓 或无姓		类型六 单字名有姓	
	+	−	+	−	+	−
科考年份						
相隔小于 10 年	0	−100	100	0	100	0
相隔小于 20 年	0	−300				
相隔小于 30 年						
相隔小于 40 年			0	−500	0	−500
及格分	100		200		200	

　　表 11 及表 12 中的匹配度评分标准，均经过反复迭代调整。每一轮连接结束后，我们都会复查连接结果：在数据中搜索官职、科名等次要变量完全匹配，大多数主变量匹配，而未能顺利与任一官员记录组连接的零散记录，定位漏连情况；通过检查各记录组内记录是否为同一人，定位错连情况。复查有助于厘清异体字使用状况，并启发我们创建了姓名的 CV 和 SC 版本。迭代过程中，我们还增加了字号、完整官职等次要变量完全相同时匹配分的增额，因为这些变量很难偶然完全一致。省份名称变化问题，也是在复查时发现的。

　　识别错连时，我们研究了同记录组中至少在一个主要变量出现差异的情况。我们由此发现连接单字名官员记录时需采用更严格的标准，此外，当籍贯省和科名等本应固定不变的主变量有差异时，匹配分值应有更大降幅。使用数据库开展特定类别官员委任及晋升问题的研究者，也向我们反映了他们发现的问题，以供调查参考。[①]

　　在 CGED-Q-JSL 的内部连接（类型一至类型三）中，当名、官职、籍贯县等变量一致时，匹配分的增额最大，因为这些变量丰富度极高，恰巧一

[①]　具体可参见陈必佳、康文林、李中清（2018），胡恒、陈必佳、康文林（2020），胡存璐，胡恒，陈必佳，康文林（2021），以及薛勤、康文林（2022）。这些研究对记录连接结果的分析，都引导我们发现新问题并进一步完善连接程序。

致的概率最低。尽管针对单字名和双字名记录的分组方法有所不同，但针对二者的匹配度评分方式是相同的。在字号、完整职位等次要变量一致时大幅增加匹配分，有助于抵消籍贯省县名前后记录不一致的影响。由于各版本缙绅录中罗列官职的顺序一致，我们在上下两条相邻记录中官员姓名一致时，也会增加匹配分。当籍贯省、科名等级之类容易错误匹配的变量一致时，仅会小幅增加匹配分。

对于无姓官员，职位品级相差太大的候选匹配也会被减分，因为这有助于降低高级官员的记录被错误连接到拥有相同名字的低级官员的风险。对于更多变化的变量，如详细的科考科名或捐纳科名，匹配不一致时减分较少。由于字号很多样且经常不被记录，我们不对这个变量的不匹配施以惩罚。同样的，我们也不惩罚不匹配的职位，因为当官员晋升或被重新分配时，完整的职位称号或者组成完整职位的部分称号很可能发生变化，而且即使官员没有晋升或被调整职位，不同版本也可能以不同的方式记录职位。

当籍贯省、旗分、科名等级这类本应固定不变、多样性较低的变量不一致时，匹配分将大幅降低。如果籍贯县不一致，匹配分也会降低——当该县位于湖广或江南时，匹配分降幅更大。[1] 候选匹配记录对相隔时间较远时，我们也会扣除匹配分，如果相隔很远以至于几乎不可能为同一官的记录，我们会采用大量扣分的方式排除该候选匹配。无姓官员记录匹配中，当官职品级相差过大时，匹配分将降低——这有助于降低高级官员记录被错误连接到重名低级官员记录的风险。多样性较高的变量（如科举及捐纳科名等）不一致时，匹配度降分相对较少。由于字号记录较少，且字号可能会改变，在字号不匹配时不扣除匹配分。完整官职不匹配时，同样不减匹配分，因为当官员官职升转时，其完整官职名即会整体或局部发生变化，甚至没有升转时，不同季缙绅录中记录的完整官职也可能有所差别。

CGED-Q-ER 的内部连接（类型四）中，用于进行概率连接的变量有姓

---

[1]　由于籍贯地可能因政区重划而改变，我们在籍贯县不匹配时设定的匹配度减分额度，足以被其他变量匹配时的加分抵消。换言之，如果其他变量皆相同，候选匹配不会因为籍贯县不匹配被排除。

的 SC 版本、名的 SC 版本、籍贯省县和中式年份等。当姓的 SC 版本、名的 SC 版本、籍贯省县的组合一致时，匹配分增加，当县的 PY 版本或省的 C 版本不一致时，匹配分大幅降低。这里之所以使用名的 SC 版本，是因为 CGED-Q-ER 包含的总人数远低于 CGED-Q-JSL，错连风险也相应较小。中式年份差别不大时，匹配分仅小幅降低——因为它们可能分别是同一人中举人和中进士的年份。但当中式年份差别过大时，匹配分会大幅降低。

　　CGED-Q-JSL 和 CGED-Q-ER 之间的跨数据连接（类型五和类型六）中，主要使用姓、名、籍贯省县、CGED-Q-ER 的中式年，以及 CGED-Q-JSL 的版本年等变量。分组时所用的姓和名，都是 SC 版本。概率连接中，如果姓和名的 CV 版本一致，将大幅提高匹配分；如果 SC 版本一致，也将小幅提高匹配分。匹配籍贯时，CGED-Q-JSL 中的原籍，以及应试时的寄籍（通常在顺天）省县都参与匹配。另外，匹配时要求中式年和缙绅录首条记录年份之差，不超过 30 年。

（五）结果

　　为了说明上述方法如何在提高连接速度的同时降低错连和漏连概率，下文将进一步讨论 CGED-Q-JSL 内部连接结果（即类型一至类型三）。之所以详述这三种类型的连接结果，是因为它们最复杂、最具挑战性，且涉及最多主要变量和次要变量。按照上一节阐述的方法，我们对 CGED-Q-JSL 中的 4108586 条记录进行连接，最终得到 326315 组记录——每组即为一名官员的仕途生涯历史。表 13 展示了三类 CGED-Q-JSL 内部连接的初始待连接记录数、确定性连接后筛选出的记录组数、分组后筛选出的候选匹配对数，以及概率连接后的最终官员数。如表 13 所示，基于主要变量和部分次要变量的确定性连接，已能有效降低待连接记录数。在第一类连接中，确定性连接使待连接记录数减少了 88.6%，从 2767108 条降至 315015 条。经历分组步骤后，最终进入评分环节的候选匹配对数量较为适中。第一类连接中，候选匹配对数量低于记录组数，这是因为在分组时已有许多记录组直接被确认为同一名官员，且该组中首条记录没有候选匹配对。第三类连接中候选匹配对数量要大得多，因为这一类别中仅有名和旗分可用于分组，而名和旗分的多样性远低于有姓官员的姓、名和籍贯省县。

表 13　内部连接三种类型的最终匹配结果

	类型一 双字名有姓	类型二 单字名有姓	类型三 无姓
初始待连接记录数	2767108	527570	813908
确定性连接筛选出的记录组数	315015	76885	171449
分组后筛选出的候选匹配对数	199263	46231	398353
概率连接产生的官员数量	218946	45965	64940

当主要变量的标准化版本有差异而次要变量一致时，概率连接可以通过协调匹配分，减少漏连现象的发生。与之相对，如果我们要求所有主变量的原始版本严格匹配（不使用概率连接），连接后的记录组就将确定属于同一位官员。表 14 为经概率连接匹配后，各类最终结果中主要变量原始版本严格一致的记录比例。据该表可得，单字名有姓官员中，28%（100-72）的记录姓、名或籍贯地不完全一致；双字名有姓官员中，29.9%（100-70.1）的记录姓、名或籍贯地不完全一致；无姓官员中，13.9%（100-86.1）名或籍贯地不完全一致。总体而言，如果既不对变量进行标准化处理也不使用概率连接，而仅在各变量原始版本上严格连接，总共可得到453375 名官员的仕途生涯记录——在概率连接时被匹配在一起的记录将分属于不同官员。换言之，官员总数将被夸大 38%。在 CGED-Q-ER 内部，以及 CGED-Q-JSL 和 CGED-Q-ER 之间应用概率连接同样有效：能与进士记录连接的举人数大幅增加，举人和进士与 CGED-Q-JS 的连接数也大幅增加。

表 14　各类连接结果中姓、名、籍贯县或旗分（原始版本）的组合数

连接结果中主要属性 （原始版本）组合数（个）	类型一双字名 有姓官员（%）	类型二单字名 有姓官员（%）	类型三 无姓官员（%）	总计（%）
1	70.1	72.0	86.1	73.5
2	20.9	20.0	11.7	19.0
3	5.7	5.0	1.7	4.8
4	2.1	1.8	0.4	1.7
5	1.3	1.4	0.1	1.1
总计（%）	100	100	100	100
官员总数（个）	218946	45965	64940	329851

六　结语

本文不会对人名匹配和记录连接方法（尤其是无姓者的匹配连接方法）做出定论。手动检查连接结果后，我们相信目前对有姓官员的连接结果，已充分平衡了漏连和错连风险并接近最优——进一步合并存在显著差异的官员记录，将增加错连风险。今后我们还将进一步优化连接有姓官员记录的方法，比如小幅度精炼形似字列表，以及改进对籍贯省、籍贯县等变量的处理等。然而，在对旗人官员的连接上，由于名与旗分的组合缺乏多样性，我们怀疑目前仍有较大错连风险。

本文关于人名匹配和记录连接的解决方案，以及关于官员姓名的描述性分析，应该对其他开展中国历史数据库大规模记录连接的研究团队有所帮助。本文讨论的问题和连接方法，主要适用于连接从名册等史料中提取的高度结构化数据。致力于非结构化数据源（如报纸文章）研究的学者，或许会对本文关于姓名记录的多样性和潜在不一致性的分析有兴趣。需要格外注意的是，在不同数据源中，个人姓名的字符很可能被异体字或形似字代替。

团队正在努力构建、连接和分析民国时期（1911—1949）个人数据库。目前，民国大学生数据库的研究工作已经取得了重要进展，[①] 其他民国官员、专家和其他社会精英数据库项目也在同步进行。尽管基于清代史料的人名匹配和记录连接方法也可扩展应用于民国史料，但在处理民国时期的数据时，也存在其他特定问题，例如取名习惯，家谱中对名、字、号的记录习惯，籍贯地记录习惯，等等，均已发生演变。

（康文林，香港科技大学人文社会科学院署理院长、社
会科学部讲座教授、华中师范大学历史文化学院特聘教授；
陈必佳，独立学者）

---

① Ren, B., Chen, L., & Lee, J. Z., "Meritocracy and the Making of the Chinese Academe, 1912-1952," *The China Quarterly*, 244, 2020: 842-968, doi: 10.1017/S0305741020001289.

世系数据的可靠性研究：清代族谱中的宋元明家族史叙述

黄一彪

　　摘　要：本文基于嵊县族谱的留存状况，尝试对光绪《金庭王氏族谱》中的世系传进行赋值量化，以探讨清代浙江族谱中的宋元明史料的可靠度及其家族史研究。通过使用生卒年占比变化、人口指标对照、赋分值变化和寿财嗣爵四大因子回归等四种方法，研究发现，谱中有关北宋至南宋时期的历史多带有后人塑造的成分，而通过明中前期的首次纂谱，金庭王氏较为客观地追溯了南宋末年以后的家族信息。后世所修的族谱保存了部分具有文献价值的宋元明史料，与此同时，回归结果表明家族史研究也应重点关注宋末至明初这一时间段。

　　关键词：宋元明　族谱　世系传　文献价值

　　族谱是研究宗族与地域社会的重要文献。从史料现状来看，据初步统计，编撰于宋元明时期的家谱存量大约有 759 种，占整个家谱文献的比例非常低，不足 4%。[①] 从史料的生产来说，明清族谱中宋及元以前的世系，多是明清宗族形成的特殊的历史记忆，常带有虚饰、夸张的成分。[②] 近年来的研究显示，族谱不仅作为"文献资料"常被学者加以引用论证，更被视为

---

　　① 章毅：《明代家谱的著录及其社会史意义》，《九州学林》（香港）2006 年第 4 期。

　　② 刘志伟：《明清族谱中的远代世系》，《学术研究》2012 年第 1 期。

渗有文化权力的"文本"。① 在此基础上，学界突破族谱史料的文献价值，在区域研究、专题研究上不断深化推进，研究成果蔚为壮观。然而，其中的不少研究受新文化史影响，对族谱记述的材料灌注了比较多的后现代色彩，在此影响下，部分研究者对待族谱记录早期材料的态度从"不可尽信"逐渐转向"尽不可信"。

与此同时，一些学者再次强调族谱中的文献价值，并期待明清族谱中的宋元史料新发现。② 现存的多数族谱编撰于晚清与民国时期，多数情况下，还需辨析明代世系。那么在宋元明族谱多数亡佚的史料现状下，晚出族谱中的"早期材料"的"真实"与"虚构"关系，是需要长期探索的。虽是如此，不同地区的族谱在宋元明史料文献价值上的差异相当明显，而其中，浙江地区的族谱扮演了颇为重要的角色。在族谱地域分布上，该省既是宋元以降国家的重要区域，又是现存族谱数量较多的地区。据《中国家谱总目》的统计，谱籍在浙江的家谱占了存世中国家谱的四分之一，居各省（市）区首位。③ 浙江如此规模的族谱数量值得学界不断考析其中的文献价值，进而挖掘新史料，从长时段打通浙江的社会史研究。

对史料的考证，传统方法主要依赖正史、典章、碑刻、文集及方志等，从史料学和历史文献学出发，辨伪族谱中的世系与艺文。不过，谱中的文献多有残缺，同时期的旁证史料也较少，这就对族谱材料与学者能力提出了更高的要求。不论是作为"文献资料"的族谱，还是被视为"文本"的族谱，除了移民史、人口史、社会经济史等较为关注人口世系外，族谱史

---

① 《导言：族谱与社会文化史研究》，饶伟新主编《族谱研究》第 1 辑，社会科学文献出版社，2013；李仁渊：《从史料到文本——族谱与明清地方社会研究》，《中国史学》第 25 卷，2015。

② 曹树基：《"瓦屑坝"移民：传说还是史实》，《学术界》2011 年第 9 期；邓小南：《何澹与南宋龙泉何氏家族》，《北京大学学报》（哲学社会科学版）2013 年第 2 期；阿风、张国旺：《明隆庆本休宁〈珰溪金氏族谱〉所收宋元明公文书考析》，《中国社会科学院历史研究所学刊》第 9 集，商务印书馆，2015；吴铮强：《温州明清族谱宋元史料考》，《杭州师范大学学报》（社会科学版）2017 年第 3 期；罗玮：《新见河北大名董氏藏元〈藁城董氏世谱〉清嘉庆抄本研究》，《文史》2020 年第 3 辑。又有学者关注到其中的中古史料价值，见李军《清抄本〈京兆翁氏族谱〉所收唐河西文献校注——兼论其内容的真实性》，《敦煌学集刊》2013 年第 3 期；《清抄本〈京兆翁氏族谱〉与晚唐河西历史》，《历史研究》2014 年第 3 期。

③ 王鹤鸣：《中国家谱通论》，上海古籍出版社，2010，第 352 页。

料多被人为局限在序、跋、墓志铭、小传等类型的艺文中。① 但世系无疑又是族谱的核心构成，多占据族谱四分之三以上的篇幅。② 是否能从世系信息的考证方法上予以一定的突破是本文重点尝试的内容。

由此，我们在梳理特定县域中的族谱状况后，选择光绪《金庭王氏族谱》作为研究对象，并结合族谱的体例规定与实际的书写内容，拟采用如下研究方法：其一，利用世系传中的男性及配偶生卒年、婚配及子女数等信息，统计各个世系的含生（卒）年记载人数占该世系总人数的比例，通过生卒年占比的趋势变化检验编谱事件；其二，测算代际增长率、平均死亡年龄、平均育男（女）数、平均家庭人口数、有子率及有偶率等，并以明代金庭王氏人口指标为参照依据，对比宋元指标，检验在谱人物生命信息的变化；其三，对世系传中的人物基本信息进行赋分处理，包括男性行辈、字号、生年、卒年、墓葬地、配偶、配偶地望、配偶生年、配偶卒年以及子嗣等信息，通过各个世代的赋分均值变化差异检验在谱人物的收录信息的变化；其四，通过将赋分与影响赋分的寿、财、嗣、爵四大因子做回归分析，探讨总样本（宋元明在谱人物）和分样本（不同历史时段的在谱人物）的影响效果差异，从而检验部分样本的真实性问题。

一　资料介绍

本文专注浙江省嵊县（今嵊州市）的族谱情况。"中国家谱知识服务平台"显示，该地族谱在上海图书馆藏 155 份，在嵊州市图书馆藏 49 份，在美国犹他家谱学会藏 33 份，在国家图书馆藏 22 份，在浙江图书馆藏 17 份。③ 但通过历年多次搜集和拍摄，截至 2020 年 6 月，嵊州市图书馆现共

①　涉及浙江族谱人口世系的研究，参见上田信「明清期・浙東における生活循環」『社會經濟史學』第 54 卷第 2 号、1988 年；刘翠溶：《明清时期家族人口与社会经济变迁》，台北，"中央研究院"经济研究所，1992；车群、曹树基：《清中叶以降浙南乡村家族人口与家族经济——兼论非马尔萨斯式的中国生育模式》，《中国人口科学》2011 年第 3 期；车群、曹树基：《清中叶以降浙南乡村家族土地细碎化与人口压力——以石仓阙氏家谱、文书为核心》，《史林》2014 年第 2 期；吴铮强：《10—15 世纪苍坡李氏的人口统计》，《文本与书写：宋代的社会史——以温州、杭州等地方为例》，社会科学文献出版社，2019。
②　王鹤鸣：《中国家谱通论》，上海古籍出版社，2010，第 306 页。
③　见 https://jiapu.library.sh.cn/#/genealogyFullSearch，访问日期：2021 年 9 月 2 日。

收藏564份（电子）族谱（含新修），① 舍去新修之后，仍存近460份，远超上述存量。也就是说，从数量层面统计县级的族谱概况，直接依赖上海图书馆、犹他家谱学会、国家图书馆等机构的馆藏是远远不够的，留存在乡村社会、地方机构的族谱数量仍十分之多。

　　先简要介绍嵊县的族谱留存状况。张、王两个姓氏是当地的大姓，所留存族谱的数量分别占总量的12.9%、10.9%，其次为钱、商、黄、马、郑、赵、周、沈、裘等，占2.0%—5.0%，其余姓氏占比均非常低。依据现存族谱谱序及跋语等，大致可确定族谱的编纂时间，这些族谱主要成于晚清民国时期（见图1）。太平天国战争结束后，不同宗族在同年编纂族谱的密集程度越发显著，族谱编修活动在近代呈现一个高峰状态。当然，这一趋势也与晚清民国族谱保存得当相关。一方面，不少家族并未在清代中前期完成宗族组织的建构，尚未开始编纂族谱；另一方面，太平天国战争对嵊县造成48.1%的人口损失率，② 不少宗族受此影响，难以完好保存先祖遗留的族谱。

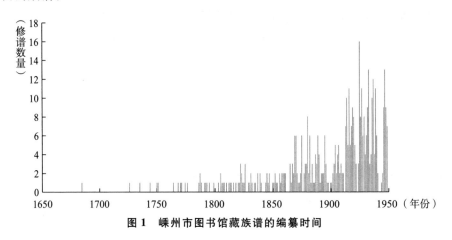

图1　嵊州市图书馆藏族谱的编纂时间

　　值得注意的是，少数宗族保存了不同历史版本的族谱，颇具资料连贯性。通看留存中谱籍在嵊县的族谱，剡西舒氏现存有乾隆十六年（1751）、乾隆五十二年（1787）、道光二年（1822）、咸丰四年（1854）、光绪五年（1879）、民国2年（1913）等版本族谱，除乾隆十六年版为三卷一册、咸

---

① 张小英主编《绵延瓜瓞：嵊地宗谱书目提要》，中国文史出版社，2021。
② 曹树基主编《中国人口史》第5卷上册，复旦大学出版社，2005，第486页。

丰版为三卷三册外，其余篇幅内容都为三卷二册，均保存完好，篇幅相差不大。继锦商氏则有时间更早版本的族谱，现存康熙二十三年（1684）、雍正十三年（1735）、乾隆五十八年（1793）、道光三年（1823）、道光十七年（1837）、同治九年（1870）、光绪二十八年（1902）以及民国 21 年（1932）等版本，其中康熙版为三卷二册，现仅存一册；雍正版比康熙版则仅多出一册；乾隆、道光等版本则有较大的调整，乾隆版共四卷六册，现缺卷一，道光版则有七卷七册和不分卷一册两种；同治版又调整为三卷一册；光绪版及民国版则均为三卷三册，民国版现缺卷三。比对卷册和内容，多数情况下，增添世系和人物传记是后世修谱的主要工作，因此族谱中的内容具备较大的文献传承特征。

　　虽然众多宗族在不同时期有过修谱活动，但存留在世的版本相当有限，像剡西舒氏、继锦商氏这般遗存较多不同版本族谱的宗族并不太多。存留在世的族谱所提及的清代纂谱行为多是真实发生的，虚构色彩较少，而明代及以前的说辞则多存疑，尤其是明中期之前。如若依据宗族最晚近族谱中提及的纂谱历史，图 1 的修谱趋势变化将有较大的调整，这有待笔者进一步统计。从整个县域层面考量宗族修谱行为及其族谱状况是难以入手的。前文已提本文将重点关注世系信息。但不同体例的族谱，在世系信息记载方面的格式差别较大，将世系信息录为数据颇为耗时。对此，我们从大姓中挑选了金庭王氏作为重点考察对象。

　　金庭王氏以王羲之为始祖，羲之六子操之为二世祖，其他不少王氏宗族对此也予以认可。① 在明末时期，宗族规模达至"聚族千余指"，② 至清时则析系复杂，已分有岩头、小坑、半坑、元房、亨房、利房、贞房、外中宅及里宅等九个房派。若按谱序记载，宗族曾相继在宋淳熙，明正统、天启，清康熙、乾隆、咸丰及光绪等年间撰修族谱。目前尚有康熙与光绪两版遗存在世，均保存完好。而天启谱谱序撰写者周汝登留有文集在世，

---

①　民国《剡北灵芝乡王氏续修宗谱》卷 1《旧序》，第 91—106 页，上海图书馆藏，标注册数与页码以"中国家谱知识服务平台"为准，上海图书馆藏（下同）；道光《剡邑王氏宗谱》卷 1《王氏族谱凡例》，第 30 页。关于金庭王氏的相关研究，参见黄一彪、龙登高《元明时期浙江家族的宗族整合及其路径依赖——以金庭王氏为中心的考察》，《中国社会经济史研究》2023 年第 4 期。

②　《华堂螣土纪言》，《周汝登集》上册，张梦新、张卫中点校，浙江古籍出版社，2015，第153 页。

文集收录此序，可证明天启年间的修谱行为。天启谱（1621）编纂总裁为四十三世族人王应昌，编纂族谱时安排不同房派的族人各司其职，30余人参与该项工程，修谱体例"遵五世祖厘谱之成法"。① 但至康熙五十年（1711），世系体例发生变化，金庭王氏选择"画图编系"作世系图，"排行分格"作世系传，与此同时，在内容上，该谱"凡传、铭并载者，则存其铭，若夫诗、赋、序、录则一概不留"。② 乾隆谱（1792）继承了康熙谱体例，变化不大。咸丰谱（1861）撰修者则指出，天启谱因由王应昌总裁而族中子弟分任，谱中生卒、干支错误较多，决定在核对康熙谱与乾隆谱后，改定生卒、干支。同时族人因偶得天启旧谱，重新补录了康熙谱所删去的诗、赋、序及录等内容。光绪谱（1908）则以继承咸丰谱为主，仔细翻阅此版族谱，仍可从中看到"按生卒年从天启谱改正，而不用其干支，以误在干支也，余仿此""生年据天启谱改正，而不用其干支"等更正记录。③

光绪谱共有九卷，梳理该谱体例和内容，主体部分为卷二至卷七的世系传，共计 947 页，世系图共 48 页。世系传、世系图体例承袭了康熙谱，涉及宋元明时期的世系传内容则引据、考订历代先谱而成。《凡例》规定了世系传的书写格式，每一人物占据一竖列，每一竖列共五格，"贴名之上横书父名，本所自出也。第二格书生、书行、书字、书号、书爵、书卒、书寿、书葬，纪终身也。第三、四、五格，书配、书子、书女，志眷属也"。我们的研究即受其体例启发，重点关注在谱人物信息的"终身"与"眷属"方面。《凡例》又规定"传法、名、号、卒、葬之后，凡生平嘉言善行、历官奏议、荷国恩典，与夫行状、墓志铭等项从实登载"。④ 族人的行传、圹志、事略、像赞、祭文等各类艺文均附于每一格竖列的左侧。不过，族谱对于一般族人而言，最主要的功能是族内身份的登记，他们最关心的往往是自己是否入谱。⑤

---

①　光绪《金庭王氏族谱》卷七《金庭王氏族谱旧跋》，第 142a 页。

②　光绪《金庭王氏族谱》卷末，编号 146。

③　光绪《金庭王氏族谱》卷三，第 61b、114b 页。

④　光绪《金庭王氏族谱》卷首，编号 37。

⑤　钱杭：《谁在看谱——与族谱性质有关的一个问题》，王鹤鸣主编《中华谱牒研究：迈入新世纪中国族谱国际学术研讨会论文集》，上海科学技术文献出版社，2000，第 348 页。

二　谱中的家族历史叙述

依据世系传左侧的艺文，可梳理出金庭王氏族谱中记载的"家族历史"，即宋代以科举立家，元军渡江后依附元朝发展，明初因粮长制度而遭受打击，尔后又以土地开发积累财富并跻身仕宦。随着不同时期家族人物的入仕，南宋初期、元末、明中前期，金庭王氏多有分派现象。

二十六世王弘基作为金庭王氏肇基岩头的先祖，在谱中具有特殊地位。谱载其人在北宋大观年间举明经，相继授亳州教授、绛州教授及秘书正字。淳熙年间，王弘基又辑谱并邀请汪应辰作序。子王昌允，荐授河阳尉，转升保宁军节度、宣城知县。王昌允次子王瑀，乾道五年（1169）进士，官至衢州知府，曾与朱熹共同讲学，并遣子王恺跟从侍讲。王恺又在乡里建置书院，购置良田，聘请文学名士，教课族人。根据世系传的记录，金庭王氏在这一时期开始分派。王昌允长子王珩为半坑派的始祖。王珩长子王怀在嘉定间由荐辟授起居舍人，历左司谏；次子王愉在庆元间登进士。

三十一世王伯昌及子王斗祥在南宋时初入仕途，父官至宋承节郎、盱眙县令，子历任宋迪功郎、督军府议事官，以功转修职郎。宋元易代，元军引兵渡江，王斗祥抵抗不利后选择投诚。至元二十六年（1289），王斗祥由费拱辰荐授忠翊校尉、台州管领海船千户一职，因例革职后，随即北上游历。到京师时，有幸朝见元帝，子王选亦在其间被敕授大宁路总管。王斗祥家族与赵孟𫖮多有往来，子王迪、孙王宷孙由赵孟𫖮荐授元廷，王斗祥本人的圹志也由其填讳并书。三十二世至三十四世族人共十数人以官仕元，家族在这一期间分派。王斗义继王斗祥次子王迈为嗣。王迈从岩头迁居，新建聚处，生王良、王朗两兄弟。家族核心人物逐渐转移至王迈一系，王良、王朗兄弟二人共有七子，后世相继分为元亨利贞、外中宅、里宅三派。

三十五世王嗣元、王嗣仁及王嗣伦三人在元朝末年积极纠集众人，保卫乡里，渡过了动乱的时期。易代后，朱元璋建立粮长制度，不少族人任粮长一职。洪武八年（1375），王嗣仁因没有完成运粮任务被捕，由长子王琼代父谪戍，客死金陵，之后由次子王珍承役，军役责任也同在几位兄弟家族间轮流。明代军户勾军的基本原则为父死子继，三十五世至三十六世王氏族人多以长子"勾补充军",到三十六世至三十七世,则主要表现为"子从父成",其中三十六世计 7 人因出成而卒。

此时国家规定粮长为永充,他们仍继续担任这一职务,至宣德年间,由王琼子王文高接任粮长工作,此后该职又由其子孙辈负责。家族田产在祖孙三代的经营下快速扩张,资产最终"雄资冠邑"。[①] 富庶的田产支撑起科考,王文高子王钝正统八年（1443）贡生,王钝侄王昆成化二年（1466）贡生,王钝子王暄成化八年（1472）进士,王暄侄王荃弘治三年（1490）贡生。[②] 跻身仕宦后,王文高、王钝父子开始仿照欧式谱例,主持了在明代的首次修谱活动。随着子嗣繁衍,后世又相继立派。至明中后期,金庭王氏的核心权势已由亨房主导,在此之下,以王应昌家族为主导,他们积极主持了整个宗族聚处的扩建、阖族纂谱活动,以及祠庙的扩建和兴修等。

追述完谱中的家族历史叙述,难免会产生疑问:王弘基时期至光绪谱时期相隔久远,光绪《金庭王氏族谱》记载内容有多少是真实图景,又有多少由后人杜撰虚构而成?通过方志、文集、诗集、族谱等外部材料枚举式的引证,虽可还原少部分族人的历史事迹,然而比起世系传中众多的族人记载,这种方法显然不足以客观应对清代族谱中的宋元明史料,尤其是宋元时期。少数人的史实也无法代表早期家族的整体历史轨迹。因此,我们尝试用一些偏量化的方法来检验相关真伪问题。

三　样本、指标及检验方法

史料样本共有自宋二十六世至明四十三世在谱的男性总数 2635 人,生年和卒年俱全者 765 人,占 29.0%;已知生年而缺卒年者 491 人,占 18.7%;缺生年而知卒年者 16 人,占 0.6%;生卒年均缺失者达 1363 人,占 51.7%。一般而言,族谱中的人口资料只能用于 16 世纪后,[③] 而人口行为指标的测算原则之一也是人口资料信息较为完整。[④] 因此,本文无意讨论

---

① 光绪《金庭王氏族谱》卷 2,第 94a—b 页、130b 页。
② 纵观有明一代,有功名身份的族人计 39 人,其中有贡生及以上的高阶功名者达 10 人。
③ 葛剑雄:《家谱:作为历史文献的价值和局限》,《历史教学问题》1997 年第 6 期。
④ 刘翠溶:《明清时期家族人口与社会经济变迁》,第 4 页。

该指标的真实度，但相较宋元时期，明代的人口世系更靠近历次修谱时期，指标的参考价值较高。后世子嗣在编纂宋元祖先时，是按照世系代际顺序进行追溯的，故本文整体选用代际衡量。

兹对本文四种量化检验方法再作简要说明。

方法一：族谱登录的生卒年信息多以修谱时期为断，"由少而多，逐渐增加至某一世以后就反而减少"。① 由此来看，不同世系的男性（或配偶）含生卒年人口占男性（或配偶）总人口的比例（本文简称"生卒年占比"）不尽相同，占比趋势变化可检验修谱事件。

方法二：以明代的人口指标为参照依据，比较不同时期的死亡年龄、育男（或女）数、有子（或偶）率及家庭人口数，进而检验样本的真实性问题。因生年不全，本文不采用以父亲生育期为节点的计算方法，而不论父亲年龄，计算有子嗣者的男性的平均育男（女）数。有子（或偶）率代表育有子嗣（或配偶）的男性占男性总人口的比例。家庭人口数统计除男性自身外，再累计配偶数和子女数。

方法三：衡量不同世系的赋分均值，以此代表族谱的登录信息详情，用来参照样本的真实性问题。世系传信息分为男性的"终身"与"眷属"，择取其中具有代表性的男性字号、行辈、生年、卒年、墓葬地、配偶、配偶地望、配偶生年、配偶卒年以及子嗣等十项基本信息，予以赋值处理。如出现上述信息，各以 1 分计，总计 10 分。

方法四：针对上述人口指标及赋分，以寿、财、嗣和爵作为检验指标与赋分均值进行回归，通过比较总样本和分样本的回归系数及显著性程度，分别讨论样本的可靠性问题。其中，寿、嗣和爵参考寿命、儿子数量以及官职功名的分组。寿命分组根据年龄段划分，0—19 岁、20—39 岁、40—59 岁、60—79 岁、80 岁及以上依次划定为 1—5 分；儿子数量分组直接对应于族谱记载数量（含承嗣），即无子为 0，1 个儿子对应 1 分，等等；官职功名根据族谱记载有无情况划定为 0 或 1 分。财则以家庭人口规模为指标，1—2 人、3—4 人、5—6 人、7 人及以上分别划定为 1—4 分。

前三种方法为统计检验，最后一种则是回归分析。构建的重点指标如下（见表 1）。

---

① 刘翠溶：《明清时期家族人口与社会经济变迁》，第 8 页。

表 1 重点指标构造

方法	指标	解释
方法一： 生卒年占比	男性生（卒）年	（是否存在）统计样本的生卒年记载
	配偶生（卒）年	（是否存在）统计样本配偶的生卒年记载
方法二： 人口指标	总人数	统计样本的人口总数
	死亡年龄	卒年减去生年
	育男数	有子嗣记载的统计样本的育儿数
	育女数	有子嗣记载的统计样本的育女数
	家庭人口数	1（统计样本）+配偶数+子女数
	有子率	有子嗣记载的统计样本占该世系样本总数
	有偶率	有配偶记载的统计样本占该世系样本总数
方法三： 赋分均值	赋分总分	统计样本的 10 项分数总和
	字号	（是否存在）统计样本的别名
	行辈	（是否存在）统计样本的排行
	生年	（是否存在）统计样本的出生年份
	卒年	（是否存在）统计样本的死亡年份
	墓葬地	（是否存在）统计样本的墓葬地
	配偶	（是否存在）配偶记载
	配偶地望	（是否存在）配偶的地望
	配偶生年	（是否存在）配偶的出生年份
	配偶卒年	（是否存在）配偶的死亡年份
	子嗣	（是否存在）子嗣记载
方法四： 回归分析	寿	卒年减生年，0—19、20—39、40—59、60—79、80 及以上依次划定为 1—5 分
	财	家庭人口数量，1—2、3—4、5—6、7 及以上依次划定 1—4 分
	嗣	儿子数量，0 及以上
	爵	官职功名，根据有无划分为 0 或 1

四　世系传的统计检验

本节关注统计检验方法。依据方法一，首先得统计族人的生卒年信息。男性含生年者占男性总人数的 47.6%，含卒年者占 29.3%；配偶含生年者占已知配偶总人数的 51.8%，含卒年者占 35.0%。不论男性还是其配偶，世系传中的生年信息量远超卒年。

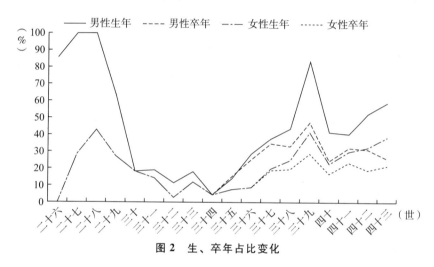

图 2　生、卒年占比变化

在三十四世及以前，男性有生年记载、卒年记载的比例几乎完全一致，配偶在三十六世及以前亦是如此，早期族人的生卒年由后世追溯而成。三十世之前的男性族人的生卒年占比远高于配偶，两者差异明显。三十世及之后，不论男性还是配偶，生卒年占比的变化趋势基本相同。三十世至三十三世的男性生卒年占比基本维持在 10%—20%，上下波动稳定。而三十四世，男性族人 67 人，配偶（含侧室）34 人，均只有 3 人记载生卒年，恰各自为一组家庭。这三人子嗣较多，生卒年被后人完整记载。至三十九世，生卒年占比达到一个高峰，之后几世的生年占比先降后升，生卒年占比之间的差距又逐渐扩大。

通过统计生卒年占比的趋势变化，基本可断定王文高在明中前期有编纂族谱的事实。此时的族谱保留了明中前期族人的生年信息。王应昌在天启年间修谱，明中后期族人的生年以及中前期族人的卒年也被收录至谱中。

其中，正统谱保留三十九世族人的生年信息，而天启谱不仅抄录了之前的生年信息，又新载了三十九世族人的卒年信息，故三十九世生卒年信息拥有较高的占比。

统计生卒年信息后，依据方法二，计算了不同时期的基本人口指标（见表 2）。

表 2　基本人口指标

年份	1068—1217	1218—1307	1308—1397	1398—1487	1488—1607
总人数（人）	43	106	237	422	1827
死亡年龄（岁）	64.4（29）	50.5（17）	51.2（35）	57.0（163）	57.7（495）
育男数（人）	1.78（32）	2.47（62）	2.04（133）	2.61（236）	2.25（929）
育女数（人）	1.00（5）	1.38（8）	1.26（27）	1.30（74）	1.38（426）
家庭人口数（人）	3.79（38）	4.62（61）	4.42（125）	5.04（222）	4.60（1007）
有子率（%）	74.4	58.5	56.5	56.9	54.2
有偶率（%）	88.4	66.0	57.4	60.4	61.3

注：表中括号内数字为样本数。

自三十一世至四十三世，世代增长率为 32.0%。一般来说，明清男性人口平均世代增长率为 32.15%，[1] 两者数据非常相近。而自二十六世至三十世，近 150 年仅由 7 人增长为 11 人，速度极为缓慢。同时，二十六世至三十世人均死亡年龄高达 64.4 岁，远高于明清宗族的平均死亡年龄。[2] 此外，这一时期还出现了子长于父的错误记载。明代的育女总数不足育子总数的 30%，低于清代的人口指标。[3] 族谱漏载女儿的情况明显，但统计的育女数与育男数在三十世之后基本保持相似的走势。统计家庭人口数，明中前期平均每户家庭 5.04 人。光绪十九年（1893）《嵊县保甲烟户丁口册》记载金庭王氏族居的十四都共有 449 户，总计 2672 人，平均每户 5.95 人。[4]明中前期的每户家庭人口数比较接近清代的人口数据，应与首次修谱收集

---

[1]　吴建华：《明清江南人口社会史研究》，群言出版社，2005，第 64 页。

[2]　刘翠溶：《明清时期家族人口与社会经济变迁》，第 143 页。

[3]　郭松义：《清代人口问题与婚姻状况的考察》，《中国史研究》1987 年第 3 期；吴建华：《清代江南人口性别构成问题的考察》，《中国人口科学》1991 年第 1 期。

[4]　《嵊县保甲烟户丁口册》，光绪十九年（1893）抄本，国家图书馆藏。

了比较完整的生命资料有关。有子率、有偶率也与上述指标呈现类似的趋势。

反观北宋至南宋时期，计算所得的人口基本指标均与明代的各项指标相偏离，死亡年龄、有子率、有偶率远高于其余时期，而育男数、育女数及家庭人口数低于其余时期。族谱记载的自宋末元初起的近400年时间，各项人口指标虽有变动，变化幅度却不大。

依据方法三，表3整理了基本信息的赋分值。

表 3　全样本的赋分统计

世系	平均值	中位数	最大值	最小值	标准差	样本数
二十六	5.71	7	7	1	2.22	7
二十七	6.86	7	10	5	1.77	7
二十八	7.57	7	9	6	1.13	7
二十九	5.00	6	10	0	3.87	11
三十	5.91	5	10	4	2.12	11
三十一	4.05	4	10	0	2.56	21
三十二	2.86	2	10	0	2.50	35
三十三	3.08	2.5	10	0	3.44	50
三十四	2.67	3	10	0	2.83	67
三十五	3.24	4	10	0	2.96	79
三十六	2.99	3	10	0	2.99	91
三十七	3.45	2	10	0	3.55	101
三十八	3.40	2	10	0	3.66	133
三十九	5.08	5	10	0	3.03	188
四十	3.42	2	10	0	3.29	303
四十一	3.92	3	10	0	3.25	398
四十二	3.60	3	10	0	3.14	538
四十三	3.49	3	10	0	3.03	588
合计	3.66	3	10	0	3.20	2635

自南宋末起，赋分均值逐渐降低，之后波动缓步上升，在明中期三十九世达到高峰，尔后下降，总体维持在3—4分。与生卒年占比类似，赋分

均值也在三十九世达到明代的最大值，这亦印证了明代两次修谱的事实。第一次修谱时间距离宋末元初 200 余年，第二次修谱时间与第一次修谱亦相隔近 200 年。族人在修纂族谱时收集族人信息存在一个限度。北宋至南宋时期的人物基本信息量过多，赋分均值在 5—8 分，相当于多数族人的信息都比较完整，他们的字号、行辈、生卒年、配偶等信息过于翔实。这段过于完整的世系信息，显示了后人刻意编造的迹象。

"终身"与"眷属"两类的赋分差异同样显示了上文描述的趋势变化（见表 4），自南宋末年起，男性的家庭信息量逐渐与个人自身的信息量靠拢，换言之，家庭信息也呈现了一定的可信度。

表 4　终身与眷属的赋分统计

年份	1068—1217	1218—1307	1308—1397	1398—1487	1488—1607
终身信息均值	3.63	1.50	1.40	2.22	1.85
眷属信息均值	2.44	1.70	1.59	1.94	1.76
两者的平均差值	1.19	-0.20	-0.19	0.29	0.09

按照分派历史和房派居址，以元亨利贞、外中宅及里宅等为主体（华堂），以岩头、半坑及小坑三派为另一主体（岩头），比对不同的房派登录的信息差异（见图 3）。各个房派赋分值在保持相似的变化趋势的同时，又显示了彼此之间的发展差异。

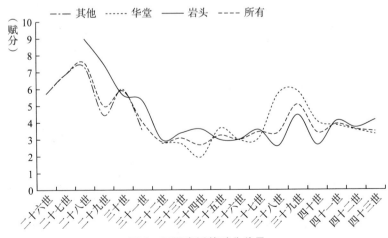

图 3　不同房派的赋分差异

宋末至元末，岩头王氏的分值较高；至三十八、三十九世，居住在华堂的王氏拥有了较为丰富的信息量，远超前者。自四十一至四十三世，华堂的男性人口占了总人口的 74.6%—80%，基数较大，难以搜全众人信息，这才导致赋分均值略低于其余房派。据谱所言，王迈后嗣在元明时期析派，至明中前期又相继分出元、亨、利、贞等房。自明至清的历次修谱由亨、利两房掌握，金庭王氏在编修族谱时，这些房派的族人信息往往比其他房派完整、全面，因而明代的基本信息赋分均值较高也可理解。

依据以上各类数据的趋势，可以大致推断，金庭王氏通过明代的两次修谱，有意构建了北宋至南宋时段的人物世系；通过明中前期的首次修谱，较为客观地追溯了自南宋末年起的家族历史，世系中的各项信息也并非随意编造。我们也有理由相信清代光绪族谱保存了部分的宋元明史料。与此同时，"宋末元初"以及"元末明初"两个时段的家族历史轨迹，在上述数据分析中也有所呈现。

五　世系传的回归分析

这一部分主要将"寿"（Lifetime）、"财"（Wealth）、"嗣"（Inherit）和"爵"（Title）等四个影响因子与不同历史时段的男性赋分值做回归，比较全样本和分样本的回归系数及显著性程度，阐述其中的影响关系，并对上述每个历史时段的史料状况做进一步验证。回归如下：

$$Score_{i,t} = \alpha + \beta_1 Lifetime_{i,t} + \beta_1 Wealth_{i,t} + \beta_1 Inherit_{i,t} + \beta_1 Title_{i,t} + \varepsilon_{i,t}$$

其中，Score 为每个男性的赋分值；Lifetime 为人物的寿因子，Wealth 为财因子，Inherit 为嗣因子，Title 则是爵因子；i 指代人物，t 指代世代，$\varepsilon_{i,t}$ 为回归的误差项。

表 5　回归主要变量的描述性统计

	平均值	中位数	最大值	最小值	标准差	样本数
Score	3.659	3	10	0	3.200	2635
Lifetime	3.374	3	5	1	0.824	740
Wealth	1.876	2	4	1	0.992	2635

续表

	平均值	中位数	最大值	最小值	标准差	样本数
Inherit	1.955	2	5	0	1.392	1608
Title	0.019	0	1	0	0.138	2635

首先，对全样本的男性数据进行 OLS 回归，表 6 显示，"寿"、"财"、"嗣"和"爵"对赋分值总分起正向的促进作用，即四大因子值越高，男性总分越高。应当说明的是，模型 1—5 中的观测值不等，数量差异较大，主要原因在于宋元明时代样本生卒年缺失严重，子嗣数量难以根本性地精确肯定，四大因子难以避免缺失。若补全生卒年和因子数据，则会产生数据和史料间的循环论证。本文即是注重原始数据内部性的质量，以此检验史料的可靠程度。

表 6　全样本的总分影响因素回归（全样本）

模型	模型 1	模型 2	模型 3	模型 4	模型 5
赋分	Score	Score	Score	Score	Score
Lifetime	0.630 ***				0.251 ***
	8.507				3.641
Wealth		2.491 ***			0.619 ***
		62.343			5.514
Inherit			0.730 ***		0.019
			17.580		0.291
Title				3.847 ***	0.997 ***
				8.618	4.023
_cons	5.474 ***	−1.013 ***	4.194 ***	3.585 ***	5.079 ***
	21.285	−11.951	42.111	57.727	18.192
Obs.	740	2635	1608	2635	715
R-squared	0.089	0.596	0.161	0.027	0.192

注：系数下方的为 T 值，*** 表示 $p<0.01$，** 表示 $p<0.05$，* 表示 $p<0.1$。

在模型 1 至模型 4 中，单个标准差下"爵"的影响效力最大。这一现象不难理解，具备功名仕宦身份往往在宗族中多有话语权威，其谱中信息自然也相当详细。"财"和"嗣"次之，寿的影响效力最小。但在模型 5

中，"嗣"对总分没有显著的影响，联合回归中的"财"和"寿"在一定程度上抵消了"嗣"对男性赋分值的正向影响，这也说明"嗣"的影响程度不如"财"和"寿"。比对前四个模型，单位标准差下"爵"对总分的促进效应系数从 3.847 下降至 0.997，"财"对总分的促进效应系数从 2.491 下降至 0.619，"寿"对总分的促进效应系数从 0.630 下降至 0.251。"爵"对总分的影响依然是最大的，其次为"财"和"寿"。"嗣"基本能通过"寿"和"财"解释得到，个人子嗣的数量，在某种程度上受其家庭财富和个人寿命的直接影响。不过，对于大多数人而言，影响个人被族谱登录及登录信息量的核心要素还是财产。"爵"对总分的促进效应最大，显著性体现的因子解释力度却一般；"财"的促进效应一般，但显著性体现的因子解释力度最大。

其次，为了描述不同历史时段下四因子对赋分值的影响效果，本文将全样本划分为二十六世至三十世、三十一世至三十五世、三十六世至四十世和四十一世至四十三世进行分样本的回归分析（见表 7）。

表 7　分样本的总分影响因素回归

	模型 1	模型 2	模型 3	模型 4	模型 5
	全样本	二十六世至 三十世	三十一世至 三十五世	三十六世至 四十世	四十一世至 四十三世
Lifetime	0.251 ***	0.065	0.042	0.367 ***	0.254 **
	3.641	0.211	0.121	2.982	2.842
Wealth	0.619 ***	0.767	0.581	0.816 ***	0.591 ***
	5.514	1.112	1.012	0.214	4.292
Inherit	0.019	0.800 **	−0.376	−0.076	−0.000
	0.291	1.961	−1.091	−0.582	−0.000
Title	0.997 ***	0.627	0.715	1.440 ***	0.632 **
	4.023	0.692	0.992	2.832	1.931
_cons	5.079 ***	4.313	7.737 ***	4.521 ***	5.053 ***
	18.192	3.091 **	5.441	9.201	14.331
Obs.	715	29	31	239	416
R-squared	0.192	0.591	0.125	0.248	0.173

注：系数下方的为 T 值，*** 表示 $p<0.01$，** 表示 $p<0.05$，* 表示 $p<0.1$。

在二十六世至三十世中，只有"嗣"对总分起着显著的影响，单位标准差下"嗣"对总分的促进效应系数为 0.800，而"财"、"寿"和"爵"基本不具有任何的解释效应。对比全样本的效果，这与该时段史料的质量偏误有关。结合"家族历史"，谱中有关北宋至南宋时期的史料价值并不太高。在三十一世至三十五世中，四大因子对总分均不具有显著的影响。二十六世至三十世、三十一世至三十五世的四因子显著性水平与三十六世至四十世、四十一世至四十三世存在较大的差异。三十一世至三十五世在"寿""财"两项上与二十六世至三十世接近，但在"嗣""爵"两项上逐渐向后世靠拢，而且截距项 α 的正向促进效果增强，相比所有分样本，截距项 α 的数值达到 7.737，表明非内生的个人或家庭要素的外部影响可能更大，例如元明政权交替、明初国家政策等，对族谱登录信息产生了较大影响。换言之，切不可因谱中的"依附元朝""结交赵孟頫"等事件记载而直接否定"家族历史"。三十六世至四十世、四十一世至四十三世的分样本的回归效应与全样本结果相似。但在单位标准差下，三十六世至四十世的"爵"、"财"和"寿"对总分的促进效应系数却比四十一世至四十三世显著，系数分别为 1.440、0.816、0.367 和 0.632、0.591、0.254。在明代两次的修谱间隔之下，谱中有关明中前期的史料信息在整体上更为完整，两个分样本的回归区别即体现了不同世代的信息保存差别。

六　简要的讨论

回归结果验证了上述的猜想。最后，汇总目前已搜集到的旁证文献，与猜想进行简要比较。早期的世系艺文篇目单一，多由后人撰写而成，主要记述族人仕官经历与道德品性。虽然族谱记载多人入仕，但同一时期的各地方志无相关人物记载。自三十一世起，族谱收录的艺文逐渐多样，出现了圹志、节妇传、节孝传、事略、像赞、嵊志列传及祭文等（见表 8）。可佐证对应的旁证文献也逐渐多样，多位族人的相关信息亦在他族族谱中出现。而这恰与通过世系统计、分析所得的历史趋势相吻合。

表8　艺文汇总

世系	艺文篇目	落款作者	旁证文献
二十六	（王弘基）立本府君传	四十三世王应昌撰	谱序照抄《凤阁王侍郎传论赞并序》；嘉定《剡录》、嘉泰《会稽志》及宝庆《会稽续志》均无相关记载
二十七	王昌允行传		
二十八	王瑀行传		
二十九	王怀、愉、恺行传		
三十	王仕俭、仕杰行传		
三十一	（王伯昌）先君事略先姒圹志	王斗祥撰　费拱辰填讳	《宁海长街王氏族谱》
三十一	伯畏府君原配袁节妇传		
三十二	（王斗祥）显考鹤山府君圹志	王迪撰　赵孟頫填讳并书	《灵鹅竺氏族谱》《六研斋三笔》《赵孟頫集》《式古堂书画汇考》《大观录》
三十二	赠王斗祥诗文若干（10篇）		
三十二	王斗襁、斗聪行传		
三十二	（王斗义）静山府君赞		
三十三	王迪、选、迈行传		《梅溪胡氏宗谱》《灵鹅竺氏族谱》《吕文懿公全集》
三十四	王朗行传		
三十五	王嗣成、嗣英、嗣元、嗣儒、嗣伦行传		《灵鹅竺氏族谱》《灵鹅韩氏族谱》《羊山韩氏宗谱》
三十六	（王琼）乙一府君事略、王妇石氏节孝传	镏绩撰	……
三十六	书节孝传后	陈璲撰	
三十六	乙一府君像赞、石氏尊人像赞	四十二世王尚德撰	
三十六	节孝祠祭文、忌日清明通用祭文		
三十六	（王琼）嵊志列传	周汝登撰	

注：光绪谱中部分艺文未有篇名，本文根据康熙谱补充相应艺文篇名；行传只载内容而未有篇名，某某行传篇名为笔者所加；括号内为族人的姓名。

旁证文献资料来源：姚铉编《凤阁王侍郎传论赞并序》，《唐文粹》卷二十四，《四库全书·集部》第1343册，上海古籍出版社，1987年影印本，第337—339页；浙江家谱总目提要编辑委员会编著《浙江家谱总目提要》，浙江人民出版社，2005，第32页；民国《灵鹅竺氏宗谱》卷3，第43a页，电子图像版，嵊州市图书馆藏；李日华：《六研斋三笔》卷2，《四库全书·子部》第867册，上海古籍出版社，1987年影印本，第690页；《次韵王时观》，《赵孟頫集》卷4，钱伟疆点校，浙江古籍出版社，2012，第98页；卞永誉：《式古堂书画汇考》卷20《元人合卷》，《四库全书·子部》第827册，第892页；《家书拜上眷末赵孟頫谨封》《家书顿首再拜忝眷赵孟頫谨封》，吴升：《大观录》卷8《书翰十帖》，第52b、53a—b页，《国家图书馆古籍文献丛刊》，全国图书馆文献缩微复制中心，2001；新修《梅溪胡氏宗谱》卷4，第16a—b页，2009，浙江图书馆藏，清嘉庆《胡氏宗谱》现藏于浙江省新昌县文管会；吕原撰，王洪编辑《明故园趣胡处士墓志铭》，《吕文懿公全集》第 10 卷，《故宫珍本丛刊》第 533 册，海南出版社，2000 年影印本，第 348 页；民国《灵鹅韩氏宗谱》卷 5，第 1a 页，电子图像版，嵊州市图书馆藏；民国《羊山韩氏宗谱》，第 47b 页，电子图像版，绍兴图书馆藏，编号 188。

在讨论谱中人物时，方志多作为重要的外部匹配史料。然而，宋元至明中前期的方志数量稀少，且不少已成残卷。此外，方志多带有编纂者的主观意图。万历年间，通过篡改与增补方志内容来冒认先祖、竞争门第之事在嵊县临邑新昌县即有发生。① 就本文的金庭王氏，王应昌与编纂万历《嵊县志》的周汝登有密切的师生、姻亲等关系，子王心一更是主掌康熙《嵊县志》中的人物志编纂。县志收录了不少家族早期的历史人物。在此之下，族谱中能够加以成功考证的人物更是少之又少。

由此，面对族谱中的宋元明史料，当无法征引其他史料来进行相关考证时，通过内证，关注世系中的各类信息记录及其变化，检验史料的真伪不失为一种新方法。就本文光绪《金庭王氏族谱》中的宋元明史料来说，其中有不少虚饰、夸张或讹误的部分，但也有真实的一面。北宋至南宋时期距离明中前期的金庭王氏过于遥远，后世在修谱时刻意美化或虚构，使世系资料更为完整和丰富，家族历史更为辉煌。虽经历多次战乱，明中前期的金庭王氏对宋末至明初的历史并未完全忘却。最为重要的是，家族本身是归附元朝而置身仕宦的。

通过不少浙江地区宗族的明清历次修谱，清代族谱得以保存一些具有可信度的宋元明世系与文献史料。那么，通过个案研究，在此提出一些思考。首先，关注浙江族谱文献中的宋元史料。本文着重关注了社会史面相的内容，其他例如职官制度、地方政治、官方文书等层面的亦可着力挖掘。其次，重视浙江宗族史研究中的宋末至明初时段。家族与元朝统治者合作后的历史影响，在明中前期仍可追寻，而这或涉及家族或宗族的历史转向。最后，思考编纂族谱和登录信息的影响要素。在不忽视个人编纂者意图的基础上，研究影响族谱信息传承和收集的历史维度。

综上，若以图像可视化与数据录入技术较为成型适用于族谱等类文献，

① 〔美〕戴思哲：《中华帝国方志的书写、出版与阅读（1100—1700 年）》，向静译，上海人民出版社，2022，第 64—115 页。

大规模识别当中的史料数据及分析其价值也就值得期待。那么，在充分整合各个族谱中的宋元明史料之后，研究不同家族史案例，或许可以有效勾连出宋元明时期浙江的区域社会历史与宗族的形成。

（黄一彪，清华大学人文学院博士研究生）

1952 年鄂东北农村家庭收入结构[*]

高帅奇　葛　非　李铁龙

　　摘　要： 农村家庭收入是研究农村问题的一项重要内容，政府和个人对家庭收入结构与收入差距都很重视。由于 1949—1956 年大样本抽样调查资料相对缺乏，这一时期的农村家庭收入状况尚未得到深入认识。土地改革前后，中南区湖北省经济委员会的农村调查数据为系统地了解当时的农村情况留下了珍贵的数据和材料。为了进一步了解新中国成立初期湖北省的农民家庭收入情况，本文利用湖北省孝感专区老屋乡的农民负担调查数据，采用社会学、经济学的理论方法，从农户经营结构、家庭收入结构和影响家庭收入的因素等方面，对 1952 年鄂东北农村家庭收入问题进行深入讨论。一方面，通过使用关联规则对该地区的农村家庭经营要素进行分析，发现农村家庭收入要素间的关系；另一方面，通过回归的方法，对影响家庭收入和收入差距的家庭人口、家庭阶级成分及家庭土地数量等因素进行考察，发现该地区农民家庭存在收入不平等的现象，贫富差距较大。

　　关键词： 农村家庭　收入结构　关联规则　回归分析

　　社会生产关系分为生产、分配、交换和消费四个环节。农业生产是新中国成立初期农民最主要的收入方式，农民的收入与支出水平，可以直观

---

　　* 本文得到湖北省章开沅文化交流基金会"优才"资助计划的支持。

地反映出农民的生活水平，收支结构是衡量农民生活水平的晴雨表。学术界对于近代以来中国农民收支入不敷出的问题基本上形成共识，认为中国农民始终生活水平低下，贫富差距较小。① 但就局部地区来说，在土地改革的过程中，也存在收入不平等的现象。孝感地区位于湖北省东北部，自然条件优越，也是重要的粮棉油生产基地，孝感下辖的老屋乡同样如此。本文依据湖北省经济委员会在 1951—1952 年对湖北省孝感专区老屋乡的农民负担调查资料，借鉴社会学、经济学的理论方法与视角，考察历史上该乡农民在收入结构上的特点。

　　近代以来的中国农村经济问题始终是学术界讨论的热点，涉及近代农村、农民、农业问题的方方面面。学术界普遍认为从 1956 年计划经济体制确立以后到 1978 年改革开放这 20 余年的时间，中国农村社会处于均等化程度很高的状态。② 目前学术界关于中国农民收入和收入差距的研究，从空间上看，集中于区域性研究；从时间上看，集中于 1978 年改革开放之后。这主要是由于改革开放之前中国农村收入和农民收入差距由于缺少大样本的抽样调查，很难进行准确的描述。杨国涛等人基于现有各省市统计资料公布的农民收入分组资料，从宏观和微观两个角度研究 1995—2009 年中国各地区农村内部收入不平等状况及其形成原因，使用传统的不平等分解方法描述了贫困地区农民收入不平等的特点，并使用回归分解实证分析了农民收入不平等的变化及决定因素。③ 叶彩霞通过对农民收入来源与消费之间的关系研究，分析得出经济体制、地区差异和城市化是农民收入增长的动因，并结合某县农调队 600 余户入户调查资料，通过基尼系数和泰尔指数分析地区差异对农民收入来源和消费结构的影响。通过分析农民收入来源变动的动因、收入来源、地区差异和收入类型，为政府制定农民增收和刺激消费的政策提供了借鉴。④

　　除全国范围农民收入的研究外，还有对地区间农民收入的研究。吴芳

---

① 常明明：《建国初期农家支出研究》，《中国经济史研究》2015 年第 3 期。
② 赵人伟、李实：《中国居民收入差距的扩大及其原因》，《经济研究》1997 年第 9 期。
③ 杨国涛、李静、黑亚青：《中国农村收入不平等问题研究》，经济科学出版社，2014，第6—7 页。
④ 叶彩霞：《农民收入与消费研究——基于来源变动及其影响的视角》，经济管理出版社，2013，第 2—4 页。

等人分析了 1978 年以来辽宁农民的收入来源结构和区域差异，认为家庭经营性收入和工资性收入是辽宁农民的主要收入来源，而转移性收入和财产性收入所占比重较低，五大区域间农民收入的差距在不断拉大。[1] 彭东慧从宏观角度对改革开放以来广东地区的农民收入及区域差异做了研究，认为广东地区工资性收入和非农收入逐渐成为农村居民的主要增收渠道。[2] 黄怡、杨超英分析了 1980—2001 年福建农民收入的变化，认为需要以城市居民收入为参考来研究农村居民收入。[3] 王永平等人分析了改革开放以后贵州地区农民收入结构的问题，认为贵州农民收入低的原因在于农村产业结构转换滞后，制约了农民工资性收入和第二、三产业收入的快速增长，同时贵州省特殊的"金字塔形"农民收入分布格局，使农民低收入群体比重过高。[4] 郑晓智利用云南省 1978—2012 年近 35 年的人均纯收入数据，通过比较云南与全国平均水平以及西南其他三省的人均收入水平，分析云南与其他地区的收入差距情况。[5] 张茗朝以吉林省区域发展全局角度，通过时间序列数据和截面数据分析农民收入结构变动的影响因素，从农民收入结构切入，对经济发展、城镇化、人力资本等与农民收入结构变动密切相关的因素进行计量分析。[6]

常明明以 1949—1957 年农家收支与农村经济体制变迁为对象，采用历史学与经济学相结合方法，对这一阶段的农家收支进行实证研究，指出了这一时期影响农民收入的深层次原因。[7] 此外，他认为，在 20 世纪 50 年代，在农民的收入结构中，农副业收入占据了绝对的比重，但仍不能满足日常支出的需要，农民收入水平低下是农业合作化速度加快的一个重要

① 吴芳等：《辽宁省农民收入结构及区域差异分析》，《安徽农业科学》2011 年第 15 期。

② 彭东慧：《广东农村居民收入存在问题及增收对策——兼论资产结构与农村居民收入》，《南方农村》2003 年第 5 期。

③ 黄怡、杨朝英：《福建农村居民收入状况分析》，《台湾农业探索》2004 年第 1 期。

④ 王永平、刘远坤：《贵州省农民收入差距扩大化趋势及成因分析》，《农业经济问题》2004年第 8 期。

⑤ 郑晓智：《云南省农民收入差距的统计分析》，硕士学位论文，云南财经大学，2015，第17—39 页。

⑥ 张茗朝：《吉林省农民收入结构问题研究》，博士学位论文，吉林农业大学，2016，第 26—91 页。

⑦ 常明明：《中国农家收支问题研究（1949—1956 年）》，中国社会科学出版社，2015，第5—8 页。

原因。[①] 他系统地探讨了湘、鄂、赣三省农家的收支对比状况及影响因素，认为尽管农家的收支状况有所改善，但是受到农业发展水平与天灾的影响，农户的收入水平依旧很低。

为便于讨论，下文中的农户和农村家庭具有相同含义，均指 1952 年时鄂东北孝感专区老屋乡的农民家庭。

一　农村家庭收入原始数据

在土地改革过程中，各省对农民现状情况有调查，并形成了农村调查报告。本文的研究使用了农调报告中 1951—1952 年湖北省孝感专区第 16 区老屋乡的农村家庭逐户调查表。这些调查表现藏于湖北省档案馆，其涵盖了农户概况、收入情况和负担情况，具有十分丰富的变量，对当时农民的生活进行了详细的划分，具有数据翔实、真实可靠、易于统计的特点，也有一定的代表性。

调查表中的项目包括农户基本项目和收入负担项目。基本项目包括户主姓名、家庭成分、人口、土地占有面积等农户基本信息。主要的收入项目包括家庭农业收入（包括主要作物收入和其他作物收入）和副业收入（包括养猪、纺织、挑贩、卖工工资、农村工商业、农村手工业、家庭副业等）。主要的负担项目包括家庭负担（包括农业负担和社会负担）、生活开支（包括食盐、油脂、肉类、布匹、各种工业品）、生产投资（包括添置农具和肥料、购买耕畜、农田水利、手工业者工资、雇工工资）等。一个农户的调查表如表 1 所示。由于每个农户的特殊性与差异性，并非每个农户的都有完备的项目。

表 1　湖北省孝感县老屋乡 1952 年负担情况逐户调查

姓名	成分	人口	土地占有（亩）	应产量
汤某某	贫农	6	7	3849

---

①　常明明：《20 世纪 50 年代前期农户收入研究》，《中国农史》2014 年第 3 期。

续表

类别			原产数	折谷（斤）	类别		原数	折谷（斤）
农业收入	主要作物	小麦	150	232.5	负担	农业负担 应负担	577	
		稻谷	2980	2980		农业负担 实负担		577
						社会负担 水利	185	185
						社会负担 学校	14.5	14.5
						社会负担 地方建设		
						社会负担 农会		
						社会负担 爱国捐献		
		小计		3212.5		社会负担 土地证税	37500	72
	其他作物	麻	18	42.62		小计		271.5
		豆类	180	227		总负担		848.5
		菜籽	25	41.37				
		绿豆			支出		旧元	
		大麦	170	170	生活开支	食盐	168000	323
		棉花	30	120		油脂	448000	861
	小计			601		肉类	112000	500
	农业总产量			3813.5		布匹		
副业收入	养猪		100000	182		各种工业品		
	纺织					小计		1987
	挑贩				生产投资	修理添置农具	50000	96
	卖工工资					肥料	353600	680
	农村工商业					购买耕畜	150000	286.56
	农村手工业					农田水利		
	家庭副业		1488	1488		手工业者工资		
	小计			1670		雇工工资	166400	320
						小计		1382.56
农副业总收入				5483.5	总支出			3369.56

资料来源：根据湖北省档案馆藏农户调查报告整理。

基于原来的文本数据，按照本文研究需要，我们将每一个农户的基本数据分类整理，创建了一个农户家庭收入调查数据库。应用这个数据库存储基础数据，并可以根据该数据进行计算和统计，为进一步分析农村家庭的收入结构提供了便利。

二　农村家庭经营结构

该地区农户的收入要素的来源有 15 项，分别为小麦、稻谷、麻、豆类、菜籽、绿豆、大麦、棉花、养猪、纺织、挑贩、卖工、农村工商业、农村手工业和家庭副业。这里采用《国民经济行业分类》的国家标准对农户经营进行分类。

改革开放以后，随着中国经济的发展，国家统计局在 1984 年首次制定了《国民经济行业分类》标准，该标准是在统计、计划、财政、税收、工商等国家宏观管理中，对国民经济活动所执行的分类标准。随后该标准于 1994 年、2002 年、2011 年、2017 年做了四次修订。根据 2017 年国家统计局颁布的最新版《国民经济行业分类》，中国的农业构成包括农业、林业、渔业、畜牧业、农林牧副渔及辅助性活动等五类。种植业包括粮食作物、经济作物、其他农作物三大类，具体有棉花、粮食、丝、茶、油、麻、烟草等作物品种。

由该标准可知，当时该地区农户主要从事的行业是农业、畜牧业、工商业、手工业、服务业和其他副业。从农业构成上看，该地区没有农户从事林业和渔业。其农业种植涵盖谷物种植，豆类、油料和薯类种植，棉、麻、糖、烟草种植三项，不包含蔬菜、食用菌和园艺作物种植以及水果种植等类。谷物种植类中，老屋乡以稻谷、小麦、大麦种植为主，没有玉米种植和其他谷物种植。豆类、油料和薯类种植类中，该地区以豆类、菜籽、绿豆种植为主，没有薯类作物种植。除此，种植结构中还有棉麻，但没有生产糖和烟草的农作物。

该地区农户的畜牧业以养猪为主，未见有牛羊养殖和鸡鸭鹅养殖。工商业以挑贩为主，还有一些农村工商业。手工业包含纺织和其他农村手工业，服务业以卖工为主。

新中国成立初期百废待兴，农村收入结构比较单一，农民较少有机会接触到第二产业，更不要说附加值更高的第三产业，农民主要从事的还是传统的第一产业。20 世纪 50 年代初期，农户都有自己的土地，该地区平均每户家庭拥有土地 8.41 亩，人均土地面积 1.51 亩。在土地面积十分有限的情况下，如何合理高效地使用土地资源进行农作物的种植以获得更高的收益，是所有家庭都要面临的问题。下面的分析在一定程度上有助于认识这个问题。

农业中，以农作物种植为核心的种植业是最主要的组成部分，也是人们赖以生存和进行社会生产活动最基础的产业类型。虽然现在有不参与农作物种植的农户，但是当时该地区没有不参与农作物种植的家庭。各户所种植的农作物不尽相同，如表 2 所示，以种植水稻为主，小麦次之。作为该地区的主粮，稻谷在该区域的农业种植中占有绝对的主导地位，分别有100.00%、95.24%的农户种植稻谷、小麦。大麦、棉花、豆类三种是大部分农户优先选择种植的经济作物，分别有 66.67%、61.90%、57.14%的农户种植。菜籽、绿豆、麻则是少部分农户种植的农作物，分别有 28.57%、23.81%、19.05%的农户种植。

表 2　湖北省孝感专区老屋乡各种农作物的种植户数比例

农作物	种植户数比例（%）
稻谷	100.00
小麦	95.24
大麦	66.67
棉花	61.90
豆类	57.14
菜籽	28.57
绿豆	23.81
麻	19.05

根据各农作物的用途，可将农作物分为粮食作物与经济作物两大类。粮食作物是作为主粮的农作物，经济作物是可以带来经济效益的农作物。在农户种植结构中，粮食作物包括稻谷和小麦，经济作物包括麻、豆类

（油料）、菜籽、绿豆、大麦（饲料）、棉花。老屋乡没有不种植粮食作物的农户。除主粮外，也没有不种植经济作物的农户，可见当时的农户的农业生产已经有了一定程度的多样化。但是，经济作物种类较多，每户种植经济作物的种类数量并不相同，存在仅种植 1 类经济作物的农户，也存在种植 5 类经济作物之多的农户，平均每户种植 2.7 类经济作物，如表 3 所示。

表 3　老屋乡各种经济作物种类的种植户数比例

种植经济作物种类数	农户比例（%）
1	14
2	33
3	24
4	14
5	10

可见，该地区农户种植的农作物种类数在 4 类和 5 类之间。不同农户农作物种植类别的组合不相同，其中稻谷、小麦、大麦的组合比较普遍，有 61.9% 的农户农作物种植中包含了这种组合，如表 4 所示。

表 4　老屋乡农作物种类组合和种植户数比例

农作物种类组合	农户比例（%）
稻谷、小麦、大麦	61.9
稻谷、小麦、大麦、棉花	38.09
稻谷、小麦、大麦、棉花、豆类	19.05

农户主要从事的行业中，除农业外的其他行业有 7 种。由于农户从事每一行业中的种类不多，不再具体分行业，这 7 项放在一起，统称为副业。经营副业的农户比例如表 5 所示。其中有 76.19% 的农户养猪，比例很大。经营其他副业的农户比例则少于 30%，其中农村工商业最少，几乎没有农户参与。

表 5　老屋乡农副业种类和经营户数比例

副业类别	农户比例（%）
养猪	76.19
挑贩	28.57
纺织	19.05
卖工工资	19.05
家庭副业	14.29
农村手工业	9.52
农村工商业	4.76

每户经营副业种类数量也不相同，存在不经营副业的农户，比例为 14.29%，也存在经营三种副业的农户，比例为 23.81%，存在经营两种副业的最多，比例为 38.1%，平均每户经营的副业种类数量为 1.71。

三　农村家庭收入结构

家庭收入一般包括五大类，分别是家庭工资性收入、财产性收入、经营性收入、转移性收入和其他收入。按照 CFPS 项目的说明，工资性收入包括农业和非农业的雇佣收入，经营性收入包括自家的农业收入和个体收入，财产性收入包括家庭出租房产、土地和其他家庭资产所获得的收入，转移性收入指政府补贴和社会捐赠的收入，其他收入包括礼金收入等。[1]

以上关于家庭收入的定义，主要源于改革开放以来家庭收入来源的多样化。按照上文所述，本文的研究对象中家庭收入主要可以归为工资性收入和经营性收入两大部分，财产性收入、转移性收入和其他收入则微乎其微。因此，下文所探讨的主要家庭收入，均指工资性收入和经营性收入。

依据湖北省孝感专区老屋乡的农民负担调查资料，可知农户的家庭总

---

① CFPS 即中国家庭追踪调查（China Family Panel Studies），这是一项全国性的综合社会跟踪调查项目，覆盖到个体、家庭、社区三个层面，本文参考了其中关于家庭收入的相关概念。相关研究参见江克忠、刘生龙《收入结构、收入不平等与农村家庭贫困》，《中国农村经济》2017 年第 8 期。

收入为 2305—16436 斤稻谷，平均 6649 斤稻谷，约 62% 的农户总收入在平均值之下。农户家庭存在收入不平衡的现象，贫富差距较大，收入差距最大达 14130.8 斤稻谷，为农户平均收入的两倍有余。这些数据反映了当时农户收入的基本概况，除此之外，各种收入要素之间的关系如何？下面应用关联规则算法探讨农户这些收入之间的关系。

从一类收入要素中获得收入时也从另一类收入要素获得收入的情形表达了一条关联规则。关联规则可以表明收入要素之间的关系。比如在上述农户收入中，一条关联规则是种植小麦的农户 100% 种植稻谷。通过关联规则发现的关系不是数据本身固有的，不表示任何因果性。对于农户，种植小麦获取收入不是种植稻谷获取收入的原因，种植稻谷获取收入也不是种植小麦获取收入的结果。

把所有的农户的收入要素看作一个集合，每个农户的经营行为及收入是一个元组，如某个农户在稻谷、小麦、棉花、豆类、养猪、纺织方面有经营行为及收入，则该元组表示为｛稻谷、小麦、棉花、豆类、养猪，纺织｝，其中包含六个项目，每个项目对应一个收入要素。老屋乡的农户经营行为如表 6 所示。

表 6　农户经营行为

经营行为	收入要素
1	菜籽、大麦、稻谷、豆类、家庭副业、麻、棉花、养猪、小麦
2	稻谷、豆类、纺织、卖工工资、棉花、养猪、小麦
3	养猪、小麦、稻谷、豆类、棉花、纺织
4	豆类、卖工工资、稻谷、小麦、大麦、棉花、挑贩
5	养猪、大麦、豆类、稻谷、小麦
6	养猪、棉花、大麦、豆类、麻、农村手工业、小麦、稻谷
7	养猪、小麦、菜籽、大麦、稻谷、农村工商业
8	家庭副业、卖工工资、挑贩、豆类、棉花、小麦、稻谷、麻
9	大麦、小麦、稻谷
10	养猪、棉花、小麦、大麦、稻谷

续表

经营行为	收入要素
11	养猪、稻谷、棉花、大麦、豆类、小麦、挑贩、绿豆
12	小麦、稻谷、挑贩、养猪
13	养猪、小麦、稻谷、菜籽、棉花、大麦、挑贩、家庭副业
14	大麦、小麦、绿豆、菜籽、养猪、豆类、麻、农村手工业、稻谷、纺织
15	小麦、绿豆、纺织、养猪、卖工工资、棉花、稻谷
16	大麦、小麦、稻谷、养猪、绿豆、豆类、棉花
17	豆类、大麦、小麦、稻谷、菜籽
18	小麦、稻谷、豆类
19	棉花、养猪、小麦、稻谷
20	养猪、绿豆、挑贩、大麦、棉花、稻谷、小麦
21	养猪、菜籽、大麦、稻谷

　　用收入要素（收入要素的组合）的支持度表示包含该收入要素（收入要素的组合）的农户的比例。如稻谷这一收入要素，支持度为 100%，表明所有农户都从稻谷获得收入。除了稻谷外，支持度大于 50% 的收入要素为小麦、养猪、大麦、棉花、豆类。也就是说有一半的农户从事这六种经营行为并从中获得收入，或者说这六种经营行为最受老屋乡农户欢迎。其余的收入要素中，支持度最高的收入要素是菜籽，其值为 28.6%；支持度最低的是农村工商业，其值为 4.8%。

　　用 $x+y+z$ 表示各种收入要素组合结构，变量 x、y 和 z 分别表示收入来自粮食作物种类的数量、来自经济作物种类的数量和来自副业种类数量。

　　包含两项收入要素组合并且支持度大于 50% 的有 11 个组合，按照支持度大小逆序排列，为｜稻谷，小麦｜，｜稻谷，养猪｜，｜养猪，小麦｜，｜大麦，稻谷｜，｜大麦，小麦｜，｜稻谷，棉花｜，｜棉花，小麦｜，｜稻谷，豆类｜，｜豆类，小麦｜，｜大麦，养猪｜，｜棉花，养猪｜。可见从稻谷和小麦这一组合中获得收入是最普遍的。其中稻谷和小麦都是粮食作物，我们称为 2+0+0 收入结构。稻谷、小麦是粮食作物，是农户的主要收入来源，这一结果契合当时当地农村实际情况。除此之外，较为普遍的即为 1+1+0 和 1+0+1 结构，一种粮食作物和一种经济作物或一类副业。从稻谷和养猪这一组合以及小麦和养猪这一组合中获得收入是较普遍的，其中养猪属于农副业。值得注意的是，在支持度大于 50% 的两项收入组合中，{棉花，养猪} 的结构属于 0+1+1 结构，并且不包含粮食作物。

并非所有包含稻谷或小麦的两项收入要素组合都受欢迎，比较典型的是 {稻谷，农村工商业}，其支持度只有 4.8%。

包含三项收入要素的支持度大于 50% 三项收入要素组合有 7 个，按照支持度大小逆序排列，为 {稻谷，养猪，小麦}，{大麦，稻谷，小麦}，{稻谷，棉花，小麦}，{稻谷，豆类，小麦}，{大麦，稻谷，养猪}，{稻谷，棉花，养猪}，{棉花，小麦，养猪}。可见从稻谷、小麦和养猪这一组合中获得收入是最普遍的，是一种典型的 2+0+1 收入结构。还有稻谷、小麦这两种农作物和大麦、棉花、豆类的收入要素组合也是较常见的，反映了两种粮食作物和一种经济作物的 2+1+0 收入要素组合是当时农户经常采取的经营方式。

不过，并非所有的 2+1+0 和 2+0+1 收入要素组合都受欢迎。稻谷、小麦和菜籽三项收入要素组合以及稻谷、小麦和绿豆三项收入要素组合的支持度是 23.8%，稻谷、小麦和麻的组合的支持度为 19%。稻谷、小麦和挑贩三项收入要素组合的支持度是 28.5%，稻谷、小麦和纺织的组合，稻谷、小麦和卖工工资的组合的支持度为 19%。稻谷、小麦和家庭副业的组合的支持度为 14.3%。稻谷、小麦和农村手工业的组合的支持度为 9.5%，稻谷、小麦和农村工商业的组合支持度为 4.7%。

并且也存在一种粮食作物和两种经济作物的 1+2+0 结构或者一种粮食作物、一种经济作物和一种副业的 1+1+1 结构，这种粮食作物主要是稻谷，两种经济作物是大麦或棉花，副业则为养猪。大麦、稻谷和养猪的组合，稻谷、棉花和养猪的组合为 1+1+1 结构，支持度为 52.3%。稻谷、大麦和棉花的 1+2+0 组合的支持度为 38.1%。同时也有较多农户选择小麦、棉花和养猪这种 1+1+1 组合。这一组合的特点是稻谷被小麦代替。支持度很低的 1+1+1 结构是 {小麦，麻，挑贩} 和 {小麦，菜籽，挑贩}，为 4.8%。支持度同为 4.8% 的 1+2+0 也存在，比如 {小麦，麻，绿豆} 等。

也有多种三项收入要素组合支持度为 0 的，如 1+1+1 结构的 ｛稻谷，菜籽，卖工工资｝等。大部分 0+1+2 结构和 1+0+2 结构的要素组合支持度为 0。

包含四项收入要素组合的并且支持度大于 50% 的只有 ｛稻谷，小麦，棉花，养猪｝组合，这个 2+1+1 结构是最普遍的收入要素组合。支持度稍微低一些（47.6%）的是 ｛稻谷，小麦，大麦，养猪｝组合。2+2+0 结构的 ｛稻谷，小麦，大麦，豆类｝，｛稻谷，小麦，大麦，棉花｝，｛稻谷，小麦，豆类，棉花｝的支持度为 38%。2+1+1 结构的 ｛稻谷，小麦，豆类，养猪｝，支持度为 38%。1+2+1 结构的 ｛稻谷，大麦，棉花，养猪｝和 ｛小麦，大麦，棉花，养猪｝的支持度为 33%。支持度比较低的收入要素组合为 1+1+2 结构，如 ｛小麦，豆类，养猪，挑贩｝的支持度为 4.7%。

包含五项收入要素组合并且支持度最高的只有 ｛稻谷，小麦，大麦，棉花，养猪｝组合（33%），这个 2+2+1 结构是最普遍的收入要素组合。其次的收入组合是 ｛稻谷，小麦，大麦，豆类，养猪｝和 ｛稻谷，小麦，棉花，豆类，养猪｝。

在农户的收入要素组合中的关联规则问题是找出满足最小支持度和最小置信度的所有关联规则，这里采用了 Apriori 算法。一条关联规则表达了从一类收入要素中获得收入时也从另一类收入要素获得收入的情形。把最小支持度和最小置信度分别设置为 0.3 和 0.5，得到的含有两个收入要素的关联规则中，我们从该规则的前件为某一收入要素时考察。

当关联规则前件是稻谷时，得到 5 条规则，分别为 ｛稻谷｝=>｛大麦｝，｛稻谷｝=>｛豆类｝，｛稻谷｝=>｛棉花｝，｛稻谷｝=>｛养猪｝，｛稻谷｝=>｛小麦｝。这些规则说明当农户有稻谷收入时，有大麦收入、豆类收入、棉花收入、养猪收入、小麦收入的概率大于 50%。这条关联规则的实际意义在这里比较小，原因在于前述，所有农户都从稻谷中有收入。

把关联规则中包含稻谷和小麦的规则剔除掉，则得到表 7。关联规则 ｛大麦｝=>｛豆类｝的置信度是 57%，说明有大麦收入的农户有较大可能有豆类收入。关联规则 ｛豆类｝=>｛大麦｝的置信度是 67%，说明有豆类收入的农户有 67% 的概率种植大麦。

从提升度观察，棉花和养猪的提升度最高，说明两种经营行为有正相关关系；大麦和养猪两种经营行为有正相关关系。同时豆类和棉花两种经营行为也有正相关关系。

表 7　包含两个经营项目的关联规则

关联规则	支持度	置信度	提升度
｛大麦｝ => ｛豆类｝	0.381	0.571	1
｛大麦｝ => ｛棉花｝	0.381	0.571	0.923
｛大麦｝ => ｛养猪｝	0.524	0.786	1.031
｛豆类｝ => ｛大麦｝	0.381	0.667	1
｛豆类｝ => ｛棉花｝	0.381	0.667	1.077
｛豆类｝ => ｛养猪｝	0.381	0.667	0.875
｛棉花｝ => ｛大麦｝	0.381	0.615	0.923
｛棉花｝ => ｛豆类｝	0.381	0.615	1.077
｛棉花｝ => ｛养猪｝	0.524	0.846	1.111
｛养猪｝ => ｛大麦｝	0.524	0.687	1.031
｛养猪｝ => ｛豆类｝	0.381	0.5	0.875
｛养猪｝ => ｛棉花｝	0.524	0.687	1.111

把最小支持度和最小置信度分别设置为 0.19 和 0.5，得到的含有三个收入要素的关联规则，如表 8 所示，从该规则的前件为某两个收入要素时考察。当关联规则前件是 ｛大麦，棉花｝ 时，得到两条规则，分别为 ｛大麦，棉花｝ => ｛养猪｝ 和 ｛大麦，棉花｝ => ｛豆类｝，这些规则说明当农户有大麦和棉花收入时，有养猪和豆类收入的概率大于 50%。并且两条规则的提升度较高，说明养猪和豆类的收入和其正相关。在这些关联规则中，有若干条规则的置信度为 1，它们是 ｛菜籽，养猪｝ => ｛大麦｝，｛绿豆，棉花｝ => ｛养猪｝，｛大麦，绿豆｝ => ｛养猪｝ 和 ｛大麦，挑贩｝ => ｛棉花｝。第一条规则表示的含义是凡是有菜籽和养猪收入的，必定会种植大麦。第二条规则表示的含义是凡是同时种植绿豆和棉花的，必定会有养猪的收入。第三条规则表示的含义是凡是有大麦和绿豆收入的，必定会有养猪收入。第四条规则表示的含义是凡是同时种植大麦和通过挑贩有收入的，必定会

通过种植棉花获取收入。

表 8　包含三个经营项目的关联规则

关联规则	支持度	置信度	提升度
｛大麦，棉花｝=>｛养猪｝	0.333	0.875	1.148
｛棉花，养猪｝=>｛大麦｝	0.333	0.636	0.954
｛大麦，养猪｝=>｛棉花｝	0.333	0.636	1.028
｛豆类，棉花｝=>｛养猪｝	0.285	0.75	0.984
｛豆类，养猪｝=>｛棉花｝	0.285	0.75	1.211
｛棉花，养猪｝=>｛豆类｝	0.285	0.545	0.954
｛大麦，豆类｝=>｛养猪｝	0.285	0.75	0.984
｛豆类，养猪｝=>｛大麦｝	0.285	0.75	1.125
｛大麦，养猪｝=>｛豆类｝	0.285	0.545	0.954
｛菜籽，大麦｝=>｛养猪｝	0.238	0.833	1.093
｛菜籽，养猪｝=>｛大麦｝	0.238	1	1.5
｛豆类，棉花｝=>｛大麦｝	0.238	0.625	0.937
｛大麦，豆类｝=>｛棉花｝	0.238	0.625	1.01
｛大麦，棉花｝=>｛豆类｝	0.238	0.625	1.093
｛绿豆，棉花｝=>｛养猪｝	0.190	1	1.312
｛绿豆，养猪｝=>｛棉花｝	0.190	0.8	1.292
｛大麦，绿豆｝=>｛养猪｝	0.190	1	1.312
｛绿豆，养猪｝=>｛大麦｝	0.190	0.8	1.2
｛棉花，挑贩｝=>｛大麦｝	0.190	0.8	1.2
｛大麦，挑贩｝=>｛棉花｝	0.190	1	1.615

　　从农户以上的经营结构可以得出，在同一区域的农作物种植选择中，以稻谷、小麦为主的粮食作物种植和以大麦、棉花、豆类为辅的经济作物种植构成该乡的基本农业结构。但是在具体选择上，每一户家庭出于生计和收入的考虑，又有不同的组合模式，形成了总体结构单一、局部结构多样的特点。

　　几乎所有的家庭在种植水稻的同时，也选择了种植小麦。但是选择同时种植稻谷、小麦、大麦、棉花、豆类这样受欢迎的农作物结构的农户很少。这意味着，在有限的土地上只有很少一部分家庭选择这样的种植模式，因为农作物种植选择的多样化并不意味着种植种类越多越好，其根本原因在于家庭收入多少。

作物的选择取决于多重因素，一个主要的决定因素就是生态。首先，基于生计的考虑，在鄂东北这样的鱼米之乡，所有的农户都会优先选择种植稻谷。其次，因为新中国成立初期靠天吃饭的现实情况，自然灾害频发时，家庭抵御风险的能力不足，基本上所有家庭都不会"把鸡蛋放在一个篮子里"。因为单一的作物种植，极大地增加了家庭面对自然灾害时的绝收风险。因此，我们可以发现，收入和生计是决定家庭农作物结构选择的关键因素，在一年较长的时间中，选择以粮食作物为主、以经济作物为辅的多样的农作物种植，一方面是为了增加农业收入以维持生计，另一方面就可以避免因一种农作物遇到灾害而损失全年农产品收入的风险。

副业经营也有着举足轻重的作用，在一定程度上反映了农户的经营模式。农户的经营模式也是农业经营制度的一种体现，在一定程度上决定了农村生产力与生产关系的状况。副业收入是农民经营模式的表现之一，也是农民收入的重要环节。农村的副业古已有之，新中国成立初期农民家庭副业的发展，是土地改革过程中土地资源、生产资料等资源重新分配的产物，也是农民在主要的农业活动之外进行的一项独立经营的生产活动，在新中国成立初期民生百废待兴的情况下，对提高农民的生产积极性发挥了重要的作用。

养猪这一项在副业收入中占有重要的地位，这种情况是由新中国成立初期的国情决定的。新中国成立以后中国养猪业的发展经过了五个重要的阶段，养猪的地位经历了从家庭副业到现代养殖业的转变过程，从家庭副业的散养状态走向规模化、集约化、现代化。新中国成立初期生猪数量处于严重不足的状态，国家统计局发布的数据显示，1952 年全国猪、牛、羊肉总产量仅有 339 万吨，猪肉紧缺的现状使养猪同样成为家庭农副业经营结构中不可或缺的一部分。从老屋乡的实际情况来看，大部分的农户家庭中包含养猪这一经营项目，也基本符合这一历史事实。

经营农村工商业和农村手工业的家庭很少，除了"投机倒把"不被认可外，一个原因是农村家庭在满足自己的消费之后很少剩下多余的产品，同时在农村自给自足的大环境下，农村家庭的消费能力和消费意愿都比较低。

另一个原因可能是，农村工商业和农村手工业的投入成本比较高，营收不稳定且有较大风险亏本，农村家庭的脆弱性也使农户经营这两项的意愿不高。

四　农村家庭收入的影响因素

（一）农户人口

中国传统社会的主要经济形式是小农经济，而小农经济的主要特点之一就是以个体家庭为生产和消费的单位。新中国成立以后，中国的农村家庭依旧没有摆脱小农家庭的影子。因此，研究农村经济一定离不开农村家庭。自战国至西汉时期，由于存在家庭规模和阶层的不平等，中国小农家庭惯称 5 人或 8 人。至清代小农家庭多由 3—5 人组成，8 口之家虽有，但并非常例。[①] 到了新中国成立初期，随着社会稳定，人口数量也逐渐增长，就本文的研究对象而言，该地区农户家庭规模偏小，这当然也与小农生产方式生产环境有关。在有限的土地上如何追求更大的经济效益，挖掘劳动者潜力、合理配置人力资源便是一项重要手段。因此下面将农户家庭人口与家庭收入的关系做一量化考察。本文分别用变量 P_n 和 I_n 表示第 n 个农户的农户人数和农户总收入，考察农户人数和家庭总收入的关系。

农户总收入的计量单位为折谷后斤数，对农户总收入做归一化，并仍旧用变量 I_n 表示归一化之后的值。归一化方法是：

$$I_n \leftarrow \frac{I_n - min\{I_n\}}{max\{I_n\} - min\{I_n\}}$$

这样，归一化之后的农户收入是相对值，区间为 0—1。由于存在农户人数相同但农户总收入不同的情况，用自然数变量 m 表示农户中的人数，则 m 的集合为 $\{m\} = \{P_n\}$。对有相同人数的农户的收入进行估计时，方法可以采用平均值、最大值或最小值估计。如有两户有 4 名成员，分别是第三个农户和第五个农户，也就是 $m = 4$，$P_3 = P_5 = 4$，农户总收入分别为 $I_3 = 0.3$，$I_5 = 0.4$。用 J_m 表示农户人数为 m 时的归一化农户总收入。如果使用平

---

① 张国刚主编《家庭史研究的新视野》，三联书店，2004，第 1—5 页。

均法估计 J_4，则有 J_4 = average (I_3, I_5) = 0.35。如果使用最大值估计 J_4，则有 J_4 = maximum (I_3, I_5) = 0.4。如果使用最小值估计 J_4，则有 minimum (I_3, I_5) = 0.3。

　　这里采用平均值法估计同一农户人数的归一化农户总收入，通过计算，结果显示老屋乡农户中人数更多的，归一化农户总收入更多。通过线性回归分析，斜率为 0.076，表示了农户中多一口人，归一化农户总收入平均增加 7.6%。图 1 显示了回归结果。当采用最大值法和最小值法时，回归线的斜率分别为 0.071 和 0.080。

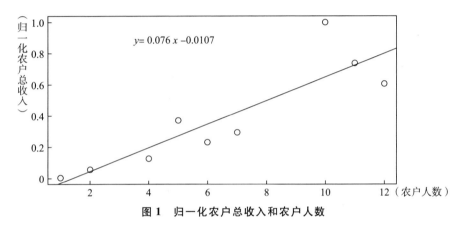

图 1　归一化农户总收入和农户人数

　　从老屋乡农户调查数据看，虽然总体上农户总收入随着农户人数的增多而增加，但这是不是表明较多人口的农户人均收入也较多呢？下面考察农户人数和家庭人均收入的关系。

　　分别用变量 P_n 和变量 I'_n 表示第 n 个农户的农户人数和农户人均收入，有 $I'_n = I_n/P_n$。农户人均收入的计量单位为折谷后斤数/人，对该值做归一化，并仍旧用变量 I'_n 表示归一化之后的值。归一化方法是：

$$I'_n \leftarrow \frac{I_n/P_n - min\{I_n/P_n\}}{max\{I_n/P_n\} - min\{I_n/P_n\}}$$

　　对有相同人数的农户的人均收入进行估计时，方法和以上相同。这里采用平均值法估计同一农户人数的归一化农户人均收入。计算结果显示老屋乡农户人数较多的农户的归一化农户人均收入较少。通过线性回归分析，斜率为 -0.037，表示了农户每多一口人，归一化农户人均收入平均减少 0.037。图 2 显示了回归结果。当采用最大值法和最小值法时，回归线的斜率分别为-0.045 和-0.03。

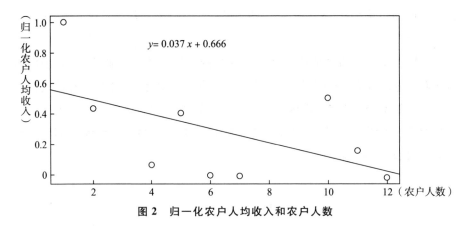

图 2　归一化农户人均收入和农户人数

可见老屋乡农户收入和农户人数正比，农户人均收入和农户人数反比。将以上两直线方程组求解，可以得到交点处的值约为 7。也就是说，老屋乡农户人口数为 7 的农户，在总收入和人均收入两方面是最佳的。

（二）阶级成分

1952—1953 年正是土地改革的关键时期，在土地改革的过程中也在逐渐探索农业合作化的进程，农业互助合作已经初见成效。但当时互助合作的优越性并未完全显示出来，在农业生产过程中贫富分化也逐渐明显。一部分贫农和个别中农，充分暴露了小农经济不能和天灾作斗争的特点，逐渐走上下坡路，贫农变成赤贫、中农沦为贫农的不在少数。阶级成分的变化与家庭收入密切相关，尽管现有的研究表明新中国成立初期全国总体都处于一个低收入的状态，收入差距不大，但就局部而言，这种差距是客观存在的。

除了变量 P_n 和 I_n 外，用 C_n 表示第 n 个农户的阶级成分，下面考察农户阶级成分和农户总收入的关系，我们分别用数字 1、2 和 3 表示贫农、中农和富农。

仍对农户总收入进行归一化。对于同一阶级成分的农户总收入不同的情况，用自然数变量 m 表示阶级成分，则 m 的集合为 $\{m\} = \{1, 2, 3\}$。对同一阶级成分的农户的收入进行估计时，方法仍可以采用平均值、最大值或最小值，这里不再赘述。这里采用平均值法估计同一农户人数的归一化农户总收入，通过计算，结果显示老屋乡农户按照贫农、中农和富农的顺序，归一化农户总收入依次增加。通过线性回归分析，斜率为 0.152，表示农户中富农比中农、中农比贫农的归一化农户总收入平均增加 15.2%。图 3 显示了回归结果。当采用最大值法和最小值法时，回归线的斜率分别为 0.132 和 0.028。

考察农户阶级成分和农户人均收入关系的方法与以上相同，并采用平均值法估计同阶级成分的农户的归一化农户人均收入。计算结果显示老屋乡农户按照贫农、中农和富农的顺序，归一化农户人均收入同样依次增加。通过线性回归分析，斜率为 0.183，表示农户中富农比中农、中农比贫农的归一化农户人均收入平均增加 18.3%。图 3 显示了回归结果。当采用最大值法和最小值法时，回归线的斜率分别为 -0.109 和 0.274。

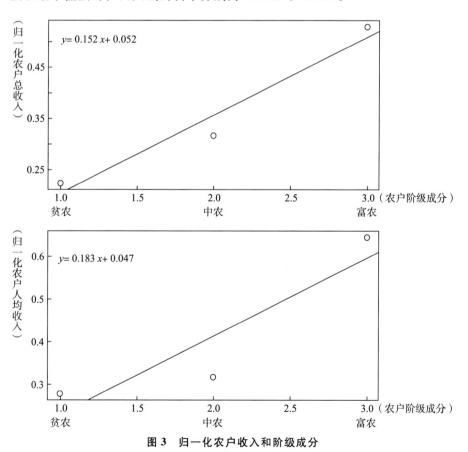

图 3   归一化农户收入和阶级成分

（三）农户土地数量

除了人口和阶级因素，土地数量与家庭收入之间也存在密切关系。[①]
1952 年土地改革前后，该地区的人均土地面积不足 2 亩。根据实际调查，
孝感地区人均占地为 1.8 亩，按劳动力可负担情况来看，每个劳动力平均至
少可以负担 3.62 亩，但实际每个劳动力一般可以负担 5 亩以上的土地，因
此该地家庭的劳动力是可以承担相应的土地面积的。这也表明，在劳动力
相对富余的情况下，土地越多，其单位产出值应该越大，家庭收入应该相
应增长。

用 F_n 表示第 n 个农户的土地数量，下面考察农户土地数量和农户总收
入的关系。老屋乡各农户的土地数量在 19.8—2.55 亩，户均土地 8.41 亩。
但是实际上大多数农户的土地在 5—11 亩。

分别对农户总收入和农户的农业收入进行归一化。通过线性回归分析，
斜率为 0.047，表示了农户的土地增加 1 亩，归一化农户总收入平均增加
4.7%。图 4 分别显示了归一化农户总收入以及农业收入和农户土地亩数的
回归结果。

这些结果表明当时农户拥有的土地数量对当时农户农业收入的影响是
线性的。这意味着土地数量越多，农民的家庭收入越高，但同时也反映出
当时土地综合利用率并不高，农民在生产工具欠缺、生产热情不高、生产技

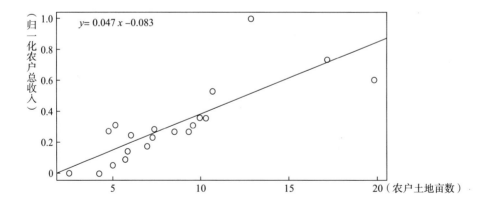

[①] 这里的土地数量是指农民家庭所拥有的所有土地（水田、旱地等），土地数量并不等于耕
地数量。

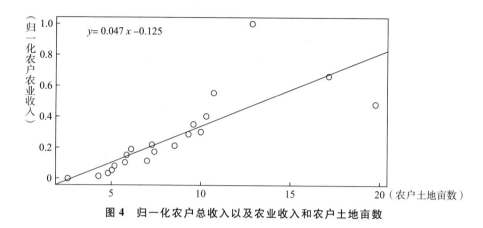

图 4　归一化农户总收入以及农业收入和农户土地亩数

术落后等综合因素的影响下，通过增加土地数量来快速提高家庭收入的做法并不现实。农户拥有的土地数量对农副业收入的影响则不具有明显关系，如图 5 所示，有的农户土地数目少，农副业收入很高；有的农户土地多，农副业收入不算太高。

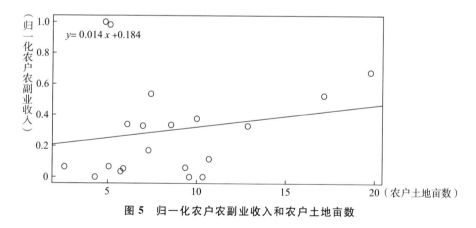

图 5　归一化农户农副业收入和农户土地亩数

五　结语

1949—1952 年，中国农业经济不断恢复和发展，取得了一定的成就。但是在局部地区，农民内部还是存在不小的贫富差距问题，而这也并不完全是由农民收入结构多样性引起的。相反，从整体上看，农副业收入较之农业收入更多样的家庭并不富裕。从农业收入上看，土地上农作物的多样性并不能带来产量和收入的增加；从农副业上看，农民也要做好投资，因为小农家庭的自给自足性和脆弱性，家庭工商业和家庭手工业并不能给农民带来增收，可能还会因为农民投资的盲目性、有限性造成家庭收入低下。当然，这也是后来农村农业合作化运动的一个优势所在，在同时期的档案中我们会发现农民因为参加互助组、合作社，其阶级地位得到快速提升，生活水平得到显著改善。因此，合理化的副业经营模式和农业种植结构成为改善家庭收入的关键。

1952 年，湖北省孝感专区老屋乡农户家庭收入以第一产业为主，其中农业收入尤其是种植业占到家庭总收入的绝大部分，副业收入虽然比农业收入少，但也起着举足轻重的作用，在某些家庭中甚至起决定性作用。同时，农业收入作为经营性收入的一部分，占据家庭总收入很大的比重，且要远远超过工资性收入，这也意味着工资性收入的发展潜力是最大的，生活水平的提高，必然要改善工资性收入结构。诚然，除了人口、阶级和土地数量的因素外，家庭收入也受到其他因素的影响，这为我们进一步分析新中国成立初期的农村家庭收入结构提供了更多思考。

（高帅奇，华中师范大学中国近代史研究所博士
研究生；葛非，华中师范大学计算机学院副教授；
李铁龙，华中师范大学中国近代史研究所硕士研究生）

学位论文

近代江苏省基础教育资源配置的历史地理学分析（1901—1937年）

苗会敏

摘　要：本文利用近代的教育统计资料，重点分析近代江苏省教育资源配置的时空分布特征及其原因。基于江苏省学校、教师和经费的统计数据综合分析发现，从纵向看，1901—1923年为江苏省教育的兴起和发展阶段，1924—1927年为其缓慢发展阶段，1928—1937年为高速发展阶段。从横向看，江苏省教育资源配置中心区由集中走向分散，呈现逐渐向北移动的趋势，但是教育资源配置变迁的中心区仍然主要集中在苏南地区；教育资源贫乏区中苏北地区占据重要位置；相对于人口数而言，无论是教育资源的中心区、次中心区还是贫乏区，民国江苏省学校设置均不合理。江苏省基础教育资源配置的状况受自然地理环境、政治局面、经济发展状况和传统教育基础影响较大。

关键词：江苏　基础教育　资源配置　历史地理学

教育资源属于教育经济学的范畴。顾明远在其主编的《教育大辞典》中提到："教育资源指教育过程中所占用、使用和消耗的人力、物力和财力的总和。"[1] 这是学术界公认的解释。因此，本文的教育资源分为人力、物力和财力资源。教育人力资源包括教育者和受教育者，涵盖教师、职员和

---

[1]　顾明远主编《教育大辞典》（增订合编本），上海教育出版社，1998，第1897页。

学生等；教育物力资源多指学校的固定资产等，为教职员和学生的工作、学习和生活提供必要的物质条件；教育财力资源指在教育领域消耗的货币表现，包含教职员工的报酬及教育的其他消耗等。

基础教育资源是高等教育发展的基础，大学的精英人才往往需要具备中等学校教育的基础。"基础教育资源空间分布的转变对教育精英的地理来源、教育机会的区域平等乃至社会流动都有影响。"[①] 因此，厘清基础教育资源的配置状况有利于帮助我们掌握精英人才的地理来源结构，合理的教育资源配置状况一定程度上能打破精英阶层的固化，进而促进社会人才的流动。

纵观近代教育资源配置的研究现状，笔者发现只有几个区域进行过类似探讨，[②] 如四川、广东等，有关江苏地区在此方面的研究仍然较薄弱。而江苏是经济和教育强省，教育一直走在全国前列，对比全国其他省市地区，为全国人才结构输送了大量的精英人才，有着特殊的地位和影响。如明清以后，江苏省市镇经济发达，率先进入了早期工业化的发展阶段。在优越的地理条件及经济等的影响下，江苏地区传统教育十分发达，精英人才辈出，是明清时期的精英人才输入的重点地区。[③] 至 19 世纪中叶，上海、镇江、南京等城市率先开埠，开始兴办现代工业企业，现代工业逐步发展起来。工业的发展一定程度上促进了江苏社会风气开化，启迪了民智。随着工业的发展，工业技术人才缺乏等问题逐步凸显，江苏省开始兴办新式学堂，以培养新式人才。但此时的新式学堂数量仍较少，影响程度有限。至 1901 年清政府开始实行新政，改书院为学堂，新式教育在全国范围内兴起，江苏省的新式教育渐成规模。至 1905 年，清政府取消科举制度，江苏省出

①　梁晨、任韵竹、王雨前：《民国上海地区高校生源量化刍议》，《历史研究》2017 年第 3 期。

②　参见袁从秀《民国时期四川地区学校分置变迁研究》，科学出版社，2018；黄倚兰：《近代广东公共教育资源配置的历史地理学分析（1840—1938 年）》，硕士学位论文，西南大学，2019；张小坡：《清代江南公共教育资源筹措配置的历史地理学分析（1644—1911 年）》，博士学位论文，复旦大学，2008。

③　参见何炳棣《明清进士与东南人文》，缪进鸿、郑云山主编《中国东南地区人才问题国际研讨会论文集——中国东南地区人才的历史、现状、未来与振兴对策》，浙江大学出版社，1993，第 216—221 页。据何炳棣统计，明朝江苏省一省进士人数达 2721 人，全国排名第二，仅次于浙江省（3280 人）。至清朝，江苏省一省的进士人数达 2920 人，超过浙江省位居全国第一。自清朝 1646 年开科，至 1905 年废除科举制，正恩凡 112 科，江苏一省的一甲进士（状元、榜眼、探花）竟达 113 人，达全国总数的 33.6%。

现兴建学堂的高潮，精英人才的选拔从"以国家控制下的科举开始方式转变为以大学为主导的招生考试"。[①] 民国建立后，将南京作为临时首都，南京国民政府成立后，南京正式成为首都。江苏集政治、经济便利于一身，教育获得了迅猛发展。不论从学校数量、人才质量，还是从教学水平而言，江苏省都在全国名列前茅，基础教育的发达使江苏省为精英教育输送了大量人才。据梁晨等的统计，"包括民国首都南京的江苏、上海和浙江组成的长三角地区在民国人才供给体系中输送大学生的比例仍接近30%"。[②] 虽然在抗日战争时期江苏沦陷、教育发展停滞，但是其省内大量学校内迁，教育基础仍然保存，在抗战胜利后又逐渐恢复。直至今日江苏省仍然为我国的教育强省。由此可见，本文选取江苏省作为研究对象，在经济和教育方面极具代表性意义。

综上，本文将利用近代的教育统计资料，重点分析近代江苏省教育资源配置的时空分布特征及其原因，以期了解江苏省基础教育的近代化过程，厘清基础教育资源与区域发展的关系，理解基础教育与社会结构变动和精英人才流动的关系。

一　研究资料概况

教育资源包括人力资源、物力资源和财力资源。鉴于篇幅有限和现有统计资料的局限性，本文将人力资源对应为教师，物力资源对应为学校，财力资源对应为经费。因为教育的改革具有渐进性，在清末新政改革教育以后，新式教育的资源配置比重虽然不断增加，但是旧式教育资源（涵盖私塾、塾师等）仍长期存在。由于旧式教育资源的统计数据不甚完善，本文只分析新式教育的统计数据。教育发展具有延续性，新式教育多从旧式教育的基础上发展而来，因此，研究新式教育的发展概况也能在一定程度上窥探旧式教育发展的面貌。

近代政府官方的教育统计数据和江苏省地方统计数据为本文对教育资源配置的量化分析提供了可能。早从1907年起，清政府学部便进行了多次

① 　梁晨、任韵竹、李中清：《民国大学生地理来源量化考析》，《近代史研究》2021年第3期。
② 　梁晨、任韵竹、李中清：《民国大学生地理来源量化考析》，《近代史研究》2021年第3期。

全国性教育统计。民国政府成立后，教育部延续了清朝教育统计的模式，且不断加以完善扩充，除全国性全范围的教育统计外，各级各地政府也进行了分门别类的教育统计，留下了丰富的教育统计资料，如江苏省教育厅1922 年颁布的《江苏六十县八年度教育状况表》和 1932 年颁布的《江苏省教育概览》等。

　　根据这些留存下来的全国范围和江苏省地方的教育统计数据，近代江苏省的教育资源统计数据十分分散，缺少对学校数、教师数和经费数的全面统计。以学校数而言，现有的清末教育统计年鉴中多是针对某一年江苏省的各级各类学堂、学校的类别统计，并没有各类学堂的总数。笔者根据清学部总务司的《第三次教育统计图表》中各类学堂的数据加以统计后得出，1908 年江苏省各类学堂共有 1870 所，其中以小学堂为主体，小学堂总数达 1667 所，约占江苏省各类学堂总数的 89.14%。又以初等小学堂数量最多，约占各类学堂总数的 72.46%，其次为两等小学堂和高等小学堂，分别约占比 11.66% 和 5.27%。半日学堂的数量仅次于小学堂，约占总数的 5.67%。中学堂和师范学堂的数量相差不大，约占比 1.55%。此外，江苏省虽均设置专门学堂和实业学堂，但是数量极少，占比不足 1%。府级学堂数差异较大，松江府的学堂总数最多为 315 所，比最少的海州直隶州多 287 所。①

　　以教师数而言，晚清时期教师的资料散落在地方志及其他材料中，并没有系统且全面的关于各地区教师人数的统计数据。经过对史料的梳理，笔者发现李中清和康文林教授团队制作的缙绅录数据库中对江苏各州县的官学教师的记载比较完善。因此，笔者以清末新政以后的江苏省官学教官为例，统计分析江苏省教育领域精英人才的地理来源。经过统计发现，1908 年江苏省教官的出身以举人为主。1908 年，江苏省共有 95 名教官。除一人无身份外，举人出身的教官数量最多，为 50 人，占比 52.63%。34名贡生中，廪贡出身的教官人数最多，为 15 人，占比 15.79%；其次为岁贡和附贡，分别为 7 人和 4 人，共占教官总数的 11.58%；副贡和增贡最少，只有 2 人。这些教官的籍贯以苏南地区为主，占比 77.89%，其中苏

---

① 学部总务司：《第三次教育统计图表（一）》，王燕来、谷韶军辑《民国教育统计资料续编》第 3 册，国家图书馆出版社 2012，第 532—586 页。

州籍教官人数最多,为 24 人,苏北籍教官人数较少,如徐州籍教官只有 2 人。①

以经费数来看,晚清时期的江苏省教育经费并没有完善的统计,笔者根据《第三次教育统计图表》中的江苏省和江宁县各类学堂岁出经费统计表、学生数和学堂每个学生人均经费数先计算得出各地区各类学堂的经费总数,再汇总得出各地区的教育经费数。经过计算,1908 年江苏省的教育经费总数为白银 1670199 两,但是全省各府州县地区学堂经费差距较大。从府级政区(含直隶州、厅)来看,松江府筹款能力最强,达 376473 两,最少的为海门直隶厅,仅有 32874 两。经费最多的府是经费最少的府的 11 倍多。从县级政区来看,各县经费数额悬殊,其中上海县教育经费最多,为 211439 两,排名第二的是丹徒县,经费为 53525 两。经费最多的县和排名第二的县相差近 16 万两,差距甚大。经费最少的县为太平县,经费仅 500 两。②

民国时期江苏省的教育统计数据相对充足,资料丰富。因为教育发展具有稳定性,短期内教育资源的空间配置状况一般不会发生重大变化,为将学校、教师和经费数综合考虑,笔者尽量选取研究时间段末期的数据进行考量。以学校数而言,笔者分别统计了江苏省初等学校和中等学校(包括普通中学校、中等师范学校和中等职业学校)的数据。江苏省在 1931 年共有 8290 所初等学校。全省小学分布极不均衡,拥有小学最多的县为盐城县,有 395 所,拥有小学最少的县为宝应县,仅有 7 所,前者为后者的 56 倍多。将小学校入学人数与江苏省各县学龄儿童数对比可知,1931 年各县小学生总数为 680478 人,③ 失学儿童总数为 3995166 人,学龄儿童总数为 4620406 人,入学儿童总数占比仅达 14.73%,④ 由此可见入学率低下,初

① Campbell, Cameron Dougall; Chen, Bijia; Ren, Yuxue; Lee, James, 2019, "China Government Employee Database-Qing (CGED-Q) Jinshenlu 1900–1912 Public Release," https://doi.org/10.14711/dataset/E9GKRS, DataSpace@ HKUST, V1.

② 学部总务司:《第三次教育统计图表(一)》,王燕来、谷韶军辑《民国教育统计资料续编》第 3 册,第 532—616 页。

③ 江苏省教育厅:《江苏教育概览(二)》,王燕来主编《民国教育统计资料汇编》第 17 册,国家国家馆出版社,2010,第 560 页。

④ 江苏省教育厅:《江苏教育概览(二)》,王燕来主编《民国教育统计资料汇编》第 17 册,第 567 页。

等教育普及程度低。相比于初等学校，江苏省中等学校数量极少且分布不均衡。1935 年，江苏省全省只有 210 所中等学校，其中有普通中学校 126 所，中等师范学校 31 所，中等职业技术学校 53 所。但是对比全国，江苏省中等学校教育名列前茅，可见民国时期中等学校教育发展不太理想。以教师数而言，1927 年江苏省教师总人数多达 20220 人，[①] 其中小学教师多，中学教师相对少。各地区教师人数分布极不均衡，武进县人数最多，南通县次之，分别为 1031 人和 1029 人，教师最少的为扬中县，仅为 38 人，人数最多的县是最少的 27 倍多，差距巨大。以经费数而言，1933 年，江苏省各县教育经费总数为 11272069 元，各县经费收入平均数为 187867.817 元。教育经费最高的是吴县，经费达 532413 元，最少的为扬中县，仅有 32178 元，前者为后者的 16.5 倍。从全省各县经费收入平均数来看，高于平均数的县只有 24 个县，有 36 个县低于平均数，低于平均数的县约占 60%，可知全省各县市教育经费的空间分布并不均衡。

　　对 1901—1937 年各年教育资源配置数据进行梳理可知，自 1901 年清政府实行新政以后，江苏省各县市的公共教育资源配置不断发生变化，从起步到渐成规模。由于统计数据有限，1901—1937 年的学校、教师和经费配置数据，部分年份有缺失。但是由于教育发展具有稳定性和持续性，数据的缺失对整体影响不大。根据各类教育统计年鉴、地方志书等现有的数据，可以整理出 1901—1937 年江苏教育资源配置历年数目图（见图 1）。

　　从图 1 可见，1901—1937 年，江苏省各县市的学校、教师和经费所构成的公共教育资源配置变化波动较大，但是总体仍呈现上升趋势。

　　从空间上而言，晚清时期，关于地方传统教育如官学、书院、私塾等的统计资料比较分散，尚未有关于全省各地完整的统计资料，也没有关于教师的完整的统计资料，而新式教育的各类学堂和经费的统计资料相对完整，故本文主要分析 1908 年江苏省各类学堂和经费的地理分布状况。笔者按照行政级别划分为府（州）、县（州、厅）二级行政级别统计学堂数、经

[①]　资料来源于《十六年度江苏各县学校数教师数学生数统计表》，《国立中央大学教育行政周刊》1928 年第 47 期，第 1 页。选取此表的原因在于民国时期江苏省各县的教师分布状况资料较少，初等教育教师的统计数据相对充足，中等教育教师数的分布表资料相对欠缺。而 1927 年江苏省各县的初等教育和中等教育的学校数、教师数和学生数统计数据比较完整。

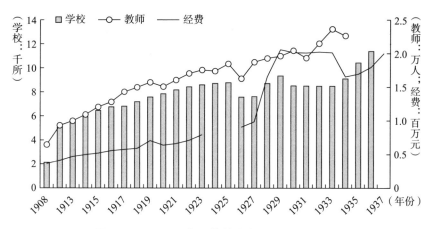

图1 1901—1937年江苏教育资源配置历年数目

资料来源：学校数的数据来源于学部总务司《第三次教育统计图表（一）》，王燕来、谷韶军辑《民国教育统计资料续编》第3册，第532—586页；《江苏各县二十年来初等教育之统计种种》，《江苏教育通讯》1933年第2期，第31—36页；江苏省长公署统计处编纂《江苏省政治年鉴》，1924，第367—370页；《江苏教育概览（二）》，王燕来主编《民国教育统计汇编》第17册，第239页；教育部统计室编《全国中等教育统计民国二十年度》，商务印书馆，1935，第11页；教育部统计室：《二十四年度全国中等学校一览表》，商务印书馆，1936，第388—393页；教育部普通教育司编印《全国中等学校校名地址一览表 中华民国二十三年度》，1935，第1—15页；教育部统计室编印《二十五年度全国中等学校一览表》，商务印书馆，1937，第1—9页（缺失1923年、1924年、1926年、1937年数据，因当年无全国中等教育统计）。教师数据来源于学部总务司《第三次教育统计图表（一）》，王燕来、谷韶军辑《民国教育统计资料续编》第3册，第116页；《江苏各县二十年来初等教育之统计种种》，《江苏教育通讯》1933年第2期（缺乏1935年、1936年和1937年的统计数据）。教育经费的数据来源于学部总务司《第三次教育统计图表（一）》，王燕来、谷韶军辑《民国教育统计资料续编》第3册，第551—605页；江苏省地方志编纂委员会编《江苏省教育志》下册，江苏古籍出版社，2000，第1095—1098页；江苏省财政志编辑办公室编《江苏财政史料丛书》第2辑第2分册，方志出版社，1999，第248—286页（由于1924年、1925年发生江浙战争，江苏省很多县都处于战争地带，教育经费极度缺乏，办学极其困难，故此二年没有详细的教育经费统计数据）。

费数，并将各府、县的数据进行排位，数量多则排序第一，数量少则排名最后，数据相同则排位并列。在此基础上再进行综合排位，是将各县的学堂数和经费数的排名相加，总和越大则排名越靠后，总和最小则排名为第一。此外，在统计各县的排名时，因各府的公共学堂、两县公共学堂和三县公共学堂无法体现各县教育资源的分布情况，没有纳入考虑。在综合排位的基础上，笔者按照总地方行政区数量的3∶4∶3划分出中心区、次中心区和贫乏区，① 具体如下。

公共教育资源中心区（综合排名在 1—21 位）：上海县（第 1 位）、通州（第 2 位）、泰兴县（第 3 位）、江阴县（第 4 位）、崇明县（第 4 位）、无锡县（第 6 位）、南汇县（第 7 位）、金山县（第 8 位）、宝山县（第 9 位）、上元县（第 10 位）、金汇县（第 11 位）、青浦县（第 12 位）、江宁县（第 13 位）、吴县（第 14 位）、嘉定县（第 15 位）、丹徒县（第 16 位）、娄县（第 17 位）、东台县（第 18 位）、元和县（第 18 位）、吴江县（第 18 位）及武进县（第 21 位），共计 21 个州县。

公共教育资源次中心区（综合排名在第 22—50 位）：泰州县（第 22 位）、铜山县（第 23 位）、靖江县（第 23 位）、兴化县（第 25 位）、常熟县（第 25 位）、奉贤县（第 27 位）、山阳县（第 28 位）、阳湖县（第 28 位）、昆山县（第 30 位）、华亭县（第 30 位）、长洲县（第 32 位）、宝应县（第 33 位）、宿迁县（第 34 位）、海州（第 35 位）、清河县（第 36 位）、丹阳县（第 36 位）、阜宁县（第 38 位）、扬子县（第 39 位）、盐城县（第 40 位）、句容县（第 41 位）、邳州（第 42 位）、昭文县（第 43 位）、安东县（第 43 位）、溧阳县（第 45 位）、六合县（第 46 位）、金坛县（第 47 位）、宜兴县（第 48 位）、如皋县（第 49 位）及赣榆县（第 50 位），共计 29 个州县。

公共教育资源贫乏区（综合排名在第 51—71 位）：镇洋县（第 51 位）、震泽县（第 52 位）、川沙厅（第 53 位）、沛县（第 54 位）、江都县（第 55 位）、甘泉县（第 56 位）、新阳县（第 57 位）、丰县（第 58 位）、沭阳县（第 59 位）、高淳县（第 60 位）、萧县（第 61 位）、高邮州（第 62 位）、桃源县（第 63 位）、睢宁县（第 63 位）、荆溪县（第 65 位）、砀山县（第 66 位）、溧水县（第 67 位）、靖湖厅（第 68 位）、江浦县（第 69 位）、太湖厅（第 70 位）及太平县（第 71 位），共计 21 个州县。

关于民国时期江苏省公共教育资源的配置状况，下文主要利用江苏省

---

① 把江苏省地方基础教育资源当作 100%，将其按 3∶4∶3 的比例赋给中心区、次中心区和贫乏区。

1931 年初等及中等学校、教师和经费的统计数据进行探讨。[①] 笔者按照县级行政级别统计初等学校、中等学校、初等教职员、中等教职员和地方经费的数据，并将其进行排位，数量最多则排序第一，数量最少则排名最后，数据相同则排位并列。在综合排位的基础上，本文按照 3 : 4 : 3 的比例可划分出公共教育资源配置的中心区、次中心区和贫乏区，具体如下。

公共教育资源中心区（综合排名在第 1—18 位）：武进县（第 1 位）、南通县（第 1 位）、如皋县（第 3 位）、江阴县（第 4 位）、常熟县（第 5 位）、盐城县（第 5 位）、无锡县（第 7 位）、吴县（第 8 位）、南汇县（第 9 位）、松江县（第 10 位）、海门县（第 11 位）、吴江县（第 12 位）、涟水县（第 13 位）、泰县（第 14 位）、铜山县（第 15 位）、崇明县（第 16 位）、嘉定县（第 17 位）及阜宁县（第 18 位），共 18 个县。

公共教育资源次中心区（综合排名在第 19—43 位）：泰兴县（第 19 位）、青浦县（第 20 位）、江都县（第 21 位）、昆山县（第 22 位）、东台县（第 23 位）、高邮县（第 24 位）、启东县（第 25 位）、宿迁县（第 26 位）、丰县（第 26 位）、江宁县（第 26 位）、淮安县（第 29 位）、沛县（第 29 位）、句容县（第 31 位）、灌云县（第 32 位）、金山县（第 33 位）、溧阳县（第 34 位）、丹阳县（第 35 位）、砀山县（第 35 位）、太仓县（第 37 位）、镇江县（第 38 位）、兴化县（第 38 位）、宝山县（第 40 位）、靖江县（第 41 位）、萧县（第 42 位）及淮阴县（第 43 位），共 25 个县。

公共教育资源贫乏区（综合排名在第 44—61 位）：宜兴县（第 44 位）、睢宁县（第 45 位）、上海县（第 46 位）、奉贤县（第 47 位）、六合县（第 48 位）、沭阳县（第 48 位）、高淳县（第 50 位）、赣榆县（第 51 位）、川沙县（第 52 位）、泗阳县（第 52 位）、金坛县（第 54 位）、宝应县（第 55 位）、邳县（第 55 位）、溧水县（第 57 位）、仪征县（第 58 位）、江浦县（第 59 位）、东海县（第 60 位）及扬中县（第 61 位），共 18 个县。

---

① 初等学校的数据来源于江苏省教育厅《江苏教育概览（二）》，王燕来主编《民国教育统计资料汇编》第 17 册，第 543—574 页。中等学校的数据来源于《十六年度江苏各县学校数教师数学生数统计表》，《国立中央大学教育行政周刊》第 47 期，1928 年，第 1 页。为保证数据的完整性，尽量采取同一年的教育资源统计数据，但是因为 1931 年江苏各县中等教育的学校数、教职员数统计数据缺失，又因为中等学校的学校数和教职员数历年相对稳定，本文遂采纳较完整的 1927 年中中等学校统计数据；初等学校学校数、教职员数和经费数则均采纳 1931 年的统计数据。

二　江苏省教育资源配置的时空分布特征

(一) 时间分布特征

1901—1937 年江苏省公共教育资源配置的时间格局及特征，主要可分为四个阶段。

1. 起步阶段 (1901—1911 年)

1901 年清政府实行新政，着手制定新的学制。先后于 1902 年和 1904 年公布壬寅学制和 1904 年颁布癸卯学制。根据新学制，清政府责令各省将书院改设成学堂，江苏省由此将大量书院改为学堂，新式学堂逐步发展起来。至 1905 年，清政府下令"废科举、兴学校"，江苏省出现兴办新式学堂的高潮。随着新式学堂的出现，旧式的教育机构逐步走向消亡。江苏省各地形成以初等学堂为主体，中等学堂、高等学堂、师范学堂和实业学堂共存的新式教育格局，江苏省的近代教育体系初步形成。至 1908 年，江苏省共有新式学堂 2110 所，学生总人数 66305 人。其中，小学堂 1667 所，学生 53391 人；中学堂 29 所，学生 2717 人；专门学堂 9 所，学生 977 人；实业学堂 16 所，学生 1155 人；师范学堂 27 所，学生 33072 人。[①] 随着各类新式学堂的兴办，新式教员的人数逐步增加，1908 年，新式学堂的教员人数达 6468 人，职员数达 10973 人。新式教育的经费来源多样，经费总数也不断提高，1908 年，经费岁出数达 2032539 两白银。[②] 值得注意的是，此时新式学堂与旧式书院并存，新式教员与旧式官师、旧式塾师并存，但是，新式教育的学校、教师和经费所占的比重不断提高。故仍可视1901—1911 年，江苏省的公共教育资源配置已从传统模式基本过渡到近代模式。

2. 稳定发展阶段 (1912—1923 年)

民国建立后，江苏省公共教育资源 (学校、教师、经费) 都在清朝的

---

① 学部总务司：《第三次教育统计图表 (一)》，王燕来、谷韶军辑《民国教育统计资料续编》第 3 册，第 83—90 页。

② 学部总务司：《第三次教育统计图表 (一)》，王燕来、谷韶军辑《民国教育统计资料续编》第 3 册，第 551—552 页。

基础上持续稳定发展。民国初期，江苏省全面有序规划地方教育，大力发展小学教育，同时将清末中学堂改为中等学校。据统计，1912 年 9 月到 1913 年 7 月，江苏省共有初等学校、中等学校共 5293 所，教职员 9312 人，地方教育经费 2300329 元。[①] 此后，江苏省政局相对稳定，教育持续稳定发展。至 1923 年，江苏省初等学校、中等学校共计 8599 所，小学教师达 17560 人，教育经费达 4439511 元。[②] 对比 1912 年的统计数据，可知 11 年里江苏省学校、教员、经费分别增长了约 62%、89% 和 93%。可见此时期江苏省公共教育资源配置相对稳定且缓慢地增长。

在此时期，江苏省新建或扩充了一批高等学校。如 1912 年，著名实业家张謇等人创办了私立南通纺织专门学校、私立南通甲乙两种农业学校等。1914 年，由于中等学校教员极为缺乏，江苏在两江师范学堂的校址基础上，筹建南京高等师范学校。后在南高师体育、教育等专修科基础上成立国立东南大学。1923 年，南高师并入国立东南大学。此后还新建了私立无锡国学专修馆、公立苏州工业专门学校等。到全面抗日战争爆发前，江苏省高等教育已初步形成规模。由于高等教育的学校、教职员及经费数缺少完整统计，且高等教育学校少和集中在省会城市，无法展现江苏省地方教育的公共教育资源配置状况，因此，本文没有将高等教育的统计数据纳入公共教育资源配置状况研究。

3. 挫折阶段（1924—1927 年）

1924 年 8 月 14 日，江苏省爆发第一次江浙战争。1925 年 1 月，直系军阀孙传芳和奉系军阀张宗昌又于无锡、丹阳等地进行第二次江浙战争。两次江浙战争爆发后，军阀占领江苏省境内的许多县、市，占据多所学校作为军队驻地，学校教学一度暂停。军阀战争又使江苏省军费大增，教育经费一度枯竭。学校大量拖欠教师工资，教员无心教学，江苏省初等和中等教育的发展遭遇挫折，大量中小学停办。据战争发生主战场苏北各县的县志记载可知，"奉军南下，军费陡增"，[③] 办学经费拮据，许多学校无法开办。如丹徒县的财政收入骤降，"兵事发生，困难尤甚"；宜兴县因战争的

① 《江苏省教育志》下册，第 1095—1098 页。
② 《江苏省教育志》下册，第 1095—1098 页。
③ 申报年鉴社：《申报年鉴》，申报馆，1934，第 459 页。

爆发，"人民迁徙一空，无法开学，财政已至绝境"。[①] 由此可知，此时江苏省教育经费锐减，苏北各县的办学极其困难。至 1926 年，江苏省教育跌入谷底。对比 1923 年，1926 年江苏省经费虽有所增长，经费总数超过 500 万元，但是学校数减少 1300 多所，教师减少 1000 多人，故仍可说 1926 年教育资源的发展遭受严重摧残。1927 年 4 月南京国民政府成立后，江苏省的教育方从战乱中得到恢复。1927 年，江苏省学校共 7607 所，教师 18733人，教育经费 5527527 元。

4. 高速发展阶段（1928—1937 年）

南京国民政府成立后，江苏省的公共教育资源配置进入高速发展的阶段。这是因为这一时期政局相对稳定，江苏省教育厅实行多项促进教育发展的举措。具体表现为以下几方面。

首先，在学校方面，江苏省教育厅对各类教育进行整顿。初等教育方面，由于征收"八分亩捐"，各县财政收入大为增加，促进了初等教育的普及。此外，江苏省大力整顿学风，创办义务教育试验区。在各方面条件的促进下，江苏省新办了大量小学校。仅一年时间，江苏省的小学数量便新增 1100 多所。1929 年，江苏省教育厅提出了《江苏教育三年计划草案》，提出"普及义务教育，扩充师范教育，充实职业教育，提高中学程度，励行识字教育"五项中心内容，[②] 涵盖了江苏省教育发展的详细计划。该计划的推行卓有成效，江苏省的教育在 1934 年后逐步发展到顶峰。这主要表现为江苏省的小学数量由 1927 年的 7478 所增加到 1936 年的 11182 所，增长率约为 50%。就中等教育而言，江苏省废除"大学区"制度。自 1932 年起，分三年将中学和师范各自分设，师范教育恢复发展。江苏省第一批实行独立的师范学校有 8 所，加上 6 所乡村师范学校，全省共计 14 所师范学校。至 1937 年，江苏省共有师范学校 27 所，[③] 增加近一倍。中等学校从 1928 年的 120 所，增加到 1937 年的 212 所，约是 1928 年中等学校数量的 177%，中等教育发展迅速。

其次，在教师方面，教师的任用资格和检定办法逐渐规范化，教师的

---

① 《江苏省教育志》上册，第 152 页。
② 周佛海：《江苏教育三年计划草案》，《江苏教育》1932 年第 2 期，第 96 页。
③ 教育部统计室编印《民国二十六年度中等学校概览》，1939，第 5—6 页。

质量得到提升。由于师范学校恢复独立、学校数量增多和教师待遇水平的提高，江苏省的教师队伍不断扩大，如小学教师由 1927 年的 18733 人增加到 1934 年的 22620 人。

最后，在教育经费方面，这一时期江苏省的教育经费来源多样化，经费得到扩充。江苏省各县教育经费支出也大幅提升，由 1927 年的 5527527 元增加至 1928 年的 11220811 元，此后各年均维持在 900 万元以上。

综上可知，此时期江苏省的公共教育资源配置取得了相当的进展。但是 1937 年抗日战争全面爆发后，江苏省的学校大量停办，还有一些迁往内地办学。抗日战争中，许多学校校舍变为废墟，江苏省教育的发展遭受严重的摧残。

（二）空间分布特征

地方的学校、教师和经费的空间分布格局也能反映公共教育资源配置的状况。根据学校、教师和经费的空间分布，可将江苏省 1901—1937 年公共教育资源配置的地理分布及其特征总结如下。

1. 江苏省教育资源配置中心区由集中走向分散，呈现逐渐向北移动的趋势

根据上文分析的晚清和民国时期江苏省教育资源配置的中心区分布状况，可知无论在清末还是在民国时期，江苏省的公共教育资源中心区都主要集中于苏南地区[①]。就清末而言，江苏教育资源中心区有 21 个县及 1 个直隶厅，其中仅有东台县、泰兴县、通州 3 个县和海门直隶厅位于苏北地区，其余 18 县均在苏南地区，占比近 81.8%。而在民国时期，江苏省公共教育资源中心地区共有 18 个县，其中有 10 个县位于苏南地区，分别为武进

①　历来对苏南和苏北地区所辖的区域没有统一的说法。学术界通常将江苏省在长江以南的地区称为苏南，长江以北的地区成为苏北。以长江为分界线，苏南包含南京、无锡、苏州、常州、镇江市所辖的地区，还有学者将上海市也纳入苏南地区进行研究；其余地区属于苏北地区。本文则根据《江苏省政府三十四·三十五年政情述要》（江苏省政府编印，1946，第 25 页）中对江南二十七县的定义，将民国时期的苏南地区定义为 27 个县，包括江宁、镇江、丹阳、句容、金坛、溧水、高淳、溧阳、宜兴、无锡、武进、吴县、江阴、常熟、太仓、吴江、昆山、松江、南汇、上海、青浦、金山、奉贤、宝山、川沙、嘉定、崇明等，将这 27 个县以外的地区统称为苏北地区。再将民国苏南地区 27 个县的地域对应晚清时期的江苏省行政区划图，可知晚清时期的苏南地区对应江宁府（除江浦县和六合县）、镇江府（除太平县）、常州府（除靖江县）、苏州府、松江府和太仓直隶州所辖的 39 个县，这 39 个县以外的地区统称为苏北地区。

县、江阴县、常熟县、无锡县、吴县、南汇县、松江县、吴江县、崇明县和嘉定县，约占总数的 55.6%。位于苏北地区的有 8 个县，分别为南通县、如皋县、盐城县、海门县、泰县、阜宁县、涟水县和铜山县，约占总数的 44.4%。苏北地区的教育资源中心区由仅有 4 到 8 个县，增长一倍，而苏南地区教育资源中心区所占比重则由 81.8% 下降到 55.6%。由此可见，近代江苏省教育资源配置的中心区呈现逐步向北移动，由集中于苏南地区逐步转变为分散于全省的趋势。但是，苏南地区一直是江苏省公共教育资源的中心地区，教育影响力辐射全省。

2. 教育资源贫乏区中苏北地区占据重要位置

清末，教育贫乏区主要集中在苏北地区，共计 12 个县，分别是沛县、丰县、沭阳县、萧县、桃源县、睢宁县、砀山县、江都县、高邮州、甘泉县、江浦县和太平县，约占总数的 57.1%。其余 9 个县则位于苏南地区。民国时期，苏北地区位于教育资源贫乏区的共有 11 个县，分别为邳县、睢宁县、赣榆县、东海县、沭阳县、泗阳县、宝应县、六合县、江浦县、仪征县和扬中县，约占总数的 61.1%。其余 7 个县都位于苏南地区。结合上文来看，尽管近代江苏省教育资源中心区中苏北地区所占的比重不断增加，但是其位于教育资源贫乏区的比重仍居高不下。由此可知，近代时期苏北地区各县的教育发展差距极大，教育发展水平不协调。值得注意的是，清末时期上海县为教育资源的中心区，然而到民国时期，上海县沦落为教育资源的贫乏区，这主要是因为上海市被设置成特别市，上海县的管辖区域缩小，教育资源大幅度缩减。

3. 相对于人口数而言，无论是教育资源的中心区、次中心区还是贫乏区，民国江苏省学校设置均不合理

本文以江苏省 61 个县的总人口数除以总小学数，所得校均人数为 3876，即 3876 人应拥有一所小学，再用江苏各县人口数除以校均人数，计算出各县应有的学校数。通过统计发现，江苏省 61 县中，实际小学数与应有小学数没有完全吻合的地区，二者相差校数最少的地区为淮阴和靖江两县，相差仅 2 所学校。

其中未达到应有校数的有 30 县，在 1931 年的教育资源中心区的有 8 县，分别为如皋县、南通县、常熟县、吴县、吴江县、铜山县、泰县和阜宁县，约占其总数的 26.7%。在 1931 年的教育资源次中心区的有 11 个县，约占其总数的 36.7%；位于教育资源贫乏区的有 11 县，约占其总数的 36.7%。以上数据说明，江苏省教育资源次中心和贫乏区的地区学校设置的合理性相对较低。

在超过应有小学校数的 31 县中，1931 年位于教育资源中心区的有 10 县，约占其总数的 32.3%；位于教育资源次中心地区的有 14 个县，约占其总数的 45.2%；位于教育资源贫乏区的有 7 个县，分别为宜兴县、金坛县、高淳县、奉贤县、溧水县、川沙县及上海县，约占其总数的 22.6%。

由上可见，无论是未达到还是超过应有学校数，江苏省教育资源次中心区均分布不合理。因此笔者认为，民国时期江苏的教育资源中心区、次中心区和贫乏区均为相对的。即使在教育资源中心区，也有部分县未达到应有学校的数量，小学分布不足。即使在教育资源贫乏区，学校较少，但大部分县的学校数量与其人口总数是相匹配的，分布也相对合理。

三　江苏省教育资源配置特征的历史地理原因

郑家福教授认为，"历史教育地理学是研究历史时期教育及其各要素（如书院、儒学等）的空间分布、变迁规律及其与地理环境的相互关系的一门学科"。[①] 教育的发展受自然地理环境和人文环境的影响。精英人才的发展程度反映了政治、经济和社会发展程度，因此下文从自然地理环境、政治、经济和传统教育发展程度来剖析江苏省教育资源配置状况的形成原因。

（一）自然地理因素

江苏省的地形以平原和丘陵为主，各地貌区中，平均拥有学校数最多的是东部滨海平原区，拥有 191 所学校；其次是长江三角洲平原区、徐淮黄泛平原区、江淮平原区，这三个区的平均学校数均大于 140 所；拥有平均学校数最少的地区为宁镇扬丘陵岗区和沂沭低山丘陵平原区，前者为 105 所，后者最少，仅 93 所，与最多的地貌区相比，相差达一倍多。平原区的平均学校数量都大于丘陵区，可见地理环境对江苏省学校的分布有较大影响。

[①]　郑家福、伍育琦等：《中国历史地理教育学新探索》，中央文献出版社，2007，第 3 页。

这是因为地貌多丘陵的地区交通不便利，经济发展受限，文化水平相对低一些。而平原多的地区，陆路和水路交通都相对便利，经济发达，人口众多，学校设置也相对多一些。

此外，自然灾害频发也造成了苏南、苏北教育资源差距大的现象。苏南地区多位于长江以南，苏北地区则多位于长江以北。秦岭—淮河一线是中国南方和北方的地理分界线。在历史上，苏北地区处于淮河以北的各县常因黄河改道从淮河流入海洋而发生洪涝灾害。进入民国以后，苏北地区仍发生多次自然灾害，以洪涝灾害为主。如 1931 年，徐州暴发洪涝灾害，"八月一日晚起大雨，全城街巷均水深尺许，墙屋倒塌，多至百余处，死伤数十人，四乡秋苗，均遭淹没"。[1] 8 月 7 日，又疾风大雨，平地的水深达 2 尺有余。连日的大雨导致黄河溃堤，淹没了徐州城的马路和大桥。徐州民众纷纷往地势较高的山区迁徙，灾民多达百万。除徐州是重灾区外，苏北其他各县也或多或少遭受灾害。如砀山、铜山、睢宁、沭阳、泗阳及淮阴等地，不仅农作物的秧苗被洪水淹没，秋收付之东流，市镇建设设施大多被摧毁，如"陇海路桥二日被水冲毁"等,[2] 学校校舍也尽数被淹，教学活动难以开展。据王树槐统计，在 1931 年的水灾中，苏南地区的苏州府、常州府和镇江府三府占江苏全省受灾人数的 9.88%，受灾损失金额占比达 5.61。江宁一府则分别占 8.72% 和 14.47%。苏北的扬州府、淮安府、徐州府、海州和通州的受灾总人数竟达 5324226 人，占全省受灾总人数的 81.2%，受灾损失达 249042000 元，占比 83.82%。[3] 由此可知，受灾人数及损失集中于苏北地区，苏南地区受损失相对较小。在这种恶劣的自然环境下，苏北人民视求生存为要务，学生无钱缴纳学费，无暇顾及教育。加之苏北各县常年遭受自然灾害的侵袭，清末民初之际，苏北各县所受灾害尤重。苏北各县政府往往挪用教育经费，划拨为赈灾款项。这让教育经费本不充裕的苏北各县陷入无经费的境地，教员工资无从下发，教职员从教积极性不高。而苏南各县虽也遭受自然灾害的侵袭，但是所受影

---

① 　徐州市水利局编《徐州市水利志》，中国矿业大学出版社，2004，第 620 页。

② 　转引自汪汉忠《灾害、社会与现代化——以苏北民国时期为中心的考察》，社会科学文献出版社，2005，第 157 页。

③ 　转引自王树槐《清末民初江苏省的灾害》，《"中央研究院"近代史研究所集刊》第 10 期，1981 年，第 181 页。

响较小，灾民较少，灾害对苏南教育资源的破坏性影响相对较小。整体而言，苏南的教育资源水平虽有些许波动，但仍然相对持续发展。

（二）经济因素

区域经济的发展也直接影响区域公共教育资源配置的状况，这是因为学校校产等的设置、教师薪俸的发给和地方教育经费的筹措均依赖于地方经济的发展状况。因此，各地公共教育资源配置的差异状况受各地区经济发展水平的影响较大。

从苏南和苏北地区来看，苏南共有 27 个县，除江宁县的数据不可知[①]外，苏南其他 26 个县的岁入总数为 14966920 元，[②] 占据全江苏省岁入总数的 49.2%，几近一半。而苏北地区 44 个县的岁入总数才占据江苏财政收入的一半。可见，苏南各县的岁入总数比苏北各县高。岁入状况往往反映经济发展水平，由此可见，苏南地区整体的经济发展较苏北地区强。

苏南、苏北地区经济发展差异较大的原因，主要是明清以后苏南地区的市镇经济发展繁荣。尤其鸦片战争以后，苏南的现代工业发展兴盛，成为江苏全省棉纺织业、丝业和面粉业的重心。现代工业的繁荣直接促使地方财政收入增长，也间接推动了地方教育的发展。最直观的体现是中等职业教育和高等教育的发展。早在 1904 年，上海就创办了中国最早的女子实业学堂——上海女子桑蚕学堂；1907 年，江南蚕桑学堂在南京成立。进入民国后，苏南的中等职业学校多开设桑蚕科，如私立镇江女子职业学校等。江苏省为培养蚕丝业所需要的专门人才，还于 1935 年成立了江苏省蚕丝专科学校。而苏北的工业主要集中在煤炭、农产品加工和建材上，尽管工业有缓慢发展，但对各县财政影响较小。

就教育经费来源而言，清政府颁布兴学诏书以后，由于清政府财政困难，故推行地方自筹经费发展教育。清末江苏省的教育经费虽然仍以官方拨款为主，但是地方捐税、学生学费等经费比例提升。这使地方筹集教育经费的自主性提高，清政府筹划教育经费的能力减弱。民国时期江苏省的

---

① 因江宁县直属中央，故岁入经费数缺失。
② 江苏省财政志编辑办公室编《江苏财政史料丛书》第 2 辑第 2 分册，方志出版社，1999，第 248—285 页。

教育经费来源变动不大。1913 年，省教育行政会议决议，各县筹措的经费"除原有教育基本寺产外，不得少于县经费总数十分之四"，[①] 并规定县教育经费由附税、公款、公产、杂捐等筹措。各县教育经费的多寡全由各县经济发展状况决定。以 1919 年江苏省教育统计数据来看，扬中县"教育经费支出未苏省六十县之最"，仅有 5661 元，全县仅开办初等学校 19 所，尚无中等学校和实业学校，有教师 34 人。上海县教育经费总数最多，达 221713 元。上海县教育经费数额为扬中县的 39.2 倍。上海全县有 352 所学校，其中初等学校 329 所，中等学校 16 所，实业学校 7 所，教师人数共 482 人。[②] 教育经费总数的巨大差额直接影响了教育规模的扩大，造成苏南、苏北地区教育资源配置的不均衡。

江苏省各县教育经费来源于田赋专款、民间捐款、学产收入、产业租金等杂项收入四类。其中农业捐税是近代江苏各县财政收入的主要来源。苏南地区各县的田地所受洪涝和干旱等自然灾害的影响相对较少，各县田赋收入相对稳定。然而，苏北各县的田地多为旱地，相较于苏南地区，土壤贫瘠，农田收成低。再加上苏北各县常年处于洪涝等自然灾害的重灾区，田地常被洪水淹没，农作物被摧毁。如位于苏北地区的兴化县，在 1931 年的洪灾中"田庐被淹没，无禾"。至 1932 年春季，田地中的积水还未消退，这直接导致"夏无麦"。[③] 农田被毁，农民无收入，兴化县财政十分窘迫。苏北其他各县也十分窘迫。但是，苏北各县加征的附税仍然较重，苏北地区农民苦不堪言。财政的窘迫致使教育经费的筹措亦十分困难，教育缺乏持续稳定的发展条件，如宿迁"水旱风灾，人民流离失所，饥寒交迫"，邳州"小学之生徒亦不能发达"，等等。[④] 苏北各县人民无暇顾及教育，在他们看来，吃饱肚子、有家可回比上学接受教育重要。

虽说经济发展水平直接影响教育经费的投入，进而影响教育规模，但是如果地方加大对教育经费的投入，其教育资源配置依然会优于其他地区。如苏北地区的盐城 1933 年的教育经费达 33 万元以上，全省排名前七，其也

---

① 《江苏省教育志》下册，第 1095 页。
② 个人统计，数据来源于江苏省教育厅《江苏六十县八年度教育状况表》，王燕来、谷韶军辑《民国教育统计资料续编》第 16 册，第 5—64 页。
③ 兴化市地方志编纂委员会：《兴化市志》，上海社会科学院出版社，1995，第 129 页。
④ 《宿迁睢宁邳县视察记》，《中华教育界》1917 年第 6 期，第 7 页。

处于民国时期江苏省教育资源配置的中心区。

（三）政治因素

清末，江苏省由于其优越的地理位置和发达的经济，受到清政府新政和反清革命的较多冲击，教育发展也因此受到影响。加上江苏省首府和教育厅厅长不断更换，导致教育政策的变动较多，进而影响了江苏省公共教育资源的配置状况。

1901 年清政府宣布实行新政，谕令书院改设学堂，两江总督张之洞等在江苏掀起改书院为学堂的行动。但此时江苏省的学堂还不多。1905 年废除科举制度后，江苏省掀起了兴办学堂的高潮。到 1908 年，江苏省的学堂数量已达 2020 所，位居全国前列。

1912 年，民国政府教育部颁布了《普通教育暂行办法》和《普通教育暂行课程标准》等发展教育的法令法规。江苏省在清朝学堂的基础上大力发展地方教育，教育逐步走上正轨，形成了以小学教育为主并与中等教育、高等教育三位一体的发展格局。1912 年全省共有小学校 5283 所，学生231758 人；中学校 68 所，学生 7089 人。[①] 此后数年，学校数量稳步增长。至 1924 年，全省共有小学和中等学校 8713 所，相较于 1912 年，增加了约63%。清末师范学堂的兴办，到民初已培养出一定数量的师范生，教师队伍短缺的困境得到改善。加上留学生回国任教，一定程度上又扩大了江苏省的教师队伍。至 1916 年，江苏省各地学校教职员总数达 21531 人，其中教师 15467人。[②] 1916 年后，军阀混战，江苏省时局动荡，教师数量增长缓慢。到 1924年，小学教师才有 17399 人。

民国成立后，各县教育经费支出数虽然很不平衡，但全省各县的教育经费，也从 1912 年的 238 万元，逐步提高到 1916 年的 311 万多元。[③] 1924年，江苏省爆发了江浙战争，在战争的影响下，各县教育经费短缺，教员工资无法下发，教员生活难以为继。至 1926 年大量学校无力维持，相继关停，仅有学校 7565 所勉强开办，教师人数缩减至 16236 人。[④] 1927 年，南

---

① 《江苏省政治年鉴》，第 367—370 页。
② 《江苏省教育志》下册，第 903 页。
③ 《江苏省教育志》下册，第 1095—1098 页。
④ 《江苏各县二十年来初等教育之统计种种》，《江苏教育通讯》1933 年第 2 期。

京国民政府成立，将南京和上海设为特别市。南京国民政府着力恢复教育的发展，于 1927 年 6 月开始在江苏试行大学区制度，蔡元培任大学院院长，时任江苏省教育厅厅长的张乃燕同时被任命为国立第四中山大学校长。在大学区制度下，江苏省中小学纷纷进行改组，师范并入中学，师范教育遭受严重挫折。但由于政局相对稳定，此时江苏省中小学学校和教师数量均大幅度增长。到 1928 年，江苏省中小学数量增加到 8724 所，小学教师数量增加至 19301 人。① 大学区制度在实行过程中，弊端逐步展现。如许小青认为，大学区制度逐步成为"国立大学挤占地方教育资源的制度依托"，中央大学妄图在分配教育经费时挪用江苏地方教育经费，引起江苏各界的反对，这反映了"中央与地方政府在教育经费资源分配中的矛盾冲突"。② 在社会舆论的影响下，1929 年，国民政府废除大学区制度，恢复教育厅制度，师范学校开始独立设置。周佛海担任江苏省教育厅厅长后，开始整顿江苏省教育，完善了初等和中等教育的学校及教员等的各项制度。随后，教育持续稳定发展，1937 年，江苏省教育资源的配置达到顶峰。但是随着抗日战争的全面爆发，江苏省教育资源配置逐渐萎缩。

（四）教育文化基础

苏南早在明清时期便已占据江苏公共教育资源配置的中心区。明清时期苏南地区已广设县学，如常熟县学、吴江县学、上海县学、武进县学等。此外，苏南地区还大量开设了书院等。据统计，清朝苏州府有 20 所书院，常州府有 14 所，松江府有 29 所，太仓直隶州有 9 所。③ 除官学、书院外，苏南还有遍及乡野的社学、义学和私塾。总之在鸦片战争以前，江苏省的传统教育发展基础雄厚。近代以后，清政府在旧式教育的基础上广兴学校，江苏的新式学校在传统教育的基础上逐步走向兴盛。

科考及第的状况也能反映江苏省传统教育的发展状况。江苏一直占据中国的科举文化中心，明清时期，江南进士在全国数量最多，比例高达15%。而苏州府、松江府和常州府又是江南进士最多的地区，明朝时期三府

---

① 《江苏财政史料丛书》第 2 辑第 2 分册，第 248—286 页。
② 许小青：《南京国民政府初期中央大学区试验及其困境》，《近代史研究》2007 年第 2 期。
③ 刘正伟：《督抚与士绅——江苏教育近代化研究》，河北教育出版社，2001，第 38 页。

出身的进士约占江南进士的 54%，清朝时期比例虽然有所下降，但仍占 43.6%。① 以苏州府为例，明代苏州府进士总数达 1025 人，清代苏州府进士人数有 657 人。苏州府的这些进士，又主要来自吴县、长洲县、昆山县、常熟县和太仓州等地。常州府的进士则主要集中于武进县、无锡县和宜兴县。由此可见，进士的分布相对集中。相较于苏南，苏北各县则教育发展十分缓慢，明清时期，苏北的进士人数共 995 人，而位于苏南的苏州一府便有进士 1682 人，人数远超苏北进士的总和，可见苏北文化发展相对落后。此外，苏北经济发展相对落后，导致求学风气未开，苏北的士绅阶级也相对保守。一方面，传统教育发展相对落后，另一方面，在教育现代化发展之初，苏北的士绅没有跟上时代的潮流，这导致苏北的教育发展与苏南相比，有较大的差距。

四 总结与讨论

近代以后，由于江苏省经济发达、传统教育基础雄厚，在西学东渐之下，江苏较早踏入了教育的近代化行列。清末新政以后，江苏省加快了由传统教育向新式教育的转型。从清末的零星分布到清末广设学堂，再到抗日战争前各级各类学校遍及全省，江苏省公共教育资源配置逐步走向完善，渐成规模，教育发展水平位居全国前列。

近代江苏公共教育资源配置虽然逐步均衡，呈现出向北扩散的趋势，但也有不均衡和不充分的局限性。其不均衡性主要体现在两方面，一是各地区公共教育资源发展的不平衡。苏南一直是江苏省公共教育资源配置的中心区，无论清朝还是民国时期，苏南各级各类学校发展较完善，分布也较密集。以中学校为例，苏南 27 县拥有 73 所中学，占据中学总数的 58%。仅武进县和吴县便有 26 所中学，国立、市立、县立和私立等学校齐全。然而当时其他 30 个县中仅各有 1 所中学，还有 10 个县没有开办 1 所中学，各县差距较大。随着学校数量逐渐增多，苏南的教师人数也相应增加。由于苏南是江苏省经济发展的中心，其财政收入远超苏北，各地教育经费自然

---

① 范金民：《明清江南进士数量、地域分布及其特色分析》，《南京大学学报》（哲学·人文·社会科学）1997 年第 2 期。

也超过苏北地区。而苏北地区因工业不发达，土地贫瘠，经济发展相对落后，再加上民国时期军阀连年征战，各县本就短缺的财政经费更是陷入窘迫的境地，教育经费寥寥无几，多数学校无奈停办，或依赖民间捐资勉强维持。

二是公共教育资源内部的不均衡。学校、教师和经费三者之间相辅相成，都对教育公平有重要的影响。教育资源的配置需要学校、教师和经费之间合理进行分配。清末江苏省将书院的校舍改为学堂，新式学堂数量激增，但相应的师资跟不上，学堂的教员以接受传统教育的知识分子为主。在兴办学校的过程中，师资短缺的问题越发突出。清政府于 1904 年颁布《奏定学堂章程》后，江苏省加快兴办师范教育的速度，但师资仍然较少，教师教学水平不高。民国初年，江苏建成 10 所省立师范学校，师资培养逐步走上正轨。但是，根据 1928 年的江苏小学教师资格检验结果，合格教师仅占全部被检验教师的 43.33%，不及一半，可见教师水平仍相对不高。此外，进入民国后教育经费总数虽总体呈上升趋势，但各县教育经费常处于短缺状态，这在苏北地区尤其突出。江苏省教育资源配置不平衡的关键在于教育经费。教育经费的短缺导致教师薪俸发给不足，办学经费紧张，学校难以维持。因此，要实现公共教育资源的均衡配置，首先还是要补上区域办学的短板。

近代江苏教育资源配置还呈现出新式教育发展不充分的局限性。这主要体现为江苏省新旧教育资源杂糅，在新式教育发展的同时，以私塾为代表的旧式教育仍大量存在。尽管民国政府为大力发展新式教育，曾多次颁布私塾改造政策，但是其改革不甚彻底，私塾教育在全面抗日战争爆发前仍然广布于江苏省各县。据统计，1935 年，江苏全省未改良的私塾仍有 17354 所，有塾师 17357 人，学生 300967 人，私塾全年所收学费达 939857.6 元。[①] 无论是江苏教育资源的中心区还是贫乏区，均存在大量的私塾教育。以位于江苏省教育资源配置中心区的如皋县和武进县为例，其在 1935 年仍分别拥有 2111 所和 1492 所未改良私塾。[②] 由此可见，近代江苏省的新式教育改革不彻底，这也说明教育改革不是一蹴而就的，具有渐进性。

---

① 《江苏省二十四年度私塾调查统计表》，《小学教师半月刊》第 4 卷第 1 期，1936 年。
② 《江苏省二十四年度私塾调查统计表》，《小学教师半月刊》第 4 卷第 1 期，1936 年。

民国时期旧式教育的大量存在，也和民国政府配置教育资源的能力有关。国家在近代地方教育发展中的缺位，导致教育资源分配不均衡，具体体现在以下两方面。其一，民国政府对地方基础教育资源的经费投入较少，江苏各地教育发展经费多倚仗地方财政自筹，这就直接导致各地教育资源分配的不均衡。经济发达的地区，地方财政收入高，教育经费也相对较高，反之亦然。兴办新式学堂需大量经费和师资，大部分地区并没有能力兴办，这也是传统私塾长期存在的主要原因。其二，高等教育资源配置不合理。近代江苏省的高等教育均分布于苏南地区或接近苏南的几个城市，这导致苏北地区的精英人才大量向苏南地区流动。民国时期，虽然江苏省的教育资源配置呈现逐步向北移动的趋势，苏南和苏北基础教育资源分布差异变小，一定程度上能解释梁晨、李中清等所著《无声的革命：北京大学、苏州大学学生社会来源研究（1949—2002）》中提出的苏州大学学生地理来源结构多样化的问题：苏州大学在苏南地区生源数量远多于苏北地区和各生源地所输送的学生数相对均匀，[①] 进而从教育资源配置的角度理解中国教育精英人才的来源与转变的多元性和流动性。[②] 但是由于苏南和苏北地区经济文化基础以及教育资源配置在地域和城乡间的不均衡，江苏地区社会阶层的固化仍未有较大改变。精英人才依旧较多出身于经济文化发展良好或教育资源配置优越的地区，精英人才的社会流动性不高。

（苗会敏，香港理工大学中国文化学系哲学博士研究生）

---

① 梁晨、张浩、李中清等：《无声的革命：北京大学、苏州大学学生社会来源研究（1949—2002）》，三联书店，2013，第291—300页。

② 梁晨、董浩、任韵竹：《江山代有才人出——中国教育精英的来源与转变（1865—2014）》，《社会学研究》2017年第3期。

研究动态

我国当前人文社科发展格局的基本特征

——基于 2008—2017 年高等学校科学研究优秀成果奖（人文社会科学）获奖数据的时空分析

柴宝惠　张伟然

摘　要： 厘清我国当前人文社科的发展格局，有助于推动高校哲学社会科学事业繁荣发展，而高等学校科学研究优秀成果奖（人文社会科学）的获奖情况是反映人文社科研究质量和水平的有效指标。本文对近三届（第六、七、八届，覆盖 2008—2017 年）优秀成果奖的概况加以统计，并利用地理信息系统技术进行时空分析。结果显示，2008—2017 年，我国人文社科研究的时空格局呈现出四大特征，即东强西弱与 U 形过渡；西部基础逐步改善，研究实力却与东部差距拉大；国际化程度以东部沿海表现突出，西部省份不尽如人意；西部地区一些特色学科表现亮眼。研究结果显示了我国人文社科研究在人才流动、资金配置和本土资源挖掘等方面存在的突出问题。

关键词： 高校人文社会科学研究　优秀成果奖　时空格局　西部高校　时空分析

受历史与现实因素影响，我国人文社科研究形成了独特的时空格局。厘清文科科研实力的空间分布和发展态势，有助于推动高校哲学社会科学事业繁荣发展。目前，高校哲学社会科学教学科研人员占我国哲学社会科学"五路大军"的 80% 以上，[①] 因此，高校的文科科研水平可以有效代表我国相关方面的整体情况。高等学校科学研究优秀成果奖（人文社会科学）（以下简称"优秀成果奖"）由教育部于 1995 年设立，旨在奖励高校在人文社会科学研究领域做出突出贡献的研究人员。作为"高等学校哲学社会科学繁荣计划"的重要内容，[②] 优秀成果奖组织严密、程序公正，历届获奖成果都具有较高的公信力和较大的影响力，因此，该奖项普遍被视为哲学社会科学领域的最高奖项，可以真实地反映人文社科研究质量和水平，[③] 为深入了解我国人文社科发展格局提供了可靠的视角。

优秀成果奖每 3—4 年评选一次，截至 2022 年已举办八届，共评选出 5392 项成果，覆盖近 30 个学科。已经有不少学者就该奖项及其反映的信息展开分析讨论，[④] 回顾以往的相关研究，可以归纳为三个主题，即人文社科研究实力分布、国际化程度及学科发展特点与影响力。然而，这些研究主要存在三个局限。一是研究时段大多截至第七届（2013 年底），对第八届的研究只是基于公示材料，并非最终获奖数据，其准确性存在一定问题；二是对数据的分析大多以高校为单位，并未从地域差异的角度展开讨论，以

---

① 《财政部教科文司、教育部社会科学司有关负责人就〈高等学校哲学社会科学繁荣计划专项资金管理办法〉答记者问》（2016 年 11 月 24 日），http://www.moe.gov.cn/jyb_xwfb/s271/201611/t20161124_289889.html，2021 年 2 月 10 日。

② 《高等学校哲学社会科学繁荣计划（2011—2020 年）》（2011 年 11 月 7 日），http://www.moe.gov.cn/srcsite/A13/s7061/201111/t20111107_126304.html，2021 年 2 月 10 日。

③ 《教育部社科司负责人就第六届高等学校科学研究优秀成果奖（人文社会科学）评奖答记者问》（2013 年 4 月 7 日），https://www.sinoss.net/2013/0407/45393.html，2021 年 2 月 10 日。

④ 王永斌、孔令会等：《历届高校人文社会科学优秀成果奖的计量分析》，《科学学研究》2012 年第 9 期；汤建民、虞飞华：《我国高校人文社科研究力量的分布态势》，《高教发展与评估》2013 年第 6 期；王晨曦：《历届全国高校人文社会科学优秀成果奖的情况分析》，硕士学位论文，河北大学，2016；黄华伟：《高校社科成果奖分布态势研究——以第八届高校社科研究优秀成果奖为例》，《当代教育理论与实践》2020 年第 6 期；黄华伟：《高校科学研究优秀成果奖分析——以第七届社科优秀成果奖为研究对象》，《中国高校科技》2016 年第 8 期；王日春、王玉明：《高校人文社会科学研究的变化与发展——基于历届优秀成果奖的数据分析》，《中国高等教育》2009 年第 20 期；倪润安：《教育部人文社会科学研究成果评奖的现状与趋势》，《云梦学刊》2008 年第 3 期；丁柏铨：《论新闻学的学科影响力》，《现代传播》（中国传媒大学学报）2011 年第 6 期；匡鹏飞、沈威：《高校语言学成果评价的崇实取向》，《汉语学报》2013 年第 4 期；陈平：《高校哲学社会科学研究"走出去"问题与对策——对高校科学研究优秀成果奖的数据分析》，《重庆大学学报》（社会科学版）2014 年第 4 期；李岩、张豫：《人文社会科学研究竞争力分析——基于历届北京市哲学社会科学优秀成果奖的实证分析》，《中国高校社会科学》2018 年第 5 期。

致对于我国人文社科研究力量的空间分布缺乏足够认知；三是研究手段停留在简单的统计列表，未能利用现代地理学的方法和技术进行时空分析，因此，其分析结果既不够直观，对于数据时空分布规律及其深层意义的挖掘也不够深入。

　　针对现有研究中存在的上述局限，本文以深入全面地认识我国当前人文社科发展格局为研究目标，在对近三届（第六、七、八届）优秀成果奖的概况进行统计的基础上，利用地理信息系统（Geographic Information System，GIS）技术进行时空分析。首先，从全国各省份总体获奖情况出发，分析我国文科科研实力的发展态势与空间差异。其次，归纳我国人文社科研究时空格局的基本特征。最后，根据本文研究结果，总结我国当前高校文科发展存在的问题，以期为今后的高校哲学社会科学事业发展战略提供参考。

一　从获奖数据透视 2008—2017 年我国文科科研实力的发展态势与空间差异

　　各省份的获奖数量反映其人文社科科研实力，本节首先从优秀成果奖的概况入手，对近三届优秀成果奖的设置情况和覆盖范围进行总结，然后聚焦各省份的获奖数情况，分析整体研究实力的发展态势与空间差异。

（一）第六、七、八届优秀成果奖概况

　　关于第六、七、八届优秀成果奖的概况，统计成果起止时间、获奖总数、各奖项情况统计和获奖高校数等几方面，如表 1 所示。第六届和第七届参评成果的时间跨度均为三年，而第八届则有 2014—2017 年共四年的科研成果参评。获奖总数方面，第七届（908 项）的获奖总数比第六届（830项）高出 9.3%，第八届在参评成果的时间跨度仅多出一年的情况下，获奖总数达到 1539 项，比第七届高出近七成（69.5%），反映出近年来奖励数量大幅增加的特点，与前人研究中对第七届之后获奖数"增长速度逐渐放缓"的预测截然不同。[①]

---

　　①　王晨曦：《历届全国高校人文社会科学优秀成果奖的情况分析》，第 7 页。

2011 年中共中央办公厅、国务院办公厅转发的《教育部关于深入推进高等学校哲学社会科学繁荣发展的意见》，[①] 提出了繁荣发展高校哲学社会科学的总体目标、工作方针和主要任务，为推进高校哲学社会科学发展提供了行动纲领，随后，教育部、财政部联合印发《高等学校哲学社会科学繁荣计划（2011—2020 年）》等配套文件。这一系列文件的出台，正值第六、七届优秀成果奖之间，而第六届和第七届优秀成果奖的获奖情况仍在诸多方面差异不大，也就是说，繁荣发展高校哲学社会科学工作的效果存在一定的滞后性。第八届优秀成果奖的获奖数则整体出现了大幅增加，若评奖标准变化不大，则反映出全国人文社科研究成果质量和水平的切实提高，新一轮"高校哲学社会科学繁荣计划"的卓著成效已然显现。

表 1　第六、七、八届高等学校科学研究优秀成果奖（人文社会科学）概况

	第六届			第七届			第八届		
成果起止时间	2008 年 1 月 1 日至 2010 年 12 月 31 日			2011 年 1 月 1 日至 2013 年 12 月 31 日			2014 年 1 月 1 日至 2017 年 12 月 31 日		
获奖总数	830			908			1539		
各奖项统计	著作奖、论文奖	一等奖	43	6%	著作奖、论文奖	一等奖	47	5%	著作论文奖	一等奖	152	12%
		二等奖	236	31%		二等奖	236	28%		二等奖	783	63%
		三等奖	486	64%		三等奖	572	67%		三等奖	306	25%
		小计	765	100%		小计	855	100%		小计	1241	100%
	研究报告奖	一等奖	2	4%	研究报告奖	一等奖	3	7%	咨询服务报告奖	一等奖	10	13%
		二等奖	14	29%		二等奖	15	36%		二等奖	47	61%
		三等奖	32	67%		三等奖	24	57%		三等奖	20	26%
		小计	48	100%		小计	42	100%		小计	77	100%
	成果普及奖		17	成果普及奖		11	普及读物奖	20
							青年成果奖	201
获奖高校数	196			198			231		

奖项设置方面，第六届和第七届的奖项均包括著作奖、论文奖、研究

①　《教育部关于深入推进高等学校哲学社会科学繁荣发展的意见》，2011 年 11 月 15 日，ht-tp：//www.moe.gov.cn/s78/A13/A13_tt/201111/t20111115_126561.html，2021 年 2 月 10 日。

报告奖和成果普及奖，其中，著作奖、论文奖和研究报告奖均设特等奖和
一、二、三等奖，成果普及奖不分等。第八届的奖项设置有所变化，著作
奖和论文奖合并，研究报告奖名称调整为咨询服务报告奖，成果普及奖改
名为普及读物奖，另增设青年成果奖，其中，普及读物奖和青年成果奖不
分等级，其他奖项分设特等奖和一、二、三等奖。从表1可以看到，除普及
读物奖外，各对应奖项的获奖总数在第八届均有大幅增加，新增的青年成
果奖获奖数也有201项之多。值得注意的是，在分等级的著作论文奖和研究
报告奖（或咨询服务报告奖）中，一、二、三等奖的比例有显著变化，总
体表现为一等奖和二等奖的比例均显著增加，三等奖比例大幅下降。其中，
著作论文奖的一等奖比例由5.5%左右变为第八届的12.2%，比例增加了一
倍多，第八届咨询服务报告奖的一等奖比例也比第七届多出近一倍；二等
奖的比例在第六届和第七届均为30%左右，到了第八届则高于60%；与之
对应，三等奖比例由第六届和第七届的六七成，变为第八届的四分之一左
右。上述显著变化体现了近年来奖项向更高等级倾斜的特点，反映出优秀
成果奖对人文社科学者有更强的褒奖和激励作用。

统计近三届优秀成果奖获奖的高校数，可以发现第六届和第七届差别
不大，但是第八届则新增30余所高校，新增比例达17%。获奖高校的增加，
体现出近年来更多高校在提升人文社科研究力量方面做出了有效努力。

（二）整体研究实力的时空分布

优秀成果奖覆盖全国31个省区市，统计各省份近三届优秀成果奖获奖
总数（见图1）可以发现，北京无疑是我国人文社科研究实力最强的地区，
获奖数占全国总数的26%以上，高于排名第二、三位的上海和江苏的总和。
湖北、浙江和广东紧随其后，排名前六的这些省份获奖数总和，超过全国
获奖总数的七成，而海南、青海、宁夏、贵州和西藏近三届的获奖总数均
为个位数，体现出各省区市人文社科整体研究实力分布的不均衡。

近三届各省份获奖数的统计分布特征用箱型图表征如图2所示。图中箱
内的长横线表示中位数，箱的上缘和下缘分别表示上四分位数和下四分位
数，短横线表示数据上下限，均值用叉号表示，超出上下限的数据是离群
值，用圆圈表示。由图2可以看到，第六届和第七届各省获奖数的数据分布
差异不大，第八届的数量则整体增加。考察离群值可以看出，获奖数突出

的几个省份与其他省份获奖数的差距逐渐拉大，反映了人文社科研究实力
的区域不均衡性在增加。

图 1 第六、七、八届高等学校科学研究优秀成果奖（人文社会科学）各省区市获奖总数

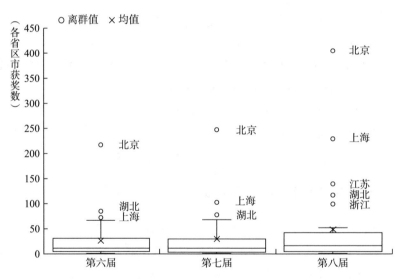

**图 2 第六、七、八届高等学校科学研究优秀成果奖（人文社会科学）
各省区市获奖数的统计分布特征**

二 2008—2017 年我国人文社科研究时空格局的四大特征

（一）东强西弱与 U 形过渡

各省区市近三届优秀成果奖的总数和每届获奖数的空间分布如表 2 所

示。可以发现，这一空间分布与"胡焕庸线"有相关之处，[①] 整体显示出东高西低的分布特点，现有研究也认为"区域高等教育发展水平总体上自东向西呈阶梯式下降态势"。[②]

表2　第六、七、八届高等学校科学研究优秀成果奖（人文社会科学）

各省区市获奖数的时空分布

省区市	第六届	第七届	第八届	三届总数
北京	217	247	403	867
上海	73	103	229	405
江苏	67	78	140	285
湖北	85	81	117	283
浙江	59	68	100	227
广东	47	58	104	209
四川	22	29	52	103
山东	36	26	38	100
吉林	21	30	35	86
陕西	25	27	34	86
天津	19	24	42	85
福建	31	18	35	84
湖南	21	17	36	74
重庆	19	14	33	66
辽宁	16	12	20	48
安徽	5	11	16	32
云南	10	3	15	28
甘肃	6	7	12	25
黑龙江	11	9	5	25
江西	9	7	6	22
山西	4	6	9	19
内蒙古	2	10	5	17
河南	3	3	11	17

① 胡焕庸：《中国人口之分布——附统计表与密度图》，《地理学报》第2卷第2期，1935年。

② 李硕豪、王婉玥：《我国中西部高等教育结构性差距指数分析》，《高等教育研究》2020年第8期。

续表

省区市	第六届	第七届	第八届	三届总数
河北	5	5	7	17
广西	3	2	11	16
新疆	4	7	3	14
贵州	5	1	2	8
海南	1	1	4	6
青海	1	2	1	4
宁夏	1	1	2	4
西藏	2	1	1	4

然而，人文社科研究力量并非简单地呈现"东强西弱"的"阶梯式下降"分布格局。实际上，获奖总数较高的省份整体呈 U 形分布，U 形的西半部由陕西、四川、重庆、湖北和湖南组成，这些省份的主要高校均在"胡焕庸线"以东；东半部由吉林、北京、天津、山东、江苏、上海、浙江和福建组成，东西两部分由广东相连。也就是说，我国人文社科研究实力较强的地区并未连接成片，而是整体呈现出双条带状分布格局。这种分布格局与既往的认知存在显著差异。

省级尺度下的空间异质性十分明显，例如，四川虽地处我国西南，但人文社科研究力量甚至高于某些东部省份，体现出其作为西部地区文化重镇的地位。在文化实力方面，长期以来存在"中部塌陷"的观点，本研究结果则表明，湖北显然是一个例外。湖北作为我国中部省份，获奖数始终高于周边省份，即使与大部分东部沿海省份相比也不逊色，在内地省份中的文化重心地位非常突出。位于东部沿海发达省份和广阔的西部地区中间，湖北与湖南的经济、社会、文化交流密切，同陕西、重庆、四川等省自古以来的联系也较为紧密，对这些地区的带动作用较为显著。

（二）西部基础逐步改善，研究实力却与东部差距拉大

毫无疑问，获奖数量的空间分布总体上反映了我国文科科研实力的地区差异。考虑到各省区市文科科研人口并非均质分布，简单地将获奖数量作为反映其科研实力的唯一指标显然有失公平，至少还需考虑其科研人口基数。

　　根据近三届优秀成果奖截止年份（2010年、2013年和2017年）的高校人文社科研究人员数量，① 笔者统计了西部地区人员占比，并与在第六次人口普查中的总人口占比进行对照。一个出人意表的发现是，西部地区从2010年至2017年，尽管其高校文科科研人员占比在稳步增长，而其成果获奖占比却不断走低，如图3、图4所示。

　　由图3可以看到，西部高校文科科研人口占全国的23%左右，总体趋势在逐步增加；与西部地区在全国人口中27%的占比小有差距，② 但差距不大。相比之下，西部地区获奖数占比则明显偏低（图4），近三届西部地区获奖总数占比仅11.5%，更令人始料未及的是，随着时间推移，比例不断降低。第六届尚有12.0%，第八届跌至11.2%。与西部高校教师占比逐渐上升的趋势形成鲜明对照。

　　这一结果似可表明，东西部地区高等教育和科研的基础资源配置虽然不十分均衡，但在逐步改善。而与此同时，高水平科研产出方面，东西部差异却越发显著，或系西部地区高水平人才持续外流，即通俗所谓"孔雀东南飞"所致。

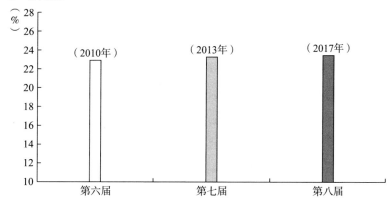

图3　高校人文社科研究人员内西部地区人员占比

①　《2017年各省高校人文社科研究发展人力情况》（2018年6月22日），https://www.sin-oss.net/uploadfile/stat/2017hdry.pdf，2021年1月25日；《2013年各省高校人文社科活动人员情况》（2015年7月20日），https://www.sinoss.net/uploadfile/stat/2013hdry.pdf，2021年1月25日；《2010年各省高校人文社科活动人员情况》（2013年8月21日），https://www.sinoss.net/uploadfile/stat/2010hdry.pdf，2021年1月25日。

②　《中国2010年人口普查资料》（2012年7月23日），http://www.stats.gov.cn/tjsj/pcsj/rkpc/6rp/indexch.htm，2021年2月10日。

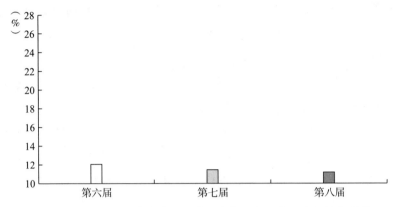

图 4　第六、七、八届高等学校科学研究优秀成果奖（人文社会科学）
西部地区获奖数占比

（三）国际化程度以东部沿海表现突出，西部省份不尽如人意

高等学校哲学社会科学"走出去"，是中华文化"走出去"战略的重要组成部分。高校哲学社会科学繁荣发展的任务中，就包含了实施哲学社会科学"走出去"的战略。[①] 教育部进而制定出台《高等学校哲学社会科学"走出去"计划》，[②] 全面推动高等学校哲学社会科学优秀成果和优秀人才走向世界。

为反映我国不同地区人文社科研究成果"走出去"程度的差异，笔者统计了近三届优秀成果奖中国际发表成果获奖数，如表 3 所示。从表中可以看到，在"走出去"战略计划实施的几年间，优秀研究成果涌现，且数量快速增加，以北京、上海和广东最为突出，特别是广东，在总获奖数排在全国第六（见图 1）的情况下，国际发表成果数位列第三，体现了广东省研究成果的国际化程度之高。

尽管部分西部省份与中亚地区交流频繁，学术成果的国际化水平却不尽如人意。整体来看，十年间只有 60% 的省份有过国际发表成果获奖，主要集中在东部地区，大部分西部和东北地区省份在十年间没有优秀国际发表成果获奖。即使在有国际发表成果获奖的省份中，获奖数也较悬殊，反

---

① 《高等学校哲学社会科学繁荣计划（2011—2020 年）》（2011 年 11 月 7 日），http://www. moe. gov. cn/srcsite/A13/s7061/201111/t20111107_126304. html，2021 年 2 月 10 日。

② 《高等学校哲学社会科学"走出去"计划》（2011 年 11 月 7 日），http://old. moe. gov. cn//publicfiles/business/htmlfiles/moe/s6137/201111/xxgk_126303. html，2021 年 2 月 10 日。

映出各省份人文社科研究成果的国际化程度很不均衡。

表 3　第六、七、八届高等学校科学研究优秀成果奖（人文社会科学）
国际发表成果获奖情况的时空分布

省区市	第六届	第七届	第八届	三届总数
北京	19	29	62	110
上海	3	11	36	50
广东	8	8	18	34
江苏	4	6	11	21
浙江	2	7	10	19
湖北	3	8	6	17
陕西	1	3	6	10
四川	1	1	5	7
湖南	0	2	4	6
重庆	1	1	2	4
安徽	2	0	2	4
天津	0	2	1	3
辽宁	1	0	2	3
山东	0	1	2	3
福建	1	0	1	2
山西	0	0	2	2
江西	0	1	0	1
新疆	0	1	0	1
海南	0	0	1	1
吉林	0	0	0	0
甘肃	0	0	0	0
云南	0	0	0	0
内蒙古	0	0	0	0
黑龙江	0	0	0	0
河南	0	0	0	0
广西	0	0	0	0
河北	0	0	0	0

续表

省区市	第六届	第七届	第八届	三届总数
青海	0	0	0	0
宁夏	0	0	0	0
贵州	0	0	0	0
西藏	0	0	0	0

（四）西部地区一些特色学科表现亮眼

为了进一步探讨西部地区人文社科研究的学科发展特色，以下分学科对获奖情况进行对比分析。为方便各届各学科的获奖情况对比，首先筛选出近三届优秀成果奖中均有设立的学科，其中，第六届的"马克思主义理论"和"马克思主义研究"、第七届的"马克思主义"，以及第八届的"马克思主义理论"，在统计中均合并为"马克思主义"学科；第六届的"图书、情报与文献学"与第七届和第八届的"图书馆、情报与文献学"合并。此外，对于在任何一届中存在获奖总数少于10项情况的学科，由于样本量过小，偶然因素较大，无统计意义，故不纳入统计范围。根据如上原则筛选出共计20个学科，这些学科的西部地区获奖数占比如图5所示。

由图4可以发现，与西部地区在不区分学科时获奖数占比仅为11.5%的情况（见图5中虚线）截然不同的是，西部地区在民族学与文化学这一学科具有绝对优势，在西部地区教师较少的情况下，近两届也与东部地区获奖数持平，在第六届甚至超过东部地区获奖数，占比达到57.1%；宗教学的获奖数也接近30%。这些学科充分利用本土资源，发挥地区特色，得到了繁荣发展。

相比之下，在政治学，马克思主义，图书馆、情报与文献学，社会学，哲学和艺术学这些学科上，西部地区的近三届获奖数占比均不到8%，甚至出现过在某一届没有成果获奖的情况，体现出西部地区这些学科研究力量较为薄弱。值得注意的是，在西部地区获奖数整体占比不断下降的情况下（图6），外国文学和语言学仍呈现获奖数占比逐渐增加的态势，其中，语言学学科研究实力的上升，与对少数民族语言更为深入的研究有密切关系，也是充分利用地区资源的体现。

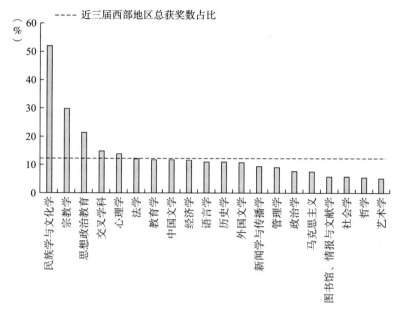

图 5　第六、七、八届高等学校科学研究优秀成果奖（人文社会科学）各学科西部地区总获奖数占比

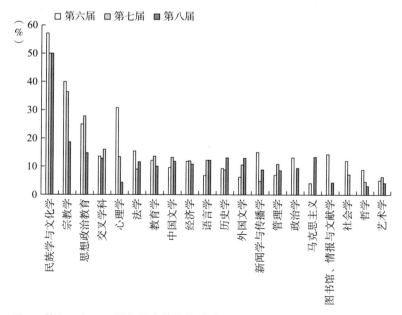

图 6　第六、七、八届各届高等学校科学研究优秀成果奖（人文社会科学）各学科西部地区获奖数占比情况

三　我国当前人文社科发展存在的问题

（一）人才流动

构建中国特色哲学社会科学，要从人抓起，久久为功。[①] 近年来，我国先后实施《中西部高等教育振兴计划（2012—2020 年）》、东西部扶贫协作和对口支援等有针对性的发展战略以及国家级区域协作和支援计划，[②] 促进了西部地区高等教育和科研的外延式发展，人文社科研究人员数量占比不断提高，基础资源配置与东部差距逐渐缩小。

然而，与东部地区高校教师发展平台大、机会多、待遇好的状况相比，西部地区高校在人才待遇、科研环境和生活条件等方面竞争力仍显不足，[③] 亦缺少有利于其涵养人才的政策导向和激励措施。在东西部区域间发展不平衡、不充分逐渐加剧的情况下，人才流动目前较多地受到市场规律的支配，自由度较高。[④]

在这些因素的影响下，人才流动趋于不正常、不合理，成为单向流动：优秀人才在东部等经济发达地区过分集中，即使西部地区高校研究人员数量占比在增加，西部地区高校却一直面临高水平人才短缺和流失的双重困境。十几年前，时任西北师范大学校长的人大代表王利民就曾痛心地表示，在此前的十年中，兰州大学流失的高水平人才完全可以再办一所同样水平的大学。[⑤] 据不完全统计，甘肃省内近 50 所高校在 2012—2017 年流失人才多达 2600 余人，约为引进人才数的三分之一，大多是在西部地区培养成长起来的高层次人才，其中大部分流向经济较为发达的东部省区，而引进的

[①] 《关心好培养好使用好哲学社会科学五路大军》（2016 年 5 月 21 日），http://www. xinhua-net. com/politics/2016-05/21/c_1118906949. htm，2021 年 3 月 28 日。

[②] 李硕豪、王婉玥：《我国中西部高等教育结构性差距指数分析》，《高等教育研究》2020 年第 8 期。

[③] 王亮：《西部高校人才流失的原因及对策》，《西部素质教育》2019 年第 19 期。

[④] 严纯华：《兰大校长：鼓励人才"西流"需要政策支持》（2018 年 3 月 7 日），https://mp. weixin. qq. com/s/Qy5WlPTWczM2RWMUtAfABQ，2021 年 3 月 28 日。

[⑤] 晋浩天、柴如瑾：《教育部长陈宝生答光明日报记者问：规范薪酬条件，严格契约管理，遏制恶性人才竞争（附本报深度调查：高校人才"孔雀东南飞"现象透视）》（2017 年 3 月 13 日），https://mp. weixin. qq. com/s/sDBN8LOlhcUcqFQEkwl7jg，2021 年 3 月 28 日。

多为青年人才。① 与高层次人才流失相伴的，就是在内涵式发展方面，西部地区高校的文科高水平科研产出越发落后，东西部地区人文社科发展"马太效应"显著。

（二）资金配置

东西部地区人文社科研究实力"马太效应"产生的基础是发展不平衡、不充分的现状，而这一现状折射的是文科实力薄弱地区教育投入的不足。② 以河北、山西、河南、安徽和江西等五省份为例做一说明。这五个省份位于本文分析发现的 U 形分布的中间地带，形成文科研究力量"洼地"。这五省除河北外，均位于我国中部地区，但与同为中部地区省份的湖北相比，这些省份用于高校文科研究与发展的资金投入较为有限。以安徽为例，参考能够较为真实地反映地方经济整体情况以及财力的地方一般公共预算收入，2018 年，安徽与湖北的地方一般公共预算收入相近（分别为 3307 亿元和 3049 亿元），③ 两省的经济状况大体相当，安徽 2018 年高校人文社科研究发展经费支出却不到湖北的 60%。④

在经济发展水平较低的地区，情况则更加困难。目前，来自中央的教育经费差异较小，主要的差距还是在地方政府。⑤ 因此，即使已然非常努力，经济发展水平较低的地方政府能用于高校文科研究发展的经费投入仍十分有限。高校经费短缺，对于优秀人才自然缺乏吸引力和激励，相当不利于高水平科研成果的产出。

---

① 杨洁、孙庆玲等：《如何为西部人才流失"止血"》，《中国青年报》2021 年 3 月 22 日，第 5 版。

② 陈彬、温才妃：《区域高等教育如何跨越"马太效应"陷阱》，《中国科学报》2021 年 3 月 9 日，第 5 版。

③ 《安徽省 2018 年全省一般公共预算收入预算执行情况表》（2019 年 2 月 1 日），http://czt. ah. gov. cn/public/7041/140054901. html，2021 年 3 月 28 日；《湖北省 2018 年预算执行情况和 2019 年预算草案的报告》（2019 年 3 月 4 日），http://www. mof. gov. cn/zhuantihuigu/ 2019ysbghb/201903/t20190304_3181582. htm，2021 年 3 月 28 日。

④ 《2018 年各省高校人文社科研究发展经费支出情况》（2019 年 7 月 17 日），https://www. si- noss. net/uploadfile/stat/2018zhichu. pdf，2021 年 3 月 28 日。

⑤ 董鲁皖龙、柯进等：《多样化差异化不够、教育经费不足、人才流失严重，代表委员为中西部高教发展建言——求解中西部高教振兴三道题》，《中国教育报》2019 年 3 月 12 日，第 3 版。

（三） 本土资源挖掘

国际化水平和特色学科发展均与本土资源有着密切的关系。广东作为粤港澳大湾区的重要组成部分，是改革开放的前沿，开放程度高，经济活力强，研究成果国际化水平十分突出。西部地区拥有较长的边境线，与十数个国家接壤，同样具有学术研究国际化发展的地理与文化条件，共建"一带一路"的开展更是为西部地区高校科研国际化发展提供了新的机遇。[①]然而，从获奖数据体现的情况来看，这些发展条件尚未能促成西部地区高校产出较多具有国际影响力的人文社科学术成果，这与西部地区高校国际化发展环境尚不完善、国际化人才队伍缺乏等不利因素有着密切的关系。[②]

而在学科建设方面，西部地区高校的艺术学、哲学和社会学等学科的研究力量较为薄弱。部分薄弱学科在西部地区有着良好的资源和基础，本有可能不甚受限于当地的经济发达程度，从而在西部地区得到较好发展。本文得到的结果却与这一认知相悖。以艺术学为例，西部地区地域辽阔、民族众多，各类丰富多彩的西部艺术形式多样、内涵隽永，具有极高的研究价值，得到国内外学者的广泛关注。[③]然而，从获奖情况来看，很多西部地区艺术的研究成果是由东部地区高校的学者发表的。究其原因，西部地区在文科发展中未能充分挖掘和利用本土资源，部分非实用性特征较为突出的人文学科在西部地区高校发展受限。

四　展望

本文通过对近三届优秀成果奖的获奖情况进行统计和时空分析，发现了 2008—2017 年这十年间我国人文社科研究时空格局的四大特征。同时，研究结果也凸显出我国人文社科研究在人才流动、资金配置和本土资源挖

---

① 《教育部：推进共建"一带一路"教育行动》（2017 年 3 月 16 日），https：//www. yidaiyi-lu. gov. cn/zchj/jggg/2397. htm，2021 年 3 月 29 日。

② 黎军、张正娟：《"一带一路"倡议下西部高等教育国际化发展探究》，《教育与教学研究》2019 年第 10 期。

③ 程金城、李向辉：《论中国西部独特艺术及其研究思路》，《兰州大学学报》（社会科学版）2005 年第 5 期。

掘等方面存在的问题。但是必须看到，近年来，西部地区人才流失的情况已在一定程度上有所改善，例如，兰州大学通过大力开展人才引进工作，在 2018 年已经止住人才队伍的非正常流动，实现了引进人才数量多于流失的目标。[①] 2016 年，财政部、教育部联合发布了《高等学校哲学社会科学繁荣计划专项资金管理办法》，以"引领方向、支持创新、培养人才"为目标，以"优化配置、严格管理、提高效益"为重点，向地方高校，向中西部地区、民族地区高校倾斜，更好地激发了广大科研人员的积极性。[②] 同时，文科发展较为薄弱的省份应加大研究资金投入，建立多部委与地方政府协力促进高校可持续发展的常态机制，汇集各类资源形成合力。[③]

人文社科不同于理工科，大多不依赖实验设备，很多学科甚至不依赖经费。在宏观政策引导下，只要待遇足以留住人，各地就可以根据当地的优势，找准自身定位，扬长避短，发展出一些有特色的优势学科，做出其他地方做不出的成果来，进而克服"马太效应"。特别是西部等地区人文社科发展水平较低的高校，如果能推动人文社科研究本土化，充分挖掘地方资源，避免"千校一面"的同质化发展，避免盲目地跟着西方走，则大有希望走出一条特色发展的振兴之路。

（柴宝惠，博士，复旦大学历史地理研究中心青年副研究员；

张伟然，复旦大学历史地理研究中心教授）

---

① 《兰大校长：鼓励人才"西流"需要政策支持》（2018 年 3 月 7 日），https://mp.weixin. qq.com/s/Qy5WlPTWczM2RWMUtAfABQ，2021 年 3 月 28 日。

② 《财政部教科文司、教育部社会科学司有关负责人就〈高等学校哲学社会科学繁荣计划专项资金管理办法〉答记者问》（2016 年 11 月 24 日），http://www.moe.gov.cn/jyb_xwfb/ s271/201611/t20161124_289889.html，2021 年 2 月 10 日。

③ 陈彬、温才妃：《区域高等教育如何跨越"马太效应"陷阱》，《中国科学报》2021 年 3 月 9 日，第 5 版。

历史学研究热点及趋势分析[*]

——基于国家社科基金项目的统计与分析（2010—2020）

薛　勤

一　研究缘起及数据说明

新中国成立以来，随着我国哲学社会科学不断发展、研究队伍不断壮大、研究水平和创新能力不断提高，我国哲学社会科学体系基本确立。哲学社会科学发展水平是一个国家的软实力。新形势下，面对百年未有之变局，我国哲学社会科学发展也面临新机遇和新挑战。2018 年，国家应势提出发展新工科、新农科、新医科、新文科，其中新文科承担着培育新时代文科人才、培育新时代社会科学家、构建哲学社会科学中国学派、创造光耀时代和光耀世界的中华文化的重任；[①] 2019 年起，新文科建设正式实施；2020 年 11 月 3 日，《新文科建设宣言》的发布明确了坚持走中国特色的文科教育发展之路，构建世界水平、中国特色的文科人才培养体系。这一建设目标引领了未来历史学科的改革方向，也为史学工作者的史学研究、学科建设、人才培养等工作树立了新目标。

---

[*]　本文系国家社科基金重点项目"近代中国寺庙概况量化研究"（项目号：18AZS020）阶段性研究成果。
①　吴岩：《积势蓄势谋势 识变应变求变——全面推进新文科建设》，《新文科教育研究》2021年第 1 期。

国家社科基金项目是我国哲学社会科学整体水平的重要体现。目前，学界部分学科已有相关国家社科基金立项的分析与研究，包括统计学、艺术学、体育学、图书馆·情报与文献学、新闻学与传播学、政治学、翻译学等。① 历史学科对国家社科基金立项的研究较少，董明以 1993—2010 年国家社会科学基金项目世界历史学科的立项数据为研究对象，分析了项目的总体情况；② 董明、鲁志翔 2014 年通过对国家社科基金立项项目的统计，分析中国史学科对自然灾害、生态环境和社会变迁关注与研究；赵彦昌等对 2001—2017 年国家社科基金中关于中国档案史的项目进行研究，探讨中国档案史研究现状及发展趋势；③ 时培磊通过梳理 2010—2019 年国家社科基金中国史学史的立项项目，总结得出中国史学史学科的发展应该加强与时代的互动，培育学术新人，增强团队合作意识，并积极探索跨学科的综合性研究。④

总体来说，关于历史学科国家社科基金项目的研究较其他学科来讲不够充分，对国家社科基金立项进行深入分析，梳理近年历史学科的研究热点、研究内容和立项情况，既能总结目前我国历史学科发展的成果与问题，为历史新文科建设的发展规划提供镜鉴，也能为国家社科基金项目申请者提供指导，通过项目主题的信息统计把握未来历史学科的研究热点。

本文以 2010—2020 年历史学类国家社科基金立项项目为对象，⑤ 考察

---

① 代表性成果有郭秀晶、房宏君《21 世纪我国教育科学研究热点、前沿及其演进探析——以国家社科基金和全国教育科学规划资助项目文献为例》，《首都师范大学学报》（社会科学版）2020 年第 5 期；王昱、范武邱：《近五年翻译类国家社科基金立项热点及趋势分析（2015—2019）》，《上海翻译》2020 年第 5 期；柴欢、阮建海：《基于 2013—2017 年国家社科基金项目的"图书馆、情报与档案管理"学科研究现状分析》，《情报科学》2019 年第 8 期；张剑锋：《新世纪我国英语文学研究发展轨迹——基于国家社科基金项目的定量分析》，《外国语文》2018 年第 5 期；等等。

② 董明：《国家社科基金世界历史学科立项项目统计与分析》，《社会科学论坛》2010 年第 19 期。

③ 赵彦昌、许晓艳：《基于国家社科基金项目的中国档案史研究统计分析》，《档案学研究》2019 年第 4 期。

④ 时培磊：《中国史学史学科的研究趋势与发展走向——以近十年国家社会科学基金立项为视角》，《史学理论研究》2021 年第 2 期。

⑤ 《国家社科基金项目数据库》，http：//fz.people.com.cn/skygb/sk/index.php/Index/seach，2021 年 1 月 25 日。截至当前，该数据库暂未收录 2020 年国家社科基金立项数据，因此 2020 年数据由笔者统计。

学科包括中国历史、世界历史、考古学，项目类别包括年度项目（重点项目①、一般项目、青年项目）、重大项目、西部项目。因重大项目未区分学科类别，故本文在分析中将国家社科基金重大项目单列。在国家社科基金项目数据库中按照立项年份及学科分类标准，筛选出 4256 项历史学类项目数据。

　　本文主要采用定量与定性相结合的方法，通过 Python、Stata 等工具结合人工判读，对 2010—2020 年历史学类国家社科基金立项数据进行处理，对立项年份、项目类别、项目单位、所在省份等基本信息进行基础统计，并通过分词软件 ROST CM6 辅助人工的方式，对近十年历史学科的立项主题进行识别，最后对立项项目的研究主题按照年份进行主题统计分析、词频统计、关键词分析，从而分析出近十年历史学科的选题动态和研究热点，并进行对比和分析。

二　历史学科国家社科基金立项基本情况统计

1. 立项数量及趋势分析

　　2010 年以来，国家对人文社会科学研究的投入持续增多，国家社科基金立项数量呈不断上升趋势。2010 年国家社科基金项目总数为 3078 项，至 2020 年已达到 6440 项。② 近十年来，历史学类立项数量总体呈大幅上升趋势，2018 年以后历史学类的立项数量增长最快，是 2010 年总立项数的近 3 倍，历史学类立项数量占总立项数的比重也不断增加，2010 年仅占总立项数的 6.95%，从 2016 年至今，历史学类的立项数量维持占总立项数的 10% 以上。历史学类国家社科基金立项数量的增加，一方面说明国家整体上对以历史学为代表的基础性学科研究的投入增加，另一方面也代表着历史学科研工作者实力的壮大。历史学在哲学社会科学中有重要的基础性作用，国家社科基金项目是国家对于历史学科的大力扶持，这也有助于历史学在国家哲学社会科学发展中发挥重要指导性作用。

---

①　部分项目批准号为××AZD××的重点项目为重大转重点项目，未区分学科类别，因数量较少，不影响整体数据可靠性。

②　如前文所述，本文统计仅包含年度项目（重点项目、一般项目、青年项目）、重大项目、西部项目，不包含国家社科基金后期资助项目和中华学术外译项目。

2. 各项目类别分布及变化趋势

从项目类别来看，历史学类每年度立项以一般项目为主，占总立项数的 45.76%，青年项目占总立项数的 26.9%，西部项目次之，占 12.08%，重点项目最少，占比 6.59%。从变化趋势来看，一般项目的立项数每年递增，占比从 2010 年的 41.59% 增长到 48.83%，重点项目 2010 年仅占 3.27%，2013—2014 年资助力度提高，立项数分别占总数的 11.19% 和 10.1%，2017—2020 年，重点项目的立项数占比保持在 6.5% 左右。西部项目和青年项目数量也有所增加，但从历史学类申报的占比来看，与 2010 年相比，青年项目占比稍有浮动，维持在 26% 左右，西部项目的占比自 2010 年以来呈下降趋势，2019 年后占比未超过 9%。有研究表明，从国家社科基金项目的立项率来看，重点项目最高，青年项目次之，一般项目最低。① 由此可见，一般项目作为国家社科基金立项的主体，竞争压力最大，历史学类的立项规律进一步证明了这一统计结果；青年项目立项的增多也说明了国家注重培养历史学科研队伍阶梯式的培育，对青年学者科研申报进行专项支持；同时，国家十分重视全国东西部平衡，对西部地区区域科研水平发展提供专项支持，这也有助于促进民族团结，保护区域文化遗产。

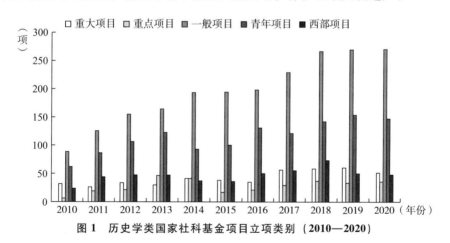

图 1　历史学类国家社科基金项目立项类别（2010—2020）

3. 历史学类立项所在二级学科分布情况

如表 1 所示，2010—2020 年，历史学类国家社科基金项目立项总数为

---

① 黄忠廉：《人文社科项目申报 300 问》，科学出版社，2017。

4722 项，其中中国历史 3018 项、世界历史 987 项、考古学 717 项。从二级学科分类来看，中国历史每年立项数最多，平均立项数是总项目数量的 63.91%，世界历史次之，占比 20.9%，考古学仅占比 15.18%。但从 2010年以来的立项来看，历史学类各学科的立项数仍有变化，中国历史立项数量在历史学类的立项占比呈下降趋势，世界历史及考古学的比重有所上升，其中，中国历史每年立项数由 2010 年的 71.96% 下降到 2020 年的 59.64%，世界历史由 14.95% 上升到 22.7%，考古学由 13.08% 上升到 17.66%。

表 1　国家社科基金项目历史学科立项数统计（2010—2020）

立项年份	中国历史	世界历史	考古学	共计
2010	154	32	28	214
2011	217	56	30	303
2012	243	67	55	365
2013	267	92	52	411
2014	265	85	56	406
2015	248	88	50	386
2016	274	98	66	438
2017	315	102	78	495
2018	364	119	96	579
2019	340	122	108	570
2020	331	126	98	555
合计	3018	987	717	4722

　　以上统计数据一定程度上说明中国历史学科是历史学科蓬勃发展的重要力量，世界历史和考古学相较之下较薄弱，但世界历史和考古学近年来立项数量的增多也从侧面反映了国家对世界历史和考古学的大力扶持及历史学科间的平衡建设。值得注意的是，历史学类的国家社科基金立项的总体占比从 2010 年的 6.32% 提高至 2020 年的 9.82%。这说明随着新时代的到来，历史学科在新历史背景下具有重要的时代责任，世界历史和考古学在中国哲学社科科学体系中的地位也日趋上升，世界历史和考古学在新文科建设的背景下将有更加广阔的发展空间。

4. 项目负责人工作单位及所属系统

如表 2 所示，历史学类国家社科基金项目立项单位主要在高等院校（85.2%）和社科院系统（8.43%），其中中国社会科学院各研究所占据了社科院系统49.87%的立项数量，其次立项较多的有上海社会科学院、吉林省社会科学院、黑龙江省社会科学院等，其他立项单位有各级党政机关、中央及地方各级党校以及军队系统等。

表 2　国家社科基金项目所属系统统计

序号	所属系统	立项数	占比（%）
1	高等院校	4023	85.2
2	社会科学院	398	8.43
3	其他	251	5.32
4	各级党校	34	0.72
5	军队系统（包括地方军队院校）	13	0.28
6	中国科学院	3	0.06
合计		4722	100

高等院校是历史学类国家社科基金项目立项的主力军。以 2010—2020 年国家社科基金立项单位来看（见表 3），四川大学、北京大学、陕西师范大学、南开大学、中山大学名列前五。其中四川大学和陕西师范大学因国家社科基金项目申请的政策倾斜，西部项目立项较多，四川大学西部项目有 12 项，陕西师范大学西部项目有 13 项。排除西部项目的政策影响因素，重大项目立项数量超过 10 个的高校有北京大学（21）、上海师范大学（13）、厦门大学（13）、中国人民大学（12）、中山大学（12）、南开大学（12）、吉林大学（12）、复旦大学（12）、陕西师范大学（12）、华东师范大学（11）、四川大学（11）、武汉大学（11）、南京大学（10）、浙江大学（10）。重点项目立项数较多的高校有复旦大学（11）、陕西师范大学（11）、北京大学（9）、首都师范大学（8）、四川大学（7）、浙江大学（7）、郑州大学（7）、东北师范大学（6）、华东师范大学（6）、南京师范大学（6）、山东大学（6）、暨南大学（6）、河南大学（6）。一般项目立项数靠前的高校有南开大学（48）、东北师范大学（39）、吉林大学（39）、四川大学（39）、河南大学（39）、北京大学（38）等。青年项目立项较多

的高校有中山大学（30）、四川大学（27）、西北大学（26）、河南大学
（24）、华东师范大学（23）等。西部项目主要集中在西部地区，立项较多
的高校主要有内蒙古师范大学、西北大学、云南大学、兰州大学、重庆师
范大学、陕西师范大学、四川大学、广西师范大学、内蒙古大学等。可以
看出，双一流建设高校在国家社科基金立项中表现优异，尤其是北上广地
区的高校科研实力相对突出，无论是重大项目还是年度项目实力都十分强
劲，在学科建设和科研水平的发展与平衡中成绩显著。

表 3　国家社科基金项目所属单位前二十名（2010—2020）

序号	工作单位	立项数	占比（%）	序号	工作单位	立项数	占比（%）
1	四川大学	96	2.39	11	山东大学	64	1.59
2	北京大学	89	2.21	12	上海师范大学	62	1.54
3	陕西师范大学	79	1.96	13	首都师范大学	61	1.52
4	南开大学	78	1.94	14	厦门大学	60	1.49
5	中山大学	77	1.91	15	华东师范大学	59	1.47
6	河南大学	75	1.86	16	郑州大学	59	1.47
7	吉林大学	74	1.84	17	武汉大学	58	1.44
8	复旦大学	74	1.84	18	南京大学	55	1.37
9	西北大学	73	1.81	19	云南大学	52	1.29
10	东北师范大学	68	1.69	20	浙江大学	51	1.27

5. 项目负责人专业职称及所在地区分布

项目负责人是国家社科基金项目能够顺利完成的重要保证。据统计，自
2010 年起至 2020 年，39.22% 的项目负责人为正高级职称，31.58% 的负责人
为副高级职称，中级职称者占比 28.48%（见表 4）。从各项目类别中也可看
出，重大项目负责人基本皆为正高级职称；重点项目负责人基本有高级职称，
其中正高级职称者占比 84.57%；一般项目中，高级职称者占比 87.46%，
中级职称者占比 12.08%；西部项目负责人大都具有中级以上职称，其中高级
职称占比 71.79%；青年项目受惠于申报条件，倾向于青年科研人员，因此中
级及以下职称者占比超过 75.67%。我们可以看出职称越高，国家社科基金
立项率越高，高级职称以下申请国家社科基金的难度较高，初级尤其。

表 4　历史学类专业职称立项统计（2010—2020）

序号	专业职务	立项数	占比（%）
1	正高级	1852	39.22
2	副高级	1491	31.58
3	中级	1345	28.48
4	初级	34	0.72
合计		4722	100

从地区分布看，历史学类国家社科基金也反映着全国各地历史学科的实力状况。从总立项数来看，自 2010 年起，历史学类国家社科基金立项排名地区前十名如表 5 所示，占总立项数的 55.60%。

表 5　2010—2020 年历史学类立项人所在省市排名（前十名）

序号	地区分布	立项数	占比（%）
1	北京	610	12.92
2	上海	331	7.01
3	陕西	266	5.63
4	河南	231	4.89
5	江苏	223	4.72
6	吉林	214	4.53
7	山东	204	4.32
8	湖北	191	4.04
9	广东	190	4.02
10	浙江	166	3.52

从项目类别来看，重大项目中，北京（21.03%）、上海（12.88%）、湖北（6.44%）、广东（5.36%）、江苏（4.94%）等省市占据重大项目的一半以上；重点项目中北京（18.33%）、上海（8.68%）、河南（5.79%）、江苏（5.47）、山东（5.14%）等省市立项率较高；一般项目中，立项数前五名的省市有北京（11.99%）、上海（6.85%）、吉林（5.88%）、河南（5.83%）、山东（5.65%）；青年项目立项率较高的省市有北京（15.43%）、

上海（7.56%）、河南（5.95%）、广东（5.04%）、江苏（5.04%）；西部项目立项主要分布在陕西（14.2%）、内蒙古（13.62%）、甘肃（9.92%）、云南（9.34%）、贵州（8.75%）、重庆（7.78%）、广西（7.39%）、新疆（5.84%）等省区市。从数据上看，除西部项目外，北京和上海在各项目类别的立项上都占有较大优势。各省份在各类项目中的实力分布相对均衡，尤其是一般项目和青年项目中各省份在这两类项目中的占比大体一致；西部项目受政策倾斜及申报限制条件影响，主要分布在西部地区政治经济文化较发达省份，这是自 2004 年国家社科基金西部项目实施以来的重要成果，促进了西部地区学术持续健康发展，平衡了区域科研水平。

从学科分类来看，中国历史立项数较多的省市有北京（347）、上海（215）、江苏（151）、广东（139）、湖北（130）；世界历史立项排名前五的省市有北京（140）、上海（98）、吉林（70）、浙江（54）、江苏（50）；考古学中立项数较多的省市有北京（123）、陕西（93）、河南（63）、吉林（42）、山东（39）。整体来看，除北京在各学科中立项数最多外，其他省份在各学科的优势各有不同，这与各省份的经济实力、历史文化因素都有很大关系。除以上各省份外，其他省份的学科分布都相对平均。

三 历史学类国家社科基金立项主题分析及结项情况统计

（一）历史学类国家社科基金项目主题词频分析

在国家社科基金申报过程中，申报者一般会围绕《国家社科基金项目申报指南》进行填报。指南中，针对相关学科会拟定一批重要选题，申请人可结合自己的学术专长和研究基础选择申报。国家社科基金项目申报中的历史学类项目，包括中国历史、世界历史、考古学。其中重大项目为综合性问题研究，在数据库中未注明学科分类，经过认真梳理和辨析，笔者将偏向于历史学的归类为历史学类国家社科基金重大项目。同时，笔者利用 ROST CM6 词频分析软件进行项目主题分析和关键词分析。

1. 中国历史

中国历史是历史学类国家社科基金项目最主要的组成部分，这从历年《国家社科基金申报指南》所提供的重要选题之数量也可窥见一斑。如 2021

年指南中，中国历史共有 82 个选题，世界历史有 35 个选题，考古学有 50 个选题；2018 年指南中，中国历史有 68 个选题，世界历史有 30 个选题，考古学共有 37 个选题。大体来看，中国历史选题内容最为丰富，考古学次之，世界史最少。

统计中国历史学科 3504 个项目名称的词频后，我们发现，以研究方式来看，以"研究"为主，"整理"为辅，项目名称中几乎都包含"研究"一词，还有 456 个项目含有"整理"，充分体现了历史学基础性学科的特点。以研究时段来看，中国近现代史领域在中国历史学科中力量更加壮大，其中明确研究时段为清，即包含"清朝""清代""晚清""清末"的项目共有 412 个，包含"近代"的项目有 324 个，"明清"的项目有 169 个；中国古代史的研究时段主要集中在唐宋及秦汉时期，其次是关于三国两晋南北朝时期的研究，整体上对于历代中国历史研究领域覆盖较广泛。从研究区域来看，中国历史学科涉及的研究区域分布较均衡，关于中国各区域的研究较为充分，或以行政区划为中心，如徽州、台湾、广东、内蒙古、新疆等；或以江河流域为中心，如黄河流域、长江流域、清水江、南海等。在研究方向上，中国历史的研究方向有一定的延续性，同时也紧跟时事热点。例如，2013 年国家提出共建"一带一路"倡议后，国家社科基金项目中关于丝绸之路的研究逐渐增多。自 2014 年开始，以"丝绸之路"为题的项目不少于 6 项，这充分说明了历史学为国家重大战略提供历史依据和理论建设的重要作用。

表 6　国家社科基金中国史学科项目词频统计（2010—2020）

序号	高频词	项数	序号	高频词	项数
1	丝绸之路	49	9	东北	41
2	转型	47	10	搜集	41
3	文书	46	11	调查	41
4	民间	46	12	学术	40
5	政治	46	13	思想	36
6	基层	44	14	政策	36
7	国民政府	43	15	管理	33
8	传播	42	16	收集	33

续表

序号	高频词	项数	序号	高频词	项数
17	生态	33	46	传统	22
18	建构	32	47	西藏	21
19	江南	31	48	山西	21
20	上海	31	49	美国	21
21	群体	31	50	社会变迁	21
22	唐宋	31	51	行政	21
23	开发	31	52	土地	21
24	移民	30	53	信仰	21
25	体制	30	54	农村	21
26	政府	30	55	翻译	20
27	形成	30	56	应对	20
28	华北	30	57	现代	20
29	碑刻	29	58	中心	19
30	财政	29	59	契约	19
31	互动	29	60	运动	19
32	交流	27	61	汉代	19
33	数据库	27	62	长江	19
34	简牍	25	63	先秦	18
35	元代	25	64	南海	18
36	台湾	25	65	西夏	18
37	蒙古	25	66	宋元	18
38	文明	24	67	农业	18
39	综合	24	68	战国	18
40	秩序	23	69	中古	18
41	徽州	23	70	水利	18
42	机制	23	71	司法	18
43	佛教	22	72	汉简	18
44	教育	22	73	民众	17
45	南京	22	74	安全	17

序号	高频词	项数	序号	高频词	项数
75	编纂	17	104	城乡	14
76	理论	17	105	魏晋	14
77	近现代	17	106	宗族	14
78	北方	17	107	社会史	14
79	中央	17	108	实践	14
80	北宋	17	109	四川	14
81	石刻	17	110	交通	14
82	遗产	17	111	形态	14
83	法律	16	112	构建	14
84	通史	16	113	日常	14
85	东亚	16	114	女性	14
86	墓志	16	115	朝鲜	14
87	南北朝	16	116	外交	13
88	变革	16	117	人口	13
89	海上	15	118	演进	13
90	地图	15	119	隋唐	13
91	海洋	15	120	我国	13
92	中华	15	121	年代	13
93	地域	15	122	保护	13
94	商周	15	123	知识	13
95	结构	15	124	侵华	13
96	贸易	15	125	价值	13
97	云南	15	126	观念	13
98	族群	15	127	控制	13
99	运行	15	128	资源	13
100	铁路	14	129	西方	13
101	军事	14	130	灾害	13
102	土司	14	131	清水江	13
103	黄河	14	132	馆藏	12

续表

序号	高频词	项数	序号	高频词	项数
133	沿线	12	162	利用	11
134	市场	12	163	战时	11
135	吐蕃	12	164	初期	11
136	英国	12	165	中原	11
137	战争	12	166	事业	10
138	科学	12	167	法国	10
139	科举	12	168	分类	10
140	格局	12	169	创新	10
141	技术	12	170	南方	10
142	政务	12	171	西域	10
143	村落	12	172	政权	10
144	整合	12	173	考证	10
145	北京	12	174	家谱	10
146	中华民族	12	175	海防	10
147	中外	12	176	清朝	10
148	春秋	12	177	琉球	10
149	历代	11	178	少数民族	10
150	经学	11	179	主义	10
151	金元	11	180	西周	10
152	官员	11	181	当代	10
153	经略	11	182	晚明	10
154	阶层	11	183	统治	10
155	背景	11	184	内蒙古	10
156	城镇	11	185	物质	9
157	改革	11	186	中叶	9
158	时代	11	187	抗日战争	9
159	地名	11	188	粮食	9
160	传承	11	189	事件	9
161	卫生	11	190	内地	9

序号	高频词	项数	序号	高频词	项数
191	沿海	9	196	南宋	9
192	越南	9	197	金融	9
193	融合	9	198	元明清	9
194	本土	9	199	三国	9
195	大学	9	200	中下游	9

注：本统计排除了无效词频，如"时期""以来"等，及"研究""整理"等通用性词语。

2. 世界历史

世界历史是历史学科的有机组成部分。改革开放以来，随着我国政治、经济、文化的飞速发展，对外交流的深度和广度不断提升，以"外国历史"为对象的世界史研究水平也不断提高。

从词频统计来看，世界历史学科的研究重点相对集中，研究对象主要集中在美国、英国、日本等地区，这也直接体现出世界历史学科研究中关注对全球具有重要影响力的国家或地区。而研究时段则相对集中于近代，其中冷战时期的世界史是研究的一大热点。就主题来讲，冷战、文化、治理、变迁及战后、转型等都是国家社科基金项目世界历史学科的高频词，反映了世界史研究者重点关注的问题导向。从词频统计来看，各个时期世界历史的立项主题也与现实联系紧密。以 2020 年世界历史学科的国家社科基金立项项目来看，以中美关系及亚洲、东南亚为背景或主题的项目较多，这与当今时代背景下中国及亚洲在全球政治、经济等领域地位提升有密切联系，同时以冷战、地区冲突等为主题的项目立项也深刻反映了近年来国际形势的变化和趋势。

表 7 国家社科基金世界历史学科项目高频词统计（2010—2020）

序号	高频词	项数	序号	高频词	项数
1	美国	157	5	关系	74
2	英国	130	6	政策	70
3	日本	85	7	国家	68
4	社会	83	8	近代	64

续表

序号	高频词	项数	序号	高频词	项数
9	文化	55	38	罗马	21
10	史学	53	39	建构	20
11	政治	52	40	形成	20
12	中国	48	41	演变	19
13	冷战	47	42	朝鲜	19
14	整理	42	43	埃及	18
15	治理	41	44	王朝	18
16	变迁	40	45	理论	18
17	发展	39	46	印度	18
18	战后	37	47	德国	17
19	转型	35	48	俄国	16
20	法国	35	49	区域	16
21	制度	34	50	东亚	16
22	外交	34	51	晚期	15
23	经济	33	52	危机	15
24	民族	32	53	非洲	15
25	古代	31	54	环境	15
26	中世纪	29	55	实践	15
27	运动	28	56	现代	15
28	文献	27	57	政府	14
29	战争	26	58	全球	14
30	思想	25	59	档案	14
31	构建	25	60	认同	14
32	进程	24	61	贸易	13
33	帝国	24	62	阿拉伯	13
34	希腊	23	63	东南亚	13
35	西方	22	64	中东	12
36	欧洲	22	65	冲突	12
37	现代化	21	66	苏联	12

序号	高频词	项数	序号	高频词	项数
67	宗教	12	96	公共	9
68	边疆	12	97	身份	8
69	关系史	12	98	南部	8
70	史料	12	99	观念	8
71	犹太	12	100	改革	8
72	工业化	12	101	秩序	8
73	丝绸之路	11	102	起源	8
74	乡村	11	103	近现代	8
75	华人	11	104	战略	8
76	俄罗斯	11	105	教育	8
77	二战	11	106	演进	8
78	移民	11	107	苏格兰	8
79	对外	11	108	机制	8
80	罗马帝国	11	109	伊朗	8
81	当代	10	110	模式	8
82	发展史	10	111	组织	8
83	拜占庭	10	112	农业	8
84	翻译	10	113	通史	8
85	互动	10	114	传统	8
86	西欧	10	115	传播	8
87	侵华	9	116	海上	7
88	宗教改革	9	117	地中海	7
89	记忆	9	118	独立	7
90	越南	9	119	地方	7
91	贵族	9	120	思潮	7
92	英格兰	9	121	联邦	7
93	群体	9	122	中美	7
94	文明	9	123	知识分子	7
95	华侨	9	124	权利	7

续表

序号	高频词	项数	序号	高频词	项数
125	殖民	7	153	半岛	6
126	启蒙	7	154	交流史	6
127	形象	7	155	认知	6
128	族群	7	156	民族主义	6
129	城市化	7	157	意识	6
130	土地	7	158	学派	6
131	基督教	7	159	民主	6
132	文化史	7	160	拉丁美洲	6
133	流域	7	161	社会主义	6
134	公元前	7	162	抗战	6
135	女性	7	163	困境	6
136	两河	7	164	财产	6
137	亚洲	7	165	叙事	6
138	马克思	7	166	话语	6
139	大学	7	167	农民	6
140	应对	6	168	海洋	6
141	政策史	6	169	德意志	5
142	中亚	6	170	经济社会	5
143	革命	6	171	嬗变	5
144	中古	6	172	汇编	5
145	知识	6	173	作用	5
146	国史	6	174	一体化	5
147	兴起	6	175	领土	5
148	犹太人	6	176	历史学	5
149	科学	6	177	全球化	5
150	过程	6	178	塑造	5
151	联邦德国	6	179	土耳其	5
152	汉译	6	180	舆论	5

续表

序号	高频词	项数	序号	高频词	项数
181	文艺复兴	5	191	伦敦	5
182	拜占	5	192	大革命	5
183	启示	5	193	学术	5
184	东方	5	194	扩张	5
185	结构	5	195	公民	5
186	法西斯	5	196	因素	5
187	菲律宾	5	197	特点	5
188	合作	5	198	意大利	5
189	后期	5	199	王权	5
190	住房	5	200	南亚	5

3. 考古学

与西方对于考古学的定位不同，中国考古学是历史学的重要组成部分。中国现代考古学起步虽然较晚，但依傍中国强大的历史学传统和中华文明悠久灿烂的历史，考古学随着各地考古发现迅速发展。

通过词频统计，我们可以看到，对于各类遗址、墓葬、墓地的田野挖掘是考古学的重要内容，但同时国家社科基金对于考古发掘报告的整体支持力度很大。随着科技的进步，高科技手段对考古学的影响巨大，利用新兴科技技术，同时利用交叉学科从多角度、跨学科进行考古学研究的立项数量增多。

表 8　国家社科基金考古学学科项目高频词统计（2010—2020）

序号	高频词	项数	序号	高频词	项数
1	考古	181	7	文化	96
2	遗址	142	8	综合	60
3	发掘	136	9	中国	50
4	整理	118	10	调查	45
5	考古学	109	11	出土	44
6	报告	106	12	墓地	42

续表

序号	高频词	项数	序号	高频词	项数
13	墓葬	42	42	佛教	13
14	遗存	38	43	分析	13
15	石窟	35	44	商代	13
16	新石器时代	32	45	丝绸之路	13
17	史前	31	46	秦汉	12
18	青铜	29	47	石器	12
19	社会	26	48	起源	12
20	中原	23	49	晚期	12
21	技术	23	50	山西	11
22	古代	21	51	东周	11
23	敦煌	21	52	文明	11
24	聚落	20	53	壁画	11
25	早期	20	54	视角	11
26	制度	19	55	汉代	11
27	新疆	19	56	关系	11
28	青铜器时代	18	57	汉墓	10
29	旧石器时代	17	58	环境	10
30	交流	17	59	发展	10
31	流域	16	60	陕西	10
32	保护	16	61	河南	10
33	北方	16	62	城址	10
34	先秦	16	63	体系	10
35	人骨	16	64	工艺	10
36	变迁	15	65	北魏	10
37	商周	15	66	过渡	9
38	动物	15	67	学科	9
39	西周	14	68	博物馆	9
40	视野	14	69	形态	9
41	战国	13	70	盆地	9

序号	高频词	项数	序号	高频词	项数
71	草原	9	100	巴蜀	7
72	农业	9	101	陵园	7
73	进程	9	102	科技	7
74	模式	9	103	同位素	7
75	文物	8	104	观察	7
76	安徽	8	105	利用	6
77	山东	8	106	生物	6
78	国家	8	107	高原	6
79	互动	8	108	郑州	6
80	西藏	8	109	北部	6
81	形成	8	110	艺术	6
82	演进	8	111	四川	6
83	长江	8	112	铜器	6
84	建筑	8	113	内蒙古	6
85	植物	8	114	唐代	6
86	隋唐	8	115	格局	6
87	唐宋	8	116	民族	6
88	殷墟	7	117	图像	6
89	海岱	7	118	田野	6
90	遗产	7	119	丧葬	6
91	关中	7	120	人类	6
92	周代	7	121	都城	6
93	西北	7	122	岩画	5
94	生业	7	123	应用	5
95	华南	7	124	科学	5
96	中游	7	125	手工业	5
97	云南	7	126	周边	5
98	铁器	7	127	反映	5
99	造像	7	128	中心	5

续表

序号	高频词	项数	序号	高频词	项数
129	北朝	5	158	五代	4
130	东部	5	159	北京	4
131	稳定	5	160	融合	4
132	高句丽	5	161	南方	4
133	渤海	5	162	人群	4
134	礼器	5	163	简牍	4
135	莫高窟	5	164	淅川	4
136	服饰	5	165	川渝	4
137	欧亚	5	166	流通	4
138	演变	5	167	西南	4
139	理论	5	168	浙江	4
140	甲骨文	5	169	两汉	4
141	系统	5	170	生态	4
142	龙山	5	171	机制	4
143	策略	5	172	价值	4
144	复杂化	5	173	整合	4
145	公园	5	174	阶段	4
146	制作	5	175	东北	4
147	东南亚	5	176	经济	4
148	礼制	4	177	辽代	4
149	沿海	4	178	资源	4
150	下游	4	179	外来	4
151	西安	4	180	黄河	4
152	饲养	4	181	夏商	4
153	祭祀	4	182	集成	4
154	汉唐	4	183	甘肃	4
155	结构	4	184	甘青	4
156	装饰	4	185	原始	4
157	二里头	4	186	半岛	4

续表

序号	高频词	项数	序号	高频词	项数
187	中期	4	194	陵墓	4
188	先民	4	195	盐业	4
189	历史	4	196	境内	4
190	青藏	4	197	洛阳	4
191	因素	4	198	美术	3
192	建设	4	199	契丹	3
193	中古	4	200	体质	3

（二）项目结项周期及成果统计

国家社科基金管理规定，历史学类国家社科基金项目的完成一般为3—5年。从国家社科基金成果文库的数据统计来看，2010—2020年国家社科基金项目历史学类（中国历史、世界历史和考古学）结项的共有1711个项目，其中年度项目（重点项目、一般项目、青年项目）、西部项目、重大项目共有1611个项目结项，包括一般项目831个，青年项目491个，西部项目186个，重点项目103个，无重大项目。图2反映了重点项目、一般项目、青年项目、西部项目的结项情况，因一般项目和青年项目立项基数较大，结项数也较多，其次是西部项目和重点项目。2018年和2019年是历史学类项目结项比较密集的年份。

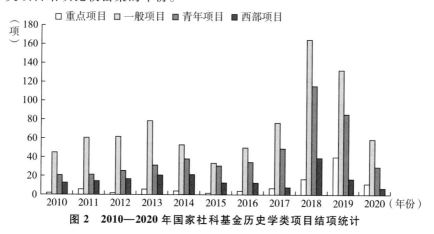

图2　2010—2020年国家社科基金历史学类项目结项统计

通过将每个项目的结项时间和立项时间计算，得出历史学类国家社科基金项目结项完成周期（见图 3）。有 7.76% 的项目在 3 年内结项，86.09% 的项目在 4—7 年完成结项，5.9% 的项目在 8—10 年完成结项，仅有 0.25% 的项目即 4 个项目在 10 年以上结项。最长结项周期为 13 年，最短结项周期为 1 年。从平均完成周期来看，历史学类西部项目平均在 5.47 年完成，结项周期最短，青年项目平均结项周期为 5.8 年，重点项目次之，平均结项周期为 5.82 年，一般项目平均结项周期最长，为 5.86 年。由此可以看出，历史学作为哲学社会科学的基础学科，研究周期一般较长。

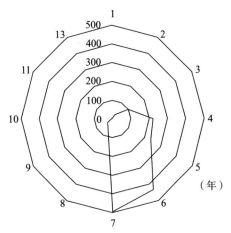

图 3 2010—2020 年国家社科基金历史学类项目完成周期

对项目结项周期与成果评级进行统计后，其可以从侧面反映成果评级的标准和倾向。如表 9 所示，大多数项目获得了良好评级，优秀的项目大多在 6—7 年完成结项。超过十年项目周期的历史学类国社项目没有获得过优秀评级。

在 1611 个已结项的国家社科基金历史学类项目中，有 200 个项目的相关成果有过获奖经历，包括各省社科优秀成果奖，入选成果文库等。考虑到获奖经历对成果评级的影响，我们又统计了成果等级与获奖经历相关性。免于鉴定①的历史学类项目较少，近十年仅有 17 个项目免于鉴定，且这些

① 根据国家社科基金结项要求，具备下列条件之一者可免于鉴定：（1）获得省部级评奖二等以上奖励的；（2）提出的理论观点、政策建议等被省部级以上党政领导机关完整采纳吸收的；（3）涉及党和国家机密不宜公开，而质量已得到有关部门认可的。

项目大多数用时 6—7 年结项，其中有 7 个免于鉴定的项目相关成果有过获奖经历，但也有 8 个免于鉴定的项目没有获奖经历；优秀成果评级的项目中仅有 42 个项目有过相关获奖经历，良好等级的项目中有 93 个项目有过获奖经历，合格等级的项目中有 49 个项目有过获奖经历，绝大多数项目并无获奖经历，有过获奖经历的项目在结项成果评级时，被评为优秀或免于鉴定的项目占 26.43%，被评为良好的占 48.19%，被评为合格的占 25.39%。可以看出，项目相关成果有过获奖经历对项目成果评级有一定的影响，有过获奖经历的项目被评为良好及以上等级的可能性较高。另一方面，没有获奖经历的项目占结项项目的绝大多数，而免于鉴定这一等级的统计结果更体现了国家社科基金管理过程中对于科研工作者的宽严并济，这也可以看出国家社科基金项目结项秉持着公正、公平、客观的原则，在结项时对相关项目成果的鉴定工作扎实到位。

表 9　2010—2020 年不同结项周期的历史学类国社项目成果等级评定

周期（年）	空缺（个）	优秀（个）	良好（个）	合格（个）	免于鉴定（个）	共计（个）
1	1	0	3	0	0	4
2	1	6	18	1	0	26
3	2	16	59	18	0	95
4	8	34	136	42	2	222
5	2	40	112	82	1	237
6	5	84	195	148	5	437
7	2	66	230	185	8	491
8	0	6	23	27	0	56
9	1	6	8	12	1	28
10	0	0	7	4	0	11
11	1	0	1	1	0	3
13	0	0	1	0	0	1
合计	23	258	793	520	17	1611

注：表中"空缺"栏，表示国家社科基金成果库中项目成果评级一栏为空白。

四　历史学研究趋势的总结与反思

国家社科基金是历史学学科发展的有力引擎。由上文对近十年来历史学类国家社科基金项目的统计，可以看出历史学科在国家社科基金项目的大力支持下有着长足发展。中国史学科在以往扎实的研究基础上进一步深化，形成了许多重要的学术成果和具有深远影响的学术对话，展现了中国历史学科发展的多样性和系统性；世界历史研究领域和研究范围不断扩大，学科体系逐步推进和完善，与外国史学界研究的对话不断增强；考古学发展飞速，逐步形成了具有中国特色考古学体系。但同时，我们也要注意到历史学发展的不足与有待提升的空间，特别是新时代背景下历史学研究面临的共同问题。

随着科技革命和产业革命的到来，全球面临前所未有的社会大变革。历史学科在当今时代背景下也深受信息技术产业发展的影响，发生着重要的变化。从国家社科基金项目来看，近年来关于数据库的建设及历史学与社会学、政治学、计算机学科等跨学科研究项目涌现并持续增多，这对历史学的研究方法、理论创新有巨大的影响。跨学科研究及综合性研究是目前历史学研究的新趋势。受传统学科分科影响，我国历史学研究壁垒分明。随着人文社会科学同自然科学融合日益加速，打破学科壁垒进行跨学科的交叉融合成为必然趋势。

习近平总书记在哲学社会科学工作座谈会上发表重要讲话，强调哲学社会科学发展水平是一个国家综合国力的重要体现；社会大变革的时代，一定是哲学社会科学大发展的时代。哲学社会科学在当今时代肩负重任。历史学作为哲学社会科学的基础学科，是中国哲学社会科学发展的重要基石。中共中央、国务院关于加快构建中国特色历史学科体系、学术体系、话语体系的要求对于历史学发展提出了更高的目标。

2019 年新文科建设工作的实施，也为未来历史学科的发展和改革提供了方向。随着十四五规划纲要的到来，国家对于哲学社会科学的投入不断增大，历史学者应该不失时机地依靠国家扶持，把本领域的学术研究与中国特色社会主义建设紧密结合起来，利用大数据历史与新文科建设的契机，发展建设具有中国特色的历史学，同时历史学者也要有更大历史担当，进一步争夺中国在世界主流中的话语权，构建中国特色历史学的话语体系。

（薛勤，华中师范大学马克思主义学院讲师）

数字人文视角下的荷兰东印度
公司史研究进展分析[*]

摘　要： 本文以 Web of Science 和中国知网数据库中与荷兰东印度公司相关研究主题和文献为样本，从知识图谱视角分析中文与外文文献的区域合作、机构合作、作者合作、文献共被引、关键词共现、关键词聚类和突现词探测等内容，系统梳理和比较国内外荷兰东印度公司史料研究分析的研究进展，为该研究未来方向探索提供参考。

关键词： 荷兰东印度公司　知识图谱　CiteSpace　数字人文

荷兰是最早与中国建立贸易和文化往来的西方国家之一，其与中国以及亚洲的往来，是东西方交往史的重要部分。1595—1795 年，荷兰东印度公司（Verenigde Oostindische Compagnie，VOC）同亚洲国家进行了深度的交往和探索，包括殖民地建设，茶叶、香料、瓷器、丝绸等商品贸易，奴隶贸易，知识和文化的交流，海员招募，等等。上述各方向均有原始档案记载，而其商业史研究对海上丝绸之路、中外关系史等具有深刻的价值，具有重要学术意义。相关研究汗牛充栋，但瓶颈主要集中于原始档案利用不足、研究角度相对陈旧、创新和跨学科研究较难有突破。数字人文有较多

---

* 本文系用友基金会"商的长城"资助项目"广州十三行与荷兰东印度公司贸易数据史料整理研究"（项目号：2022-Z05）阶段性成果。

领域，"人文计算"（humanities computing）、人文信息学（humanist informa-
tion）、文学与语言学计算（literary and linguistic computing）以及人文数字资
源学（digital resources in the humanities）等，而彼得·伯克（Peter Burk）
在《知识社会史》（*A Social History of Knowledge*）中提到的知识树的隐喻可
将习得的人为知识分类自然化。①

　　为系统性厘清既有研究在系统知识框架中的方向性特征，本文利用知
识图谱研究文献的外部特征。知识图谱（knowledge graph），被称为知识域
可视化或知识领域映射地图，是指通过统计学定量方法，表述知识发展进程
与结构关系。亨利·斯莫尔（Henry Small）于1973年提出了文献共现的概念
和分析方法，后又利用生成的知识图谱描述具有多学科结构的跨学科研究领
域。② 霍华德·怀特（Howard D. White）和贝尔维·格里菲斯（Belver C. Grif-
fith）将共现分析对象从文献扩展到作者。③ 此后，学者们将共现的概念扩展
到期刊共引、类目共引，构建不同类型的知识图谱，拓宽了知识领域研究的
渠道。中国对知识图谱的研究起步较晚，其于21世纪首先进入图书情报领
域。陈悦、刘则渊较早介绍知识图谱的由来、概念、最新进展及其应用前
景。④ 2008年出版的刘则渊等的《科学知识图谱：方法与应用》是国内第
一部详细介绍知识图谱与可视化方法的学术专著。经过多年的发展，该方
法已用于不同研究领域。⑤ 学者通常基于不同视角（某学科、某领域、某关
键词等），对国内外文献数据库中可导出的文献外部信息进行定量分析。

　　本文通过对中外文献数据库中荷兰东印度公司商业历史的相关文献所
属机构、作者、引文、关键词等进行共现分析和可视化呈现，探索该方向
的研究进展，并由引文探索其对原始档案的使用程度，预期未来可能的创
新点和研究方向。

① 〔英〕梅丽莎·特拉斯等编《数字人文导读》，陈静等译，南京大学出版社，2022，第2、
　 121页。
② Henry Small, "Co-citation in the Scientific Literature: A New Measure of the Relationship between
　 Two Documents," *Journal of the America Society of Information Science*, Vol. 24, No. 2, 1973,
　 pp. 265-269.
③ Howard D. White and Belver C. Griffith, "Authors as Markers of Intellectual Space: Co-citation in
　 Studies of Science, Technology and Society," *Journal of Documentation*, Vol. 38, No. 4, 1982,
　 pp. 255-272.
④ 陈悦、刘则渊：《悄然兴起的科学知识图谱》，《科学学研究》2005年第2期。
⑤ 刘则渊、陈悦、侯海燕等：《科学知识图谱：方法与应用》，人民出版社，2008。

一　数据研究与方法

（一）数据来源

本文所分析的外文文献数据来自 Web of Science（WOS）数据库，中文文献来自中国知网（CNKI），检索时段截至 2022 年。首先，WOS 检索关键词为 "Dutch East India Company" 或 "Verenigde Oost-indische Compagnie"，并在结果中排除无关领域文献，得到有效文献 172 篇，记录内容为 "全记录与引用的参考文献"。其次，在 CNKI 高级检索时，主题包括 "荷兰东印度公司" 或全文包含 "荷兰东印度公司" 且频次大于 3。由于英国等欧洲其他国家均成立过 "东印度公司"，因此检索时特别排除 "英国" "瑞典" "丹麦" 等文献，得到可用文献记录 130 条，下载为 refworks 格式，记录内容为作者、标题、来源出版物和摘要。

（二）研究方法

可视化作为一种诠释性、历史性和人文性实践受到重视，其中一种特殊的可视化——网络图引人注目。这种关注部分源于图表软件的功能可达到这种极高水准的呈现，同时也可利用网络统计指标进行研究。这种分析方法在历史研究中无处不在，形式分析对于网络方法的应用将利于历史学家更好展开研究，并为非常重要图表增添差别和精确性。[1]

本文选用文献计量的方法，用可视化工具 CiteSpace 6.1.R2 软件呈现荷兰东印度公司相关研究的知识图谱。CiteSpace 是一个用于分析和可视共现网络的 Java 应用程序，[2] 基于一个知识领域的文献数据，以一种多元、分时、动态的引文分析可视化语言，并通过空间布局，呈现在引文网络的知识图谱上。[3] 它可以直观地了解研究领域的热点话题、重要学者和研究

---

① 〔加〕肖恩·格雷厄姆：《探索历史大数据：历史学家的宏观视角》，梁君英译，浙江大学出版社，2019，第 175—176 页。

② 陈悦、陈超美、刘则渊等：《CiteSpace 知识图谱的方法论功能》，《科学学研究》2015 年第 33 期。

③ 李杰、陈超美：《CiteSpace：科技文本挖掘及可视化》，首都经济贸易大学出版社，2016。

机构，还能展示出特定时间跨度中新的研究话题的激增状况，其中以共现、聚类、突现三类分析为主。共现分析统计一对词在同一文献中两两出现的次数。聚类分析指对这些词进行聚类分析以揭示这些词之间的亲疏关系，进而揭示该类词所揭示的学科或主题结构变化的方法。① 突现分析可显示时间段中出现频率较高的字段，该字段即被定义为该时间段上的研究热点，从突现图中可观察某字段在文献中出现频率随时间的变化规律。

二　结果与分析

（一）外文文献分析

该研究领域的文献数量有限，本文在文献检索时未设定起始时间。统计结果表明，对荷兰东印度公司史料研究分析的文献集中出现在 2010 年之后，观察每年文献发表数量的变化，大概可分为三个时期。2010—2014 年为相对稳定期，每年文献数量都在 6 篇左右。2011 年异常升高（见图 1），可能与 2011 年惠更斯荷兰历史研究所（Huygens Institute for the History of the Netherlands）的建立有关。该研究所从海牙档案馆、荷兰国家档案馆以及其他国家图书馆、档案馆找到与荷兰历史相关的大量文献和数据资料，并将其以数字化形式呈现，为学术研究提供了极大的便利。2015—2019 年为上升期，文献数量缓慢上升并在 2019 年达到顶峰，之后逐年下降。

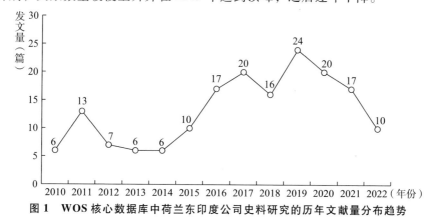

图 1　WOS 核心数据库中荷兰东印度公司史料研究的历年文献量分布趋势

---

① 　冯璐、冷伏海：《共词分析方法理论进展》，《中国图书馆学报》2006 年第 32 期。

1. 区域合作分析

通过 CiteSpace 6.1.2R 的共现算法生成荷兰东印度公司史料研究领域的国家合作网络图，探讨区域进行合作研究的深度与广度，其中，合作深度由区域间联系强度表示，在图中显示为节点间连线上的数值（见图 2）。该数字是 CiteSpace 以 Cosine 算法根据地区间合作次数计算生成，其值越接近1，联系强度越大。合作的广度以节点连线的数量和节点的发文数量表示，节点越大，发文数量越多。此外，在图谱中观察合作网络的中心区域的变化，可研究成果发表及合作的时间。各节点上越靠近中心的位置，文献发表时间据今越久；越靠近外围的位置，文献时间越近。由图 2 可知，外文文献对荷兰东印度公司的研究已经形成成熟的跨区域合作体系，且以荷兰为研究中心。

首先，代表荷兰的节点最大，连线较为密集，代表荷兰的研究数量最多且合作范围较广。荷兰与英国、丹麦、澳大利亚之间有直接的合作关系，其中最为紧密的是与英国和丹麦的合作关系，联系强度值分别为 0.71 与0.25。这表明在跨区域合作研究中，对荷兰东印度公司的研究最受西北欧学者重视，这与其地缘相近有关。其中近三年有合作的是丹麦、澳大利亚和美国。荷兰—南非—澳大利亚、荷兰—南非—美国、荷兰—英国—美国、荷兰—英国—澳大利亚、荷兰—丹麦—澳大利亚、荷兰—美国—新加坡之间的子网络形成了以荷兰为中心的合作网。

其次，代表美国的节点规模第二大。美国与法国合作强度为 0.58、与瑞士为 0.5，强度较大。与英国、新加坡、印度尼西亚、南非、荷兰的合作强度较小。在以美国为核心的辐射网络中，美国—毛里求斯、美国—瑞士—法国间的子网络合作最为密切，其次是美国—新加坡—南非以及美国—新加坡—印度尼西亚。印度尼西亚又与瑞典、加拿大之间形成了较强的合作关系。

从南非的节点看，关于该领域的研究除与美国、荷兰、澳大利亚间的合作外，也辐射波兰、马拉维和德国。其中，与波兰和马拉维在近三年中有合作。从英国的节点看，其与比利时、澳大利亚、荷兰之间形成了较强的联系，与美国联系较弱。其中，比利时与巴西之间在 2018 年有过较为密切的合作。

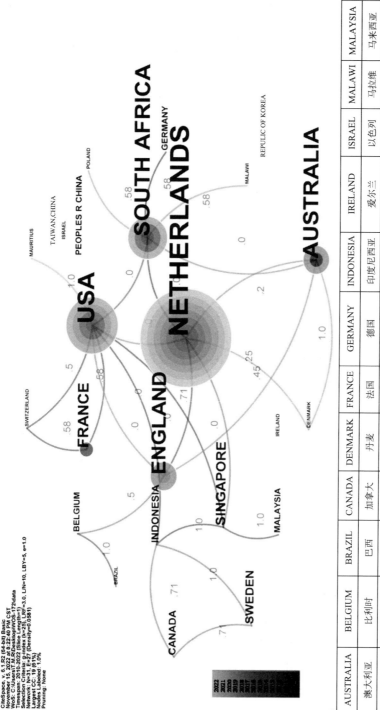

图2　荷兰东印度公司研究的地区合作图谱

AUSTRALIA	BELGIUM	BRAZIL	CANADA	DENMARK	FRANCE	GERMANY	INDONESIA	IRELAND	ISRAEL	MALAWI	MALAYSIA
澳大利亚	比利时	巴西	加拿大	丹麦	法国	德国	印度尼西亚	爱尔兰	以色列	马拉维	马来西亚
MAURIIUS	NETHERLANDS	PEOPLES R CHINA	POLAND	SINGAPORE	SOUTH AFRICA	REPULIC OF KOREA	SWEDEN	SWITZERLAND	TAIWAN, CHINA	USA	
毛里求斯	荷兰	中国	波兰	新加坡	南非	韩国	瑞典	瑞士	中国台湾	美国	

观察发现，荷兰的节点最大，单个地区内部的研究成果最为显著，也是唯一一个在 2022 年仍有研究成果的地区。荷兰与其他国家的联系较普遍，但联系强度均较小，表明荷兰主要依靠国内的学者和研究机构进行研究。单个国家或地区发文数量按降序排列依次是美国、南非、澳大利亚、英格兰、法国。部分国家虽然自身节点较小，但与其他国家间联系强度较大，如新加坡、印度尼西亚等。最后，图中显示出部分较小且孤立的节点，与其他节点间没有连线，如中国、韩国、爱尔兰等，它们表示该区域内部有关于该领域的研究，但在 WOS 核心数据集收录的相关外文文献中，鲜少在该领域与其他国家或地区进行合作。

机构间的合作图谱与地区间合作图谱呈现的规律相吻合（见图 3）。首先，荷兰的莱顿大学和阿姆斯特丹大学是合作网络中节点规模最大、与其他高校和研究机构合作最广泛的研究中心。以聚类算法分析机构间合作，发现以阿姆斯特丹大学、莱顿大学、阿姆斯特丹自由大学-西澳大利亚博物馆合作网络和国际社会史研究所为核心有四块聚类。其中，阿姆斯特丹大学的合作聚类最为复杂，包括荷兰内部主要高校，并辐射印度尼西亚、南非、澳大利亚、美国的研究机构，如印度尼西亚国家历史研究所，澳大利亚弗林德斯大学、西澳大利亚大学，美国的波士顿大学，等等。乌德勒支大学的合作范围主要在荷兰内部，包括阿姆斯特丹大学、国际社会史研究所、伊拉斯姆斯大学、格罗宁根大学等。在莱顿大学的合作聚类中，虽然有荷兰内部的国际亚洲研究所、阿姆斯特丹自由大学等，但主要合作对象以南非的高校为主，如开普敦大学、比勒陀利亚大学、南非自然历史博物馆等。国际社会史研究所的合作聚类主要包括荷兰的拉德堡德大学、伊拉斯姆斯大学和美国的哈佛大学。

2. 被引用作者共现分析

共现分析统计被引作者在该领域内不同文献中同时出现的频率并形成共现网络图，可以直观展现论文中被引用作者间的关联（见图 4）。同一作者被不同文章引用的越多，出现的频率越高，在图谱中的节点规模就越大。突现分析则统计作者的文献被引频次的变化率，其中浅色代表时间轴，深色代表该作者在被高频引用的时间段。

分析被引用作者共现图，关注被引次数最多，共现频率较高的学者，一

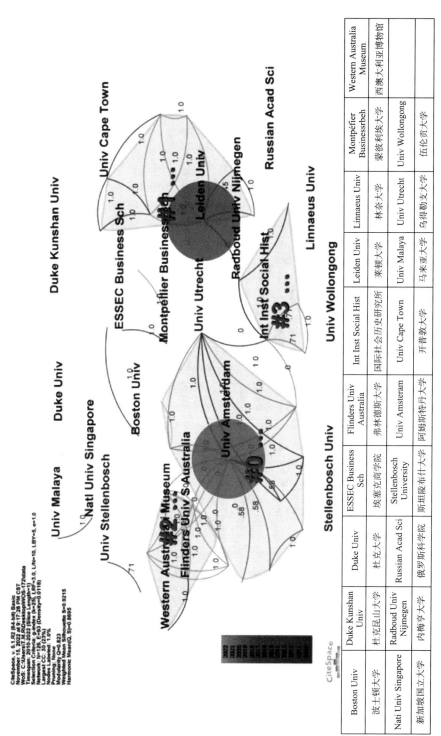

图3 研究机构发文共现与聚类图谱

Boston Univ	Duke Kunshan Univ	Duke Univ	ESSEC Business Sch	Flinders Univ Australia	Int Inst Social Hist	Leiden Univ	Linnaeus Univ	Montpéfier Businessrbeh	Western Australia Museum
波士顿大学	杜克昆山大学	杜克大学	埃塞克商学院	弗林德斯大学	国际社会历史研究所	莱顿大学	林奈大学	蒙彼利埃大学	西澳大利亚博物馆
Nati Univ Singapore	Radboud Univ Nijmegen	Russian Acad Sci	Stellenbosch University	Univ Amsteram	Univ Cape Town	Univ Malaya	Univ Utrecht	Univ Wollongong	
新加坡国立大学	内梅亨大学	俄罗斯科学院	斯坦陵布什大学	阿姆斯特丹大学	开普敦大学	马来亚大学	乌得勒支大学	伍伦贡大学	

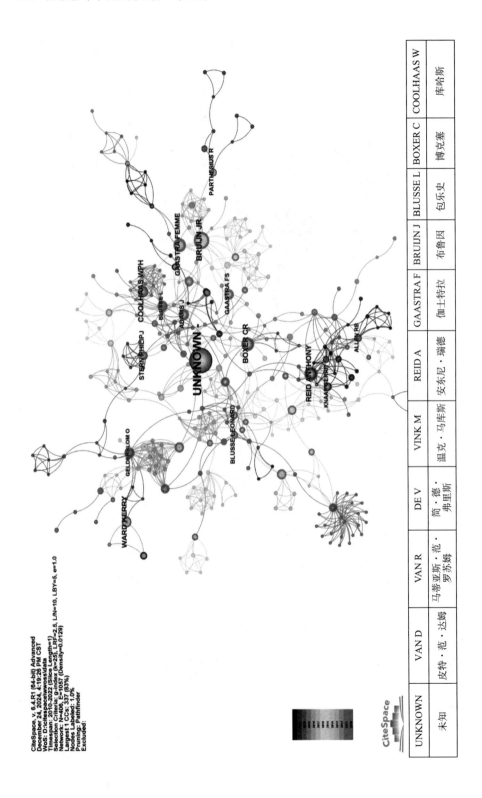

UNKNOWN	VAN D	VAN R	DE V	VINK M	REID A	GAASTRA F	BRUIJN J	BLUSSE L	BOXER C	COOLHAAS W
未知	皮特·范·达姆	马蒂亚斯·范·罗苏姆	简·德·弗里斯	温克·马库斯	安东尼·瑞德	伽士特拉	布鲁因	包乐史	博克塞	库哈斯

被引用次数最多的10位作者

作者名	年	被引频次	起始年	结束年	2010—2022
WARD KERRY	2010	2.54	2010	2011	
PARTHESIUS R	2011	2.91	2011	2013	
BRUUN JR	2012	3.72	2012	2017	
DE KORTE JP	2012	2.22	2012	2017	
GAASTRA FEMME	2013	2	2013	2018	
ROUFFAER GP	2016	2.1	2016	2017	
VAN ROSSUM M	2019	2.32	2019	2020	
COOLHAAS WPH	2016	2.06	2019	2022	
BLUSSE L	2011	2.01	2019	2020	
VINK M	2020	2.23	2020	2022	

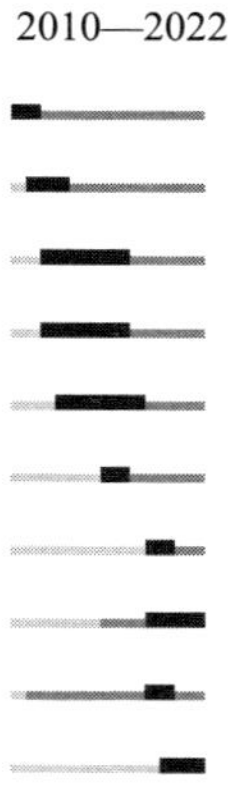

WARD KERRY	PARTHESIUS R	BRUUN JR	DE KORTE JP	GAASTRA FEMME	ROUFFAER GP	VAN ROSSUM M	COOLHAAS WPH	BLUSSE L	VINK M
沃德·凯瑞	罗伯特·帕德修斯	布鲁因	德·科特	伽士特拉	鲁弗尔	马蒂亚斯·范·罗苏姆	库哈斯	包乐史	温克·马库斯

图4　引文共现和突现图谱

方面能够追溯该领域较早开始进行研究的前辈专家，另一方面可追溯近几年来被引次数较多的学者。通过共现网络中的信息，再分别检索单个学者的生平、文献及出版物，就可追溯其在研究领域内具体关注的研究方向，从而梳理出该领域的研究脉络。

最大规模的节点名为"未知"（UNKNOWN），从 2010 年至 2022 年的研究都对其有大量引用。通过追溯导出题录的 txt 格式文件发现，"未知"文献实际是显示"匿名"（ANONYMOUS）引文，其中包括大量无署名的一手原始档案，这并不令人惊讶。笔者对引用原始档案的文献进行了手动梳理，发现 172 条有效文献中共有 43 条文献对原始档案进行了引用。其中，引用频率最高的是 1613—1814 年的通信（COMMUNICATON）档案，被引频次较高的是荷兰国家档案馆所藏荷兰东印度公司档案，表 1 显示了引用原始档案资料最多的五条文献信息。

表 1　引用原始档案最多的五条文献记录

文献名	引用原始档案	第一作者	第一作者所属机构
Ferdinand Dejean（1731-97）: Surgeon of the Dutch East-India Company, Man of the Enlightenment, and Patron of Mozart	1772，HD GAUBIUS 1705 1780 1793，ALLGEMEINE LIT ZEITU 1787，FORSTERS WERKE SAMTL 1777，MOZART BRIEFE AUFZEI 1792，COMMENTS I PATHOLOGI 1757-1782，COMMUNICATION 1777，OBSERVATIONS MEANS P 1790，CATALOGUS PARTIS MIN 1797，ALLGEMEINE LIT ZEITU 1797，ALLGEMEINE LIT ZEITU, P323 1772，CORRES W HUNTER 1740 1792，COMMENTS I PATHOLOGI 1796，ALLGEMEINE LIT ZEITU	Hagerdal, Hans	Linnaeus Univ
Clandestine Lutheranism in the Eighteenth-century Dutch Cape Colony	1712，HANNOVERISCH GESANG 1738，VERZAMELING EENIGE B 1776，CAPE REFORMED CHURCH 1713，NEU VERMEHRTES HANAU 1740，PROBE LEHR BUCHELGEN 1777，NEUERE GESCH EVANGEL 1715-1786，COMMUNICATION	Bleker, Otto	Univ Amsterdam

续表

文献名	引用原始档案	第一作者	第一作者所属机构
Debating Natural Law in the Banda Islands: A Case Study in Anglo-Dutch Imperial Competition in the East Indies, 1609-1621	1615-1618, COMMUNICATION 1619, COURTHOPES J 1616, BOUWSTOFFEN, VI, P146 1620, J R HAYES	van Ittersum, Martine Julia	Univ Dundee
Warfare, Bestowal, Purchase: Dutch Acquisition of Slaves in the World of Eastern Indonesia, 1650-1800	1666, VOC 1267, P710 1692, VOC 1531 1699, 1622 VOC, P81 1683, VOC 1400 VOC 1271, P1671 1684, VOC 1400 1772, VOC 8301, P5 1668, VOC 2285, P188 1660, VOC 1233, p724v 1688, REPORT W TANGE 1660, VOC 1233, p725r 1663, VOC 1243, P1593	Hagerdal, Hans	Linnaeus Univ
On the Run: Runaway Slaves and Their Social Networks in Eighteenth-Century Cochin	1743, DELFLAND 1790, HAASJE 1783, SLOT TER HOGE 1766, MEERMIN 1782, MERCUUR 1783, JAVA	Geelen, Alexander	Int Inst Social Hist

注：由于 COMMUNICATION 条目超过 10 条，表中按起止年份手动合并为一条。

在非未知的节点中，有大量人名的缩写。笔者通过查找导出题录的文档，找出了缩写代表的全名。其中几个作者的缩写指代不止一人，因此选取最具代表性的作者，即被引用次数最多或年代最早的作者进行梳理，如表 2 所示。

表 2　共现图中的缩写

知识图谱作者简写 （节点缩写）	作者全名	中文译名
VAN D	Pieter van Dam	皮特·范·达姆
VAN R	Matthias van Rossum	马蒂亚斯·范·罗苏姆

续表

知识图谱作者简写 （节点缩写）	作者全名	中文译名
DE V	Jan De Vries	简·德·弗里斯
VINK M	P. M. Vink Markus	温克·马库斯
REID A	Anthony Reid	安东尼·瑞德*
GAASTRA F	Femme S. Gaastra	伽士特拉*
BRUIJN J	J. R. Bruijn	布鲁因
BLUSSE L	Leonard Blussé	包乐史*
BOXER C	Charles R. Boxer	博克塞*
COOLHAAS W	W. Ph. Coolhaas	库哈斯

注：＊表示有中文译注出版，以官方译名为准。

在非未知节点中，名为 Van D 的节点最大。在缩写重名的作者中，被引次数最多的是皮特·范·达姆（Pieter van Dam，1621－1706），他是荷兰东印度公司的秘书和律师，于 1693 年受"十七绅士"的委托编写关于荷兰东印度公司成立后管理和组织架构的说明手册，具体梳理了公司成立的来龙去脉和成立后展开的各类业务，并以翔实的史料予以佐证。皮特·范·达姆先后负责过荷兰东印度公司亚洲产品在欧洲的销售，参与了荷兰东印度公司开展亚洲贸易的活动。因此，说明书内包含了荷兰东印度公司在亚洲的理事机构、司法机构、陆军和海军、荷兰定居点和教会事务等内容。1902 年，荷兰国家历史出版物咨询委员会（RGP）提名其为"最受欢迎的研究海外历史领域的来源出版物"。皮特·范·达姆的手稿包含独特的细节，为后世研究荷兰东印度公司的组织架构、考证荷兰东印度公司的贸易史等问题提供了一手资料。例如，苏珊娜·弗雷德里希（Susanne Friedrich）以该手稿为研究对象，探讨了善治的理想、危机、反省和常规之间的动态关系。①

规模第二的节点名为是伽士特拉（Femme S. Gaastra，1945－）。他在莱

---

① Susanne Friedrich, "Caveat from the Archive: Pieter van Dam's Beschryvinge van de Oostindische Compagnie and Crisis Management," *Journal for the History of Knowledge*, Vol. 1, No. 1, 2020, pp. 1-14.

顿大学进行荷兰海事历史方面的研究，主要通过经济学视角研究荷兰东印度公司，曾探讨 1689—1719 年荷兰东印度公司独立财政的相关问题①以及汇票在资助荷兰东印度公司回程货物中的作用②等，并与布鲁因合著《17—18 世纪的亚洲航运》③，与包乐史（Leonard Blussé，1946－）合著《论十八世纪作为亚洲历史的范畴》④ 等。氏著《荷兰东印度公司》已被译为中文出版（东方出版中心，2011）。

　　另一个较大的节点是库哈斯（W. Ph. Coolhaas，1899－1981），他是 19 世纪末出生的荷兰历史学家，参与编纂荷兰名人辞典（In Biografisch Woordenboek van Nederland），并于 1960 年出版的资料集《总督和议会给东印度联合公司"十七绅士"的一般性信件（1655—1674）》及《总督和议会给东印度联合公司"十七绅士"的一般性信件（1756—1761）》（Generale missiven van gouverneurs-generaal en raden aan heren XVII der Verenigde Oostindische Compagnie：1655-1761）等。从图 4 中可看出他的文献在 2011 年后仍有大量被引。事实上，共现图中的安东尼·瑞德曾在讨论 1450—1680 年的东亚贸易网络⑤、15—17 世纪东南亚的城市结构⑥以及前殖民时期东南亚的女性角色⑦等东南亚史相关问题中大量引用库哈斯整理的资料集。而另一个节点上的包乐史在讨论荷兰东印度公司与中国海上贸易模式的变化时对其整理的"十七绅士"信件集内容有所参考。⑧ 此外，布鲁因曾在研究荷兰东印度

① F. S. Gaastra, "The Independent Fiscaals of the VOC. 1689-1719," Itinerario, Vol. 9, No. 2, 1985, pp. 92-107.

② F. S. Gaastra, "Private Money for Company Trade：The Role of the Bills of Exchange in Financing the Return Cargoes of the Voc." Itinerario, Vol. 18, No. 1, 1994, pp. 65-76.

③ J. R. Bruijn, F. S. Gaastra and I. Schöffer, eds., Dutch-Asiatic Shipping in the 17th and 18th Centuries, Volume III, Homeward-bound Voyages from Asia and the Cape to the Netherlands (1597-1795), Berlin：Springer-Science+ Business Media, 1979.

④ Leonard Blussé and F. S. Gaastra, On the Eighteenth Century as a Category of Asian History: Van Leur in Retrospect, London：Routledge, 2016.

⑤ Anthony Reid, Asia Tenggara Dalam Kurun Niaga 1450-1680：Jilid 2 Jaringan Perdagangan Global, Jakarta：Yayasan Obor Indonesia, 2011.

⑥ Anthony Reid, "The Structure of Cities in Southeast Asia, Fifteenth to Seventeenth Centuries," Journal of Southeast Asian Studies, Vol. 11, No. 2, 1980, pp. 235-250.

⑦ Anthony Reid, "Female Roles in Pre-colonial Southeast Asia," Modern Asian Studies, Vol. 22, No. 3, 1988, pp. 629-645.

⑧ Leonard Blussé, "No Boats to China：The Dutch East India Company and the Changing Pattern of the China Sea Trade, 1635-1690," Modern Asian Studies, Vol. 30, No. 1, 1996, pp. 51-76.

公司的海上航行（包括 1700—1750 年荷兰海战中的船员），① 从亚洲航运看荷兰东印度公司海上船员的需求，② 17—18 世纪的亚洲航运，③ 1602—1795 年荷兰东印度公司在巴达维亚和好望角的航运，④ 17—18 世纪的荷兰海军，⑤ 18 世纪荷兰东印度公司的指挥官时，多次引用此资料集。⑥

　　共现图中还有一个较大的节点是博克塞（Charles R. Boxer，1904-2000），中文名还译作谟区查或博克舍。他是英国的历史学家，同时是二战前期英国军情部门的首席间谍之一，参与日本的情报分析研究，经历颇为丰富。其主要研究方向是荷兰和葡萄牙的海洋殖民历史，尤其是其殖民对南亚和远东的影响，曾研究 1624—1654 年荷兰人在巴西的生活状况，⑦ 1602—1795 年荷兰东印度的水手、航行和生活，⑧ 葡萄牙殖民帝国的种族关系，⑨ 基督教在日本等东方国家的传播，⑩ 1629 年阿基诺人对马六甲的袭击，⑪ 17 世纪葡萄牙与西班牙的远东贸易竞争⑫等问题。氏著《十六世纪中

①　J. R. Bruijn, "Dutch Men-of-War—Those on Board c. 1700-1750," in B. H. Slicher van Bath, ed., *Acta Historiae Neerlandicae*, Dordrecht: Springer Dordrecht, 1974, pp. 88-121.

②　J. R. Bruijn, "De Personeelsbehoefte van de VOC Overzee en aan Boord, Bezien in Aziatisch en Nederlands Perspectief," *BMGN-Low Countries Historical Review*, Vol. 91, No. 2, 1976, pp. 218-248.

③　陈悦、陈超美、刘则渊等：《CiteSpace 知识图谱的方法论功能》，《科学学研究》2015 年第 2 期。

④　J. R. Bruijn, "Between Batavia and the Cape: Shipping Patterns of the Dutch East India Company," *Journal of Southeast Asian Studies*, Vol. 11, No. 2, 1980, pp. 251-265.

⑤　J. R. Bruijn, ed., *The Dutch Navy of the Seventeenth and Eighteenth Centuries*, Liverpool: Liverpool University Press, 2017.

⑥　J. R. Bruijn, *Commanders of Dutch East India Ships in the Eighteenth Century*, Woodbridge: Boydell Press, 2011.

⑦　C. R. Boxer, *The Dutch in Brazil: 1624-1654*, Hamden: Archon Books, 1973.

⑧　C. R. Boxer, "The Annual Lecture 1962 the Dutch East-Indiamen: Their Sailors, Their Navigators, and Life on Board, 1602-1795," *The Mariner's Mirror*, Vol. 49, No. 2, 1963, pp. 81-104.

⑨　C. R. Boxer, *Race Relations in the Portuguese Colonial Empire, 1415-1825*, Oxford: Clarendon Press, 1963.

⑩　C. R. Boxer, *The Christian Century in Japan, 1549-1650*, Berkeley and Los Angeles: University of California Press, 1951.

⑪　C. R. Boxer, "The Achinese Attack on Malacca in 1629, as Described in Contemporary Portuguese Sources," in John Bastin and R. Roolvink, eds., *Malayan and Indonesian Studies*, Oxford: Clarendon Press, 1967, pp. 105-121.

⑫　C. R. Boxer, "Portuguese and Spanish Rivalry in the Far East during the 17th Century," *The Journal of the Royal Asiatic Society of Great Britain and Ireland*, No. 2, 1946, pp. 150-164.

国南部行纪》曾被翻译为中文，收入"中外关系史译丛"（中华书局，2002）。

最后一个主要节点是 VAN R，虽然该缩写也指代了较多重复的人物，但被引频率最高的作者是罗苏姆（Matthias van Rossum）。他在国际社会史研究所工作，曾着力研究 17—18 世纪荷兰东印度公司的欧洲和亚洲水手的社会和跨文化关系，并于 2018—2021 年的研究项目中开发了 1600—1850 年印度洋和亚洲海域上流通的奴隶贸易数据库，该数据库包含 1600 年至 1850 年在亚洲海域进行的近 8000 次个人奴隶贸易（子）航行，在这些航行中运送的奴隶人数达 41.5 万—43.5 万人，内容包括奴隶运输、被奴役人口、市场和价格等大量可用的量化数据。

引文作者突现图中的许多作者与共现中有重叠，即布鲁因、伽士特拉、罗苏姆、库哈斯及包乐史。其中，帕德修斯曾担任荷兰阿姆斯特丹博物馆馆长和阿姆斯特丹大学讲师，并在欧洲、亚洲和澳大利亚开展文化交流的研究项目，启动了海洋考古单元展和斯里兰卡加勒港的荷兰东印度公司商船"夜星"号（Avondster）的发掘（1997—2007），他所著《热带水域的荷兰船——荷兰东印度公司亚洲航运网络的发展（1595—1660）》在 2011—2013 年曾被大量引用。Vink M（温克·马库斯）被引次数最高的一条文献出自罗苏姆在 2006 年参与莱顿大学"印度洋文化与商业"会议时与学者的讨论成果。文中详细探讨了印度洋海域研究的过去、现在与未来方向。[1] 罗苏姆从 20 世纪末开始关注印度洋海域和亚洲海域的奴隶贸易问题，并探讨荷兰东印度公司的殖民和贸易对全球各地产生的文化冲击和影响，[2] 其研究多着眼于殖民主义、人权、社会制度、社会心理等人文课题，而从其被引的情况可窥见外文文献在该领域研究的热点。

3. 关键词共现与突现分析

如图 5 所示，每个节点表示不同关键词，单个节点的不同色度表示文献中出现该关键词的年份，颜色越接近浅色表示时间越远，越接近深色表示时间越近。节点排布在时间轴上的位置表示它们最早出现的时间，因此节点

---

[1]　Markus P. M. Vink, "Indian Ocean Studies and the 'New Thalassology'," *Journal of Global History*, Vol. 2, No. 1, 2007, pp. 41-62.

[2]　Markus P. M. Vink, "Images and Ideologies of Dutch-South Asian Contact: Cross-Cultural Encounters between the Nayaka State of Madurai and the Dutch East India Company in the Seventeenth Century," *Itinerario*, Vol. 21, No. 2, 1997, pp. 82-124.

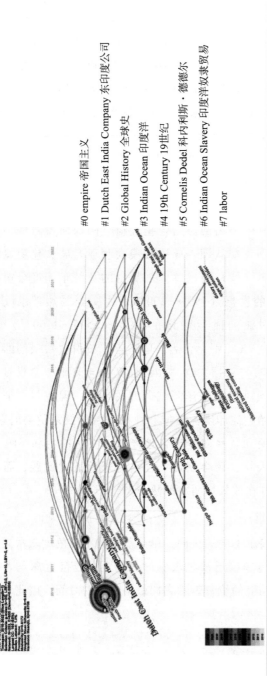

#0 empire 帝国主义
#1 Dutch East India Company 东印度公司
#2 Global History 全球史
#3 Indian Ocean 印度洋
#4 19th Century 19世纪
#5 Cornelis Dedel 科内利斯·德德尔
#6 Indian Ocean Slavery 印度洋奴隶贸易
#7 labor

settler society South Africa	transition England	Holland	rise	Dutch Cast India Company	colonial history	sex determination	multiple burial disease	United East India Company	trade	job seniority	Dutch,Republic	merchant empire	organization	ocean	Bayt al-faqih coffer trade	peer-to-peer lending alternative finance crowd founding	age	Dutch West India Company
南非移民社会	过渡的英格兰	荷兰	上升	荷兰东印度公司	殖民历史	性别决定	多重埋葬病	联合东印度公司	贸易	工作资历	荷兰语、共和国	商业帝国	组织	海洋	Bayt al-faqih金库贸易	点对点借贷另类金融众筹	年龄	荷兰西印度公司
human resource flexibility adaptaion	Indian Ocean	Europe	19th Century	Asia	Jan Pieterszoon Coen	Jan Dirkszoon Lam George Cockayne	17th Century	Cape Town	Bone Collagen Archaeology	firm political economy chartered trading company	slave trade	Dutch	global history	company	English school	British East India Company	Swahili coast labor	dietary assessmentca pe colonial dietcarbon
人力资源灵活性适应	印度洋	欧洲	19世纪	亚洲	简·彼得森·科科恩	简·德克斯松和乔治·浩考凯恩	17世纪	开普敦	骨胶原考古学	公司政治经济特许贸易公司	奴隶贸易	荷兰	全球历史	公司	英国学校	英国东印度公司	斯瓦希里海岸劳工	饮食评估:殖民地饮食碳

图5　关键词共现、聚类与突现

位置越靠前，开始研究该关键词领域的时间就越早。从时间轴上可追溯该关键词与哪些关键词进行了共现，并找到其发展脉络。

西文文献中关于荷兰东印度公司的研究普遍在 2010 年后集中大量涌现。按照 CiteSpace 6.1.2R 的聚类算法，可得到 8 个核心关键词，这些关键词的发展变化可大致分为三个阶段。第一阶段为 2010—2011 年（起步时期），2010 年先出现了"荷兰东印度公司""南非""定居者社会"等关键词，2011 年又出现了"移民""殖民历史""斯里兰卡""联合东印度公司"等关键词。该时间段内关键词节点较少且较为集中，从连线的密度来看，这些关键词与其他关键词共现的频率较高。第二阶段为 2013—2020 年，在此期间，关键词节点开始变得小而分散，与其他关键词共现的频率较小，该阶段主要出现了大量与印度洋海域相关的研究，如奴隶贸易、殖民主义、全球史、公司制、特许贸易公司等。第三阶段为 2020 年至今，这一阶段关键词节点最小、数量最少且共现网络更加稀疏，表明该领域的研究成果可能在 2020 年以后越来越少。进一步展开聚类分析数据，如表 3 所示。

表 3　荷兰东印度公司相关主题研究领域聚类分析

聚类号	文献量	轮廓值	主要研究内容
0	27	0.907	empire; human resources; capitalist systems; international society; transition
1	25	0.955	Dutch East India Company; crowd funding; landscape painting; inequality; Bioarchaeology
2	25	0.831	global history; East India Companies; Dutch Republic; extractive investibility; business history
3	17	0.901	Indian Ocean; endowment; land abundance; coffee trade
4	15	0.97	19th Century; America; price; John Leyden; nativism
5	15	0.996	Cornelis Dedel; natural law; Pieter Willemsz Verhoeff; freedom of trade and navigation
6	14	0.968	Indian Ocean slavery; Cape Town; forced migration
7	10	0.969	labor; Comparative/Historical Sociology; Economic Sociology; organization; Dutch East India Company

表中第一列与图 5 右侧的关键词聚类顺序和内容一致，文献量为属于聚

类关键词领域中的文献数量，轮廓值是评价聚类可信度的指标，其值在-1至 1 之间，轮廓值大于 0.5 表示聚类较为可信，大于 0.7 表示聚类非常可信，表中的 0—7 个聚类的轮廓值均大于 0.7，表示聚类可信度较高。第一个聚类表示帝国、人力资源、资本主义体系、国际社会、移民，该聚类的发文数量也最多。第二个聚类为荷兰东印度公司、众筹集资、地图绘制、不平等和生物考古学。第三个聚类为全球史、多个东印度公司、荷兰共和国、采掘性投资和商业史。第四个聚类为印度洋海域、捐赠、土地丰富性、咖啡贸易。第五个聚类为 19 世纪、美国、价格、约翰·莱登（John Leyden）和原住民主义。约翰·莱登是一位苏格兰医学博士，于 1803 年航行到马德拉斯，并在那里的综合医院就职。同年，他成为印度研究专家，后被任命为加尔各答大学的教授，1811 年远赴爪哇后染病去世。莱登于 1800 年在苏格兰高地和西部岛屿旅行日记的手稿于 1903 年出版，他翻译了大量波斯语、阿拉伯语、旁遮普语作品，留下了大量具有研究价值的手稿。第六个聚类为科内利斯·德德尔（Cornelis Dedel）、自然法、贸易和航行自由以及彼得·韦霍夫（Pieter Willemsz Verhoeff）。其中，彼得·韦霍夫是荷兰阿姆斯特丹的海军上将，曾为荷兰东印度公司服务，参与 1601 年奥斯坦德围城战役，并在 1607 年的直布罗陀战役中担任舰长。他参与荷兰东印度公司 1607—1612 年的亚洲航行，1609 年于班达被当地人伏击身亡，此事件成为荷兰征服班达群岛的导火线。而科内利斯·德德尔被记载于赫尔斯（J. E. Heeres）《荷兰人在发现澳大利亚 1606—1765 中承担的角色》（*The Part Borne by the Dutch in the Discovery of Australia，1606-1765*）一书中，曾是一名荷兰指挥官，1616 年随英国船只前往班达岛屿参与战役。[①] 第七个聚类为印度洋奴隶制、开普敦和强制移民。第八个聚类为劳工、比较/历史社会学、经济社会学、组织、荷兰东印度公司。

（二）中文文献分析

1. 中国大陆作者与研究机构共现分析

图 6、图 7 展示了国内荷兰东印度公司史料和研究领域的学者与机构合

---

① 研究来源于 van Ittersum, Julia Martine, Debating Natural Law in the Banda Islands: A Case Study in Anglo-Dutch Imperial Competition in the East Indies, 1609 - 1621, 文中引用 Heeres J. E., 1907, BIJDRAGEN TAAL LAND, V57 相关。

作网络，其图例颜色越深，文献时间越早，颜色越浅，时间越接近当前。总体上看，作者间和机构间的合作网络均较为稀疏，尚未形成系统的合作体系。

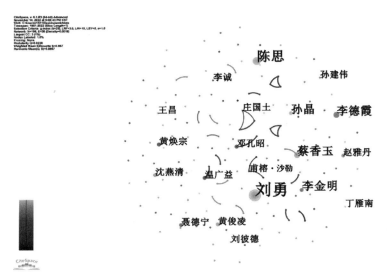

图 6　国内作者合作网络

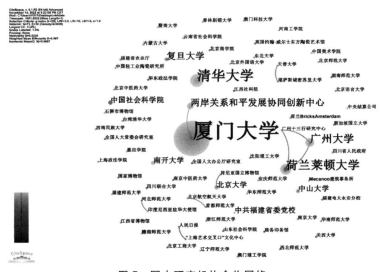

图 7　国内研究机构合作网络

在中文文献中，最早开始相关研究的学者是甫榕·沙勒，其于 1957 年分别发表了荷兰东印度公司成立前和成立后华侨在印度尼西亚的社会生活变化。[①] 同样在早期研究华侨史和华侨经济（尤其是印尼华侨）的学者是中山大学的温广益。其于 1982 年发表文章探讨了荷兰东印度公司繁荣时期华人在爪哇岛大量从事商业活动的原因，认为一方面是外部环境，即荷兰东印度公司的殖民策略；另一方面是国内的政治与经济策略的演变，例如 17 世纪中叶清政府的"迁界"政策，加之郑成功抗清失败，中国人因此移居东南亚包括爪哇的人数较多。[②] 1984 年，温广益与荷兰莱顿大学的包乐史合作，探讨了荷兰东印度公司时期中国对巴达维亚的贸易，[③] 其后的研究多探讨印度尼西亚华侨的文化与生活问题。

图 6 按节点大小从大到小排名前五位的分别是刘勇、陈思、蔡香玉、李德霞和孙晶。其中毕业于莱顿大学的刘勇主要关注荷兰对华贸易问题，曾撰写文章讨论 1757—1794 年荷兰对华贸易中巴达维亚的角色[④]、荷兰东印度公司中国委员会与中荷茶叶贸易[⑤]、1760 年西方商人对设立公行的抗议[⑥]以及荷兰东印度公司对华直航贸易档案探析[⑦]等。蔡香玉主要关注中荷关系史和广州十三行的贸易档案研究，从节点也可看出，与包乐史合作相关文献包括中国的茶叶贸易问题[⑧]、荷兰在亚洲海权的提升[⑨]以及访荷华人恩浦的真貌[⑩]等。陈思主要研究中荷战争以及中日荷三角贸易问题，撰

---

① 〔印度尼西亚〕甫榕·沙勒、廖崐殿：《在荷兰东印度公司以前居住印度尼西亚的中国人》，《南洋问题资料译丛》1957 年第 2 期；〔印度尼西亚〕甫榕·沙勒、陈伟：《在荷兰东印度公司以前居住印度尼西亚的中国人》，《南洋问题资料译丛》1957 年第 3 期。

② 温广益：《荷兰东印度公司统治时期爪哇华侨较多从事商业活动的原因分析》，《南洋问题》1982 年第 1 期。

③ 〔荷〕伦纳德·鲍〔包〕乐史、温广益：《荷兰东印度公司时期中国对巴达维亚的贸易》，《南洋资料译丛》1984 年第 4 期。

④ 刘勇：《论 1757—1794 年荷兰对华贸易中巴达维亚的角色》，《南洋问题研究》2008 年第 3 期。

⑤ 刘勇：《荷兰东印度公司中国委员会与中荷茶叶贸易》，《厦门大学学报》（哲学社会科学版）2013 年第 4 期；《清代一口通商时期西方贸易公司在华茶叶采购探析——以荷兰东印度公司为例》，《中国经济史研究》2017 年第 1 期。

⑥ 刘勇：《1760 年西方商人对设立公行的抗议》，《南洋问题研究》2010 年第 2 期。

⑦ 刘勇：《荷兰东印度公司对华直航贸易档案探析》，《海交史研究》2020 年第 2 期。

⑧ 〔荷〕包乐史、蔡香玉：《有臭味的茶叶》，《广东社会科学》2014 年第 2 期。

⑨ 〔荷〕包乐史、邓海琪、冯洁莹、黄格、蔡香玉：《荷兰在亚洲海权的升降》，《海洋史研究》2015 年第 1 期。

⑩ 〔荷〕包乐史、蔡香玉：《首位访荷华人恩浦的真貌》，《国家航海》2016 年第 4 期。

文研究 17 世纪中叶荷郑台海军事力量对比评述，① 17 世纪中前期荷兰殖民者眼中的澳门与台湾，② 以及从 17 世纪前期台湾海峡中、日、荷三角贸易格局看早期日荷在台湾的冲突③等问题。李德霞较早开始研究福建及东南亚的海洋贸易史问题，有三篇文章涉及对荷兰东印度公司的讨论，包括 17 世纪初荷兰在福建沿海的骚扰与通商④、荷兰东印度公司与郑氏海商集团的商业关系⑤以及 17 世纪上半叶荷兰东印度公司在台湾经营的三角贸易⑥。孙晶则从艺术与审美的角度讨论了 17 世纪荷兰代尔夫特陶器的模仿与本土化问题，⑦ 以及 17 世纪荷兰定制外销瓷的风格变化。⑧ 此外，丁雁南主要从地图史角度考证了 17 世纪荷兰东印度公司手稿地图上的南海以及西沙群岛地理位置认知的演化。⑨

　　图 7 与图 6 相对应，从图中可发现，厦门大学占据了最重要的位置，在相关领域的发文量达到 26 篇。其东南亚研究中心、台湾研究中心、历史系、南洋研究院等多个二级机构有学者从事该领域的研究，并在内部形成较成系统的子网络，仅与两岸关系和平发展协同创新中心有合作关系，该机构是厦门大学、复旦大学、福建师范大学合作的协同创新中心，形成了国内影响力最大的学派。第二重要的节点是清华大学，清华大学的人文学院和经济管理学院都有学者对荷兰东印度公司有过相关研究，但对外合作论文较少。第三重要的节点是荷兰莱顿大学，其学者包乐史与广州大学的蔡香玉

---

① 陈思：《17 世纪中叶荷郑台海军事力量对比评述》，《台湾研究集刊》2013 年第 4 期。

② 陈思：《17 世纪中前期荷兰殖民者眼中的澳门与台湾——从 1660 年荷兰东印度公司进攻澳门计划说起》，《广东社会科学》2018 年第 6 期。

③ 陈思：《从 17 世纪前期台湾海峡中、日、荷三角贸易格局看早期日荷在台湾的冲突》，《海交史研究》2018 年第 1 期。

④ 李德霞：《17 世纪初荷兰在福建沿海的骚扰与通商》，《海交史研究》2004 年第 1 期。

⑤ 李德霞：《浅析荷兰东印度公司与郑氏海商集团之商业关系》，《海交史研究》2005 年第 2 期。

⑥ 李德霞：《17 世纪上半叶荷兰东印度公司在台湾经营的三角贸易》，《福建论坛》（人文社会科学版）2006 年第 5 期。

⑦ 孙晶：《青花里的中国风：17 世纪荷兰代尔夫特陶器的模仿与本土化之路》，《清华大学学报》（哲学社会科学版）2019 年第 34 期。

⑧ 孙晶：《十七至十八世纪荷兰定制外销瓷装饰风格探析》，《世界美术》2020 年第 2 期；《定制外销瓷上的东西交融：17 世纪荷兰定制外销瓷研究》，《美术观察》2020 年第 3 期。

⑨ 丁雁南：《地理知识与贸易拓展：17 世纪荷兰东印度公司手稿地图上的南海》，《云南大学学报》（社会科学版）2020 年第 19 期；《两个"帕拉塞尔"之谜：地图史理论变迁与西沙群岛地理位置认知的演化》，《南海学刊》2020 年第 3 期。

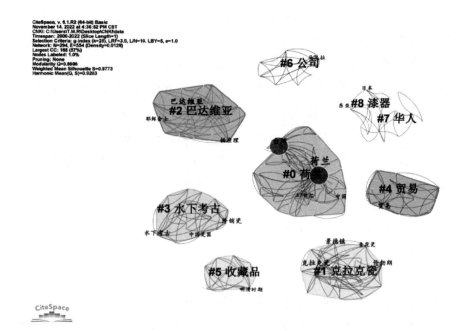

CiteSpace, v. 6.1.R2 (64-bit) Basic
November 14, 2022 at 4:36:52 PM CST
CNKI: C:\Users\T.M.R\Desktop\CNKIdata
Timespan: 2000-2022 (Slice Length=1)
Selection Criteria: g-index (k=25), LRF=3.0, L/N=10, LBY=5, e=1.0
Network: N=294, E=554 (Density=0.0129)
Largest CC: 166 (57%)
Nodes Labeled: 1.0%
Pruning: None
Modularity Q=0.8696
Weighted Mean Silhouette S=0.9773
Harmonic Mean(Q, S)=0.9203

引文中排名前20的关键词突现

关键词	年	被引频次	起始年	结束年	1951—2022
收复台湾	1962	1.7	1962	1985	
爪哇人	1963	1.29	1963	1982	
巴达维亚	1982	3.37	1982	1993	
人头税	1982	1.57	1982	1992	
澎湖群岛	1982	1.29	1982	1986	
殖民地	1985	1.74	1985	1996	
哈得孙河	1985	1.23	1985	1989	
殖民政策	1987	1.64	1987	1993	
股东大会	1990	1.39	1990	1999	
经纪人	1992	1.28	1992	1993	
交易所	1992	1.23	1992	1993	
股份公司	1994	2.44	1994	1999	
贸易	1999	1.86	1999	2008	
克拉克瓷	1990	2.07	2010	2012	
郑成功	2010	1.76	2010	2016	
广州	2011	1.66	2011	2014	
中国	2013	1.76	2013	2015	
荷兰	1999	2.59	2015	2018	
发展	2015	1.23	2015	2016	
中国台湾	1999	2.4	2018	2020	

图 8　关键词的共现与突现

有过多次合作。

2. 关键词的共现与突现

从图 8 可以看到，国内的研究关键词可分为八个聚类，分别是"荷兰""克拉克瓷""巴达维亚""水下考古""贸易""收藏品""公司""华人""漆器"。结合前文对作者合作网络的分析发现，"克拉克瓷""收藏品""贸易""巴达维亚"等关键词主要围绕的是荷兰东印度公司与台湾、广州以及部分亚洲地区（特别是巴达维亚、日本、爪哇、印尼）的贸易关系，尤其是关于茶叶、中国瓷器的贸易，与中国、日本的漆器贸易，以及日本漆艺，中国的定制瓷、外销瓷在贸易时期的艺术风格的变化等。[①] 之后是关于水下考古，如魏峻曾根据沉船资料研究 16—17 世纪的瓷器贸易全球化的问题，[②] 还有对沉船上的中国工艺品艺术风格、历史时期的考察，因此不难发现"水下考古"聚类与"克拉克瓷""收藏品"两个聚类模块间有较多连线，表示它们曾多次同时出现在文献中。

从突现词可知，1962—1996 年，与荷兰东印度公司直接相关或多次提到"荷兰东印度公司"的研究热点是"收复台湾""爪哇""巴达维亚""人头税""澎湖群岛"等。进一步细化文献检索后发现，1962 年，陈碧笙探讨了 17 世纪上半叶荷兰对台湾和东南沿海的侵略问题；[③] 1982年，温广益探讨了 17 世纪华侨在爪哇岛上频繁贸易的原因，后也探讨过中国在荷兰东印度时期与巴达维亚的贸易。1987—1999 年与荷兰东印度公司相关的研究，对股东大会、经纪人、股票交易所等内容进行了集中的探讨。到了 21 世纪以后，研究开始聚焦于地区间的关系问题，因此"广州""荷兰""台湾"等关键词开始突现。对广州的研究主要依据广州十三行的史料展开，对台湾的研究则有《1629—1661 荷兰东印度公司台湾热兰遮城日志》作为史料支撑，该研究到近年仍然是荷兰东印度公司史料研究分析领域的热点话题。

---

① 高鸽：《荷兰东印度公司时代之下的贸易与日本漆艺的关系》，《工业设计》2016 年第 8 期。
② 魏峻：《16—17 世纪的瓷器贸易全球化：以沉船资料为中心》，《故宫博物院院刊》2022年第 2 期。
③ 陈碧笙：《十七世纪上半期荷兰殖民者对台湾和东南沿海的侵略及其失败》，《厦门大学学报》（社会科学版）1962 年第 1 期。

3. 中国台湾作者与研究机构共现分析

中国台湾地区学界关于荷兰东印度公司的研究具有较悠久的传统，原始资料集已经得到了系统的出版，① 主要成果通过华艺数据库收录，但其研究更侧重于台湾史，即荷兰占领台湾时期的历史。代表性学者有曹永和、江树生、康培德、翁佳音、韩家宝、林伟盛和邱馨慧等，② 研究范围涵盖统治历程、贸易活动、经济税务、族群关系和地图史。

曹永和的《荷兰与西班牙占据时期的台湾》是较早关于荷兰在台湾统治历程的研究文章。③ 他认为 1622 年荷兰东印度公司的出兵行动，源于西班牙受 1602 年英荷船队的影响，欲占领台湾，于是荷兰人先一步动手。江树生则着重用一些结构性因素来解释该事件，如当时荷兰东印度公司巴达维亚总督在东亚各地施行武力的政策、荷兰与西班牙人的全球性对抗、荷兰人渴望与中国通商等。④ 他随后也研究过荷兰东印度公司与郑成功之间的战争。⑤ 而陈宗仁认为，东印度公司出兵的行动涉及该公司在东亚贸易策略的转变。⑥

贸易活动方面，曹永和、邱馨慧和林伟盛均强调大员作为贸易转运站在荷兰贸易网络中的重要地位。⑦ 林伟盛从生丝、黄金、银、糖、鹿皮等商

---

① 〔日〕村上直次郎原译，〔日〕中村孝志校注《巴达维亚城日记》第 1 册，郭辉中译，台北，台湾省文献委员会，1989，第 49 页。

② 江树生译注《热兰遮城日志》第 3 册，台南，台南市政府，2003；程绍刚译注《荷兰人在福尔摩莎》，台北，联经出版事业有限公司，2000，第 12 页；江树生、翁佳音等译注《荷兰联合东印度公司台湾长官致巴达维亚总督书信集（1622—1626）》，南投，"国史馆"台湾文献馆；台南，台湾历史博物馆，2010；《荷兰联合东印度公司台湾长官致巴达维亚总督书信集 II（1627—1629）》，南投，"国史馆"台湾文献馆；台南，台湾历史博物馆，2010；《荷兰联合东印度公司台湾长官致巴达维亚总督书信集 III、IV、V（1629—1636）》，南投，"国史馆"台湾文献馆；台南，台湾历史博物馆，2015。

③ 曹永和：《荷兰与西班牙占据时期的台湾》，《台湾早期历史研究》，台北，联经出版事业有限公司，1979，第 25—44 页。

④ 江树生：《梅花鹿与台湾早期历史关系之研究》，王颖主持《台湾梅花鹿复育之研究七十三年度报告》，屏东，"内政部营建署垦丁国家公园管理处"，1985，第 2—24 页。

⑤ 江树生：《郑成功和荷兰人在台湾的最后一战及换文缔和》，《汉声》第 45 期，1992 年。

⑥ 陈宗仁：《一六二二年前后荷兰东印度公司有关东亚贸易策略的转变——兼论荷兰文献中的 Lamang 传闻》，《台大历史学报》2005 年第 35 期。

⑦ 曹永和、陈宗仁、陈俐甫：《十七世纪作为东亚转运站的台湾》，《台湾风物》1998 年第 48 期；邱馨慧：《荷兰东印度公司的"讯息货物"与区域性思维——以 1637 年台湾转口贸易为例的分析》，《文史台湾学报》2012 年第 5 期；林伟盛：《荷据时期东印度公司在台湾的贸易（1622—1662）》，博士学位论文，台湾大学，1998。

品的流通入手，分析不同阶段的国际形势，探讨台湾作为贸易转运站发挥的作用。① 陈国栋同样着重分析台湾转口贸易在不同阶段的变迁，与林伟盛不同的是，他主张 17 世纪 40 年代以后的台湾仍具备转运站的优势。② 邱馨慧则通过研究荷兰东印度公司档案中的台湾贸易文书，深入研究台湾早期贸易活动。③ 林伟盛与邱馨慧的研究也涉及船舶运输及补给贸易问题，④ 邱馨慧更指导学生江岳毫完成《荷兰东印度公司的台湾补给研究》。除此之外，还有多位学者关注到澎湖作为大员辅助港发挥的作用。⑤

　　经济税务方面，诸多学者对当时台湾产业发展、经营管理和财税制度有独到的研究与论述。在台湾产业发展研究中，康培德将荷兰与西班牙海外殖民地发展的条件、手段及目的进行比较，指出荷、西两国皆以鼓励生产可供出口贸易的经济作物为主。⑥ 曾品沧论述了台湾在不同时期的农业发展历程。⑦ 曾华璧侧重于分析荷兰人在资源开发及产业发展上的心态。⑧ 杨博任对荷兰东印度公司在台湾发展渔业、管理渔场及其生产概况做了完整的探讨和整理。⑨ 郑维中探讨了从荷据时期到清领前期，台湾对乌鱼、魟鱼、虱目鱼的捕捞、认知与定位等的历程，并考察了荷兰在台的水文探测活动。⑩

　　关于经营管理的探讨，韩家宝深入剖析了荷兰东印度公司与中国人在大员地区的经济联系。⑪ 邱馨慧探讨了大员对鸡笼和淡水两地经营的态

① 林伟盛：《荷据时期台湾的国际贸易——以生丝贸易为主》，《"国史馆"学术集刊》2005年第 5 期；《荷兰东印度公司档案有关台湾史料介绍》，《汉学研究通讯》2000 年第 19 期。
② 陈国栋：《台湾的山海经验》，台北，远流出版公司，2005，第 401—405 页。
③ 邱馨慧：《荷兰东印度公司档案的台湾贸易文书》，《季风亚洲研究》2019 年第 8 期。
④ 林伟盛：《荷兰东印度公司在大员的船舶与货物转运》，《"国史馆"馆刊》第 45 期，2015 年。
⑤ 林伟盛：《荷兰人据澎湖始末（1622—1624）》，《政治大学历史学报》第 16 期，1999 年 5月；康培德：《荷兰时代澎湖的对外海运角色及与大员间的关系》，王国裕编《澎湖研究第七届学术研讨会论文辑》，澎湖，澎湖县文化局，2008，第 52—83 页。
⑥ 康培德：《近世初期墨西哥与台湾的农业发展》，《历史月刊》第 222 期，2006 年。
⑦ 曾品沧：《物竞与人择——荷治与明郑时期台湾的农业发展与环境改造》，《"国史馆"学术集刊》2007 年第 14 期。
⑧ 曾华璧：《释析十七世纪荷兰据台时期的环境探索与自然资源利用》，《台湾史研究》2011年第 1 期。
⑨ 杨博任：《荷治时期台湾的渔业》，硕士学位论文，长荣大学，2012。
⑩ 郑维中：《乌鱼、土魟、虱目鱼：多元脉络下荷治至清领初期台湾三种特色海产的确立》，《台湾史研究》2018 年第 2 期。
⑪ 韩家宝：《荷兰东印度公司与中国人在大员一带的经济关系（1625—1640）》，《汉学研究》2000 年第 1 期。

度。① 吴聪敏通过分析荷治时期的贸易与产业发展，对台湾的经济绩效进行了重新估算。② 关于财税制度方面的研究中，翁佳音在介绍荷兰时期制度时，特别澄清了对赎社和王田普遍存在的误解。③ 韩家宝则关注荷兰时期的地权与税收体制。④ 吴聪敏将村落承包制从众多税务措施中提取出来进行深入探讨。⑤ 吴立宣着眼于荷兰与明郑时期在台湾岛内财税和统治策略的演变过程。⑥ 徐子懿则研究了荷兰时期台湾的税收课征与汉人社会经济形态的形成。⑦

台湾族群关系方面，翁佳音对 17 世纪鸡笼、淡水世居人群的经济活动进行了深入剖析。⑧ 康培德讨论了 17 世纪荷兰东印度公司对二林地区的划分，并关注 1664—1668 年台湾北部世居人群与东宁国和荷兰东印度公司的互动。⑨

在古地图研究领域，学者们主要关注欧洲绘制的地图与台湾岛之间的关联，探究欧洲人是如何描绘和认知台湾岛的。曹永和率先利用了 17 世纪的欧洲地图，并结合文献资料对它们对台湾岛的描绘进行研究。⑩ 翁佳音则针对 1654 年荷兰东印度公司绘制的"大台北地图"展开探讨，后来在梳理一些葡萄牙航海家的航海记录时对"福尔摩沙岛"是否确实

---

① 邱馨慧：《从鸡笼到淡水——荷兰时代北台湾的政治经济移转》，《淡江史学》2011 年第 23 期。

② 吴聪敏：《从贸易与产业发展看荷治时期台湾殖民地经营之绩效》，《经济论文丛刊》2016 年第 3 期。

③ 翁佳音：《地方议会、赎社与王田——台湾近代初期史研究笔记（一）》，《台湾文献》第 51 卷第 3 期，2000 年 9 月。

④ 韩家宝：《荷兰时代台湾的经济关系模式（1624—1662 年）》，硕士学位论文，台湾大学，2001。

⑤ 吴聪敏：《荷兰统治时期之赋社制度》，《台湾史研究》2008 年第 1 期。

⑥ 吴立宣：《承继还是变革？荷郑时期台湾岛统治策略与财税制度的演化过程》，硕士学位论文，台湾大学，2010。

⑦ 徐子懿：《荷兰时代台湾税课与汉人社会经济的形成（1624 年至 1640 年代中期）》，硕士学位论文，新竹清华大学，2016。

⑧ 翁佳音：《荷兰时期原住民族的分布：番社名称、误读与其他》，《原住民族文献双月刊》第 27 期，2016 年。

⑨ 康培德：《二林地区：十七世纪荷兰东印度公司对彰化平原与浊水溪冲积扇北半部人群的地域区划》，《白沙历史地理学报》第 15 期，2014 年；康培德：《北台双东（东宁国与东印度公司）对峙下的台湾原住民》，《季风亚洲研究》（台北）2015 年第 1 期。

⑩ 曹永和：《欧洲古地图上之台湾》，《台湾早期历史研究》，台北，联经出版事业有限公司，1979，第 295—368 页；曹永和：《简介维也纳的国立图书馆所藏荷兰时代台湾古地图》，《台湾早期历史研究续集》，台北，联经出版事业有限公司，2000，第 415—443 页。

指代台湾岛提出质疑。① 陈宗仁则讨论了 16 世纪欧洲人绘制的地图对台湾岛的描绘,以及台湾岛与"Lequeo Pequeño"和"Formosa"两个地名概念的关系。②

除台湾史研究外,郑维中还关注荷兰东印度公司的贸易航线③、东亚的草药交流④等问题。林逸帆从明末俘虏角度探讨了当时的中荷关系。

三 结论与展望

本文基于 Web of Science 核心数据库和中国知网数据库,采用 CiteSpace 知识图谱对国内外荷兰东印度公司研究文献的发文量、机构、地区、被引作者和研究关键词热点和研究前沿进行分析,得出以下结论。第一,合作共现网络显示,外文文献的作者、机构间合作形成了系统的合作关系,而中文文献在该领域的研究还没有形成系统的合作关系。其中,荷兰莱顿大学、乌德勒支大学、阿姆斯特丹大学和国际社会历史研究所是该领域的研究中心,在检索资料与文献时可从这些机构的研究所、图书馆与学者入手。第二,从引文分析中发现,一手档案资料在外文文献中共引频率最高,形成历史人物撰写一手档案资料,资深学者引用一手档案资料,资深学者间相互引用的学术关联。其中对荷兰与亚洲航运有较深研究的是布鲁因和伽士特拉,对荷兰东印度公司在东南亚史中的角色有较多研究的是安东尼·瑞德。但总体而言,使用原始史料的文献比例较低,说明该领域的研究对已挖掘的原始材料利用均较有限。第三,从关键词共现中发现,外文文献的研究领域较为发散,囊括历史学、语言学、社会学、社会心理学等多个

---

① Paul Kua, "Portuguese 'Discovery' and 'Naming' of the Formosa Island, 1510-1624: A History Based on Maps, Rutters and Other Documents," *Anais de Historia de Alem-Mar*, No. 21, 2020, pp. 307-347.

② 陈宗仁:《Lequeo Pequeño 与 Formosa:十六世纪欧洲绘制的地图对台湾海域的描绘及其转变》,《台大历史学报》2008 年第 41 期。

③ Weichung Cheng, "Linking the Visible Cities: The Chinese Junks Sailing between Nagasaki and Batavia (1665-1719)," *Historical Inquiry*, No. 61, 2018, pp. 289-340.

④ Weichung Cheng, "Putchock of India and Radix China: Herbal Exchange around Maritime Asia via the VOC during the 17th and 18th Centuries," *Journal of Social Sciences and Philosophy*, Vol. 30, No. 1, 2018, pp. 75-117.

学科，但主要可概括为两方面最核心的议题：一是宏观层面的殖民体系、制度以及同时期的全球史，二是荷兰东印度公司殖民体系下的奴隶贸易和殖民地人民的生活。中国大陆学者的研究对象则主要是荷兰东印度公司与广州、福建、台湾、日本、巴达维亚等地区进行的贸易，主要聚焦于瓷器、茶叶、丝绸等商品，但并没有形成系统的量化分析数据库。中国台湾地区的学者则将重点放在荷兰东印度公司在经济、税务、族群等方面对台湾的影响上。

（郭永钦，广州大学人文学院副教授；袁琳熹，广东外语外贸大学经济贸易学院硕士研究生）

史料介绍

孔府档案与量化研究

郑　双

一　孔府档案概况及量化价值

孔府档案是指曲阜孔氏家族在明代至民国时期形成的各类文书档案，其内容涵盖政治、经济、社会、思想文化等多个方面。既有档案起于明嘉靖十三年（1534），止于 1948 年，历时 400 余年。其中明代档案 62 卷、清代档案 6538 卷、民国档案 2421 卷，共 9021 卷约 25 万件，[①] 堪称私家档案之最。值得注意的是，孔府档案中还包含了大量孔府与中央、地方各级衙门往来的官方文书，是以孔府档案同时具有官方档案的性质。作为现存数量多、延续时间长、内容丰富的地方档案，孔府档案不仅真实展现了明代以来孔府多样的历史图景，亦为探究儒学的时代命运以及政统与道统间的复杂关系提供了条件。

孔府档案涉及孔府参与地方以及国家事务的方方面面，按照内容，可分为袭封、宗族、属员、刑讼、租税、林庙管理、祀典、政治、财务、文书以及庶务等十余类。"袭封"类档案记载了衍圣公、圣贤后裔、世职知县以及庙学职官袭爵、受封的过程；"宗族"类档案包括族长选授、族谱修订、族产置办等内容；"属员"类档案记载府内官员、林庙职官、经理租税

---

①　吴佩林等：《清代地方档案的保存、整理与研究》，中国社会科学出版社，2023，第 162 页。

人员、学录的职责及其选充方式；"刑讼"类档案是对孔氏族人、孔府所辖人户、圣贤后裔等群体涉及财产、买卖、偷盗等纷争的记录；"租税"类档案记载了孔府田地的种类、来源、分布、租佃情况以及房租、集市收税等经济方面的内容；"林庙管理"类档案包括孔林、孔庙的管理与保护情况；"祀典"类档案记载了与孔庙祭祀、圣贤祠庙祭祀相关的内容；"政治"类档案涵盖了方域、礼俗、司法、科举、学务等方面的典章制度以及诸如清末立宪等重大政治事件；"文书"类档案则主要收录不同时期的奏档、京报邸抄、文书簿册。无疑，孔府档案对于深研地方政治、经济以及社会状况显得弥足珍贵。

内容宏富的孔府档案极具量化价值。在田产、租税、差徭、宗族等方面的档案中，有极为详细、完整的数据信息。通过分类编排、仔细考证，庞杂的原始文献可转化为系统、清晰的文本与数据，当大量信息排成时间序列后，辅以经济学、统计学等相关知识，可进一步展现孔府档案的史料价值。凡举一例，就财产状况而言，档案内容涵盖田产数量、位置、类型、经营及流转等信息，如果能够系统收集、分析，对于了解明清以及近代孔府的地权分配、赋税征收、租佃关系等内容可发挥较为重要的作用。再如，孔府档案中存有近 400 部宗谱，如果能有效利用宗谱中与人口年龄、性别、婚配、人口迁徙、支派分布相关的信息，对于细化历史人口、孔氏宗族等方面的研究将有一定的推进意义。

20 世纪 60 年代起，孔府档案就引起学界关注，并取得不少优秀成果。[①]但 2005 年后，受档案开放程度等因素的制约，相关研究一度沉寂。直至 2013 年，随着"历代孔府档案文献集成与研究及全文数据库建设"等项目的落地，大量弥足珍贵的史料面世，孔府档案的研究才日渐升温，档案的量化研究也取得了新的进展。

二 对孔府档案量化研究成果的回顾

已出版的《曲阜孔府档案史料选编》《孔府档案选编》收录了大量的数

---

① 姜修宪、成积春、孔德平：《60 年来孔府档案研究述评》，《中国社会经济史研究》2015 年第 3 期。

据资料，如土地数量、租银账册、人丁地亩清册、灾荒请免田租记录等。利用上述资料，何龄修等学者考察了明清时期的土地制度和租佃关系。[①] 刘重日、胡一雅等学者率先厘清了孔府祭田、学田、自置田产的来源、数额与分布状况，此后，李三谋、刘文衡等人从量化角度对田产来源、数目变化等问题进行了补充。[②]

地租率是理解孔府主佃关系以及地方社会经济结构的重要视点。根据土地的质量、耕种作物的类型，孔府划定不同的地租标准。庞朴利用孔府档案中的账册资料，测算出孔府官庄的平均地租率约为70%，并指出这一地租加重了人民负担。[③] 赖惠敏则结合孔府档案及地方志等文献资料，重新核算孔府庄园的定额租与分成租，认为孔府庄田租额高低根据地租形式确定，大致维持在华北地区租额水平之下。[④] 近年来，随着档案开放程度的提高，张钰利用新面世的档案，通过分析长垣、曲阜、滋阳、郓城四县催收地租的次数，以及地方交纳租金的具体数额，得出孔府地租租额高于民田，且与国有屯田征收标准大致相当的论断。[⑤]

孔府档案中的量化资料还为计算庄田的亩产量提供了条件。黄冕堂利用账册资料，以曲阜、汶上两县为例，核算了清代鲁西南平原农田的亩产量，即上、中、下三等土地的亩年产量分别在220斤、170斤、120斤左右，并单独计算了麦子、高粱、谷子、豆类等不同粮食品种的单产量。[⑥] 郭松义进一步扩大范围，考察了汶上、菏泽、邹县、鱼台、郓城等多县小麦、谷子、高粱、豆类的亩产量，以此探究鲁西南地区农业经济的整体发展状况。[⑦] 李令福注意到接茬作物与复种指数对计算每亩耕地年产量的影响，并

① 何龄修等：《封建贵族大地主的典型——孔府研究》，中国社会科学出版社，1981。

② 李三谋：《清代孔府土地经济形态研究》，《山东师大学报》1997年第3期；刘文衡：《清代孔府租佃初探》，《农业考古》2012年第1期；侯杉杉：《明清时期孔府祭田研究》，硕士学位论文，曲阜师范大学，2016；梁彦楠：《清代孔府自置田庄研究》，硕士学位论文，曲阜师范大学，2019。

③ 庞朴：《孔府地租剥削内幕》，《文史哲》1974年第1期。

④ 赖惠敏：《清代山东孔府庄田的研究》，"中央研究院"近代史研究所编《近代中国农村经济史论文集》，台北，"中央研究院"近代史研究所，1989，第125—139页。

⑤ 张钰：《清代孔府地租征收问题研究》，《商丘职业技术学院学报》2019年第3期。

⑥ 黄冕堂：《清代农田的单位面积产量考辨》，《文史哲》1990年第3期。

⑦ 郭松义：《清代山东粮食产量的估算》，蔡美彪主编《庆祝王钟翰先生八十寿辰学术论文集》，辽宁大学出版社，1993，第171—182页。

指出此前研究因此产生了误差。根据孔府的亩产资料，作者重新推算清初、清中叶鲁西南地区各类粮食作物的单季亩产以及全年平均亩产量。[①] 赵冈根据孔府定额租以及分租的数量，推断曲阜附近各县孔府农庄的土地年产量。经过计算平均产值以及加权产值发现，顺治至乾隆末年或嘉庆初年，土地单位面积产量大幅下降，这与孔府各农庄的定额租在光绪年间之前普遍减租之事，可以互相印证。[②]

此外，李令福、郭松义等学者根据各农作物的耕种面积、单位产量、租税征收情况，探讨明清时期山东地区农作物的耕作制度以及种植结构。[③]

土地的买卖研究也颇受重视。姜修宪以孔府档案中保留的大量地契、土地买卖记录为基础，对孔府田产的交易问题进行量化考察。他对孔府档案中所藏的 459 件魏庄地契进行释读，进一步探讨了人际关系对地权交易的影响。分析发现，与徽州等地以亲族间的土地交易为主不同，华北地区的土地交易并不存在明显的村落或家族倾向，往往具有一定的随机性。[④] 他还将此种比较、量化的视野延续到对土地交易时间问题的考察上。通过对魏庄等三个庄园土地买卖契约进行分析，他发现孔府庄园所在地区的小农往往选择秋后至初春的农闲季节出卖土地，并尽量避开开市日进行交易。[⑤]

上述研究主要聚焦于明清时期孔府档案的量化与分析，近年来，民国时期的孔府档案研究也被纳入量化视野。1913 年，教育部规定文庙学田改充教育经费，此举引发了地方保守势力的强烈反对，大量庙产纠纷由此产生。李先明、王凯等学者以孔府档案馆中收藏的民国时期庙产纠纷案件为核心史料，从量化角度探讨了各地庙产纷争发生的原因以及孔府、地方尊

① 李令福：《清代山东省粮食亩产研究》，《中国历史地理论丛》1993 年第 2 期。

② 赵冈：《从曲阜孔府的田产档案看清季山东地区土地生产力之变化》，赵冈编著《农业经济史论集——产权、人口与农业生产》，中国农业出版社，2001，第 138—148 页。

③ 李令福：《明清山东粮食作物结构的时空特征》，《中国历史地理论丛》1994 年第 1 期；郭松义：《清代山东粮食产量的估算》，蔡美彪主编《庆祝王钟翰先生八十寿辰学术论文集》，第 171—182 页。

④ 姜修宪：《近代华北乡村土地交易的参与者及其人际关系——基于孔府魏庄地契的实证分析》，《近代史研究》2020 年第 6 期。

⑤ 姜修宪：《何为"吉日"：晚清民初孔府庄园小农土地买卖的时机选择》，《湖北大学学报》2022 年第 4 期。

孔派、地方政府的反应。①

三　对已有量化研究的分析与展望

经过几十年的探索，孔府档案的量化研究取得了丰硕成果，为后续研究的推进奠定了基础。但已有研究在档案量化、资料分析等方面仍然存在一些值得推进之处。

其一，已有研究没有充分占有足够的量化史料。量化文献的系统与完整程度直接影响量化分析的质量。既有研究多是利用《曲阜孔府档案史料选编》《孔府档案选编》展开，而这些资料仅是摘录了原始档案的一部分，其所载内容并不是完整的历史记录。以《曲阜孔府档案史料选编》所载的定额租为例，每个农庄只选择三四年的资料，每个农庄所指的年份又不完全一样，因此，很难精确推算各类土地租的数额，以及了解定额租的地域性差异。

2018 年出版的《孔子博物馆藏孔府档案汇编·明代卷》全方位地保留了档案原貌，各类统计数据更为完善。此外，中国第二历史档案馆、台北"国史馆"中亦藏有大量与孔府、孔庙相关的统计资料。如果能充分利用上述量化的史料，将在最大程度上将相关研究向纵深推进。

其二，量化方法有待优化。已有研究多是简单地将孔府档案中的文献资料转化为数据信息，进行频次统计，计算和差、平均值，研究方法较为单一。简单的量化方法无法对数量庞大的档案做高效率、高质量的处理，且极易消解档案的量化价值，所得结论亦难以超越传统史学研究方法所得的结论。故在推进档案数位化建设的同时，应当根据量化资料的性质、特点，利用 GIS、e 考据、AI 等技术软件，不断提升研究深度。

其三，研究领域有待进一步扩展。目前孔府档案的量化研究多聚焦于明清时期的社会经济史领域，对于刑讼、宗族、差徭等内容涉及较少。但

---

① 李先明：《近代孔庙庙产纠纷中的国家、地方与社会（1912—1926）》，《清华大学学报》2022 年第 1 期；王凯、成积春：《孔府馆藏民国档案新见地方"庙产兴学"与文庙庙产纠纷问题探赜——兼论文庙保护及祀孔重要性的历史阐释》，《中国国家博物馆馆刊》2021 年第 4 期。

实际上，内容宏富、数量庞大的孔府档案，仍有很多极具量化价值的议题值得深入挖掘。以孔庙的近代境遇为例，孔府档案中保留了大量地方孔氏族人、尊孔派同衍圣公府往来的文件，内容涵盖山东及其他省份孔庙的安排与利用问题。如若能够结合中国第二历史档案馆、台北"国史馆"中的孔庙调查资料，对相关信息进行量化，可通过切实数据呈现民国时期究竟有多少孔庙能够维系原貌，又有多少孔庙被改作他用，进而绘制近代孔庙境遇的时空版图。

（郑双，华中师范大学中国近代史研究所博士研究生）

稿 约

2015 年，当华中师范大学人文高等研究院大数据历史专业基地班开始筹划并顺利招生时，我们就期待能够培育一个比较直接反映国内外中国史研究领域量化研究的小小园地。在高等研究院、历史文化学院等单位的共同努力下，我们策划了"大数据与中国历史研究"的系列讲座，每年定期邀请海内外素有专长的研究者举办专题演讲以及座谈，而这也构成了本书的重要与特色内容。除了演讲实录外，我们设置了专题研究的栏目，向人文以及社会科学各领域朋友们约稿，还会不定期开设学位论文专栏、新书评介等栏目，期待各位读者、各位同好，能积极惠赐大作或给予批评指正。我们的投稿邮箱为 397394776@ qq. com。

集刊编辑部

图书在版编目（CIP）数据

大数据与中国历史研究. 第 5 辑 / 付海晏主编 .
北京：社会科学文献出版社，2025.3.--ISBN 978-7-
5228-4884-6

Ⅰ. K207

中国国家版本馆 CIP 数据核字第 2025R2X680 号

大数据与中国历史研究（第 5 辑）

主　　编 / 付海晏

出 版 人 / 冀祥德
责任编辑 / 邵璐璐
责任印制 / 岳　阳

出　　版 / 社会科学文献出版社·历史学分社（010）59367256
　　　　　 地址：北京市北三环中路甲 29 号院华龙大厦　邮编：100029
　　　　　 网址：www.ssap.com.cn
发　　行 / 社会科学文献出版社（010）59367028
印　　装 / 唐山玺诚印务有限公司

规　　格 / 开　本：787mm×1092mm　1/16
　　　　　 印　张：14.25　字　数：229 千字
版　　次 / 2025 年 3 月第 1 版　2025 年 3 月第 1 次印刷
书　　号 / ISBN 978-7-5228-4884-6
定　　价 / 98.00 元

读者服务电话：4008918866